제2판

유아 수학교육

김현자·조미영·서명원·박근주·박경난

창지사

머리말

21세기에 들어와서는 유아기부터 질적으로 우수한 수학교육이 실시되어야 한다고 강조하고 있다. 고도로 발달된 현대사회를 살아가야 하는 지금의 유아들은 누구나 자신이 갖고 있는 수학적 능력을 활용하여 자신이 당면한 일상적 문제들을 논리적·합리적으로 해결하여야 하며, 매일의 삶 속에서 주어지는 선택의 순간마다 최선의 의사결정을 해야 한다. 따라서 유아교육을 담당하고 있는 교사들이 그 중요성을 인식하고 발달 단계에 적합한 바람직한 지도방법을 연구하고 계획하여 유아들의 수학적 소양을 갖추도록 하는 것이 중요한 역할이 되었다.

현대사회가 필요로 하는 인재는 능동적이고 적극적이며, 개인이 가진 지식과 능력을 공유할 줄 아는 주도적이며 진취적이고 도전적인 사람일 것이다. 그렇다고 수학적으로 또는 과학적으로 뛰어난 사람이어야 인재가 될 수 있다는 얘기는 아니다. 일상생활을 통해 접하게 되는 다양한 수학적 경험과 탐색활동, 문제해결의 과정들이 유아들에게 지식과 능력을 나누는 가운데 공동체 의식을 형성시켜 나가며 좀 더 주도적이고 도전적인 사회 구성원이 되도록 할 수 있다는 것이다.

수학은 생활이지만 교육을 통해 그 개념과 적용의 범위가 확장된다고 볼 수 있다. 따라서 이 책에서는 유아교육을 전공하는 학생들이 쉽게 이해하여 적용할 수 있도록 실제 활동 부분을 많이 다루었다. 그 구성은 다음과 같다.

1장부터 6장까지는 유아 수학교육의 이론적 내용을 다루었고, 7장과 8장에서는 실제적인 활동방법을 다루었다. 1장은 유아 수학교육의 기초로 박경넌, 조미영 교수가 담당하였고, 2장 유아 수학교육의 중요성 및 연구 동향과 3장 유아 수학교육의 이론은 김현자 교수가 담당하였다. 4장 유아 수학교육의 환경은 박근주 교수가 담당하였고, 5장 교육과정과 수학교육의 내용은 조미영 교수가 담당하였으며, 6장은 수학적 탐구의 개념 및 방법으로 서명원 교수가 담당하였다. 마지막으로 7장과 8장의 통합적 접근방법과 활동의 실제는 박경난 교수와 박근주 교수가 담당하였다.

이 책의 집필진들은 유아교육의 현장 경험과 대학에서 학생들을 지도하는 경험을 토대로 보다 쉽게 이해하고 구체적으로 적용해 볼 수 있도록 하기 위해 다양한 자료를 수집하고 보다 정확한 정보를 제공하고자 하였다. 그럼에도 불구하고 부족한 내용들은 계속해서 보완하고 채워서 제공하고자 노력할 것이다.

이 책이 나오기까지 묵묵히 기다려 주시고 내용을 꼼꼼히 검토해 주신 창지사 편집부와 좋은 교재를 만들기 위해 늘 애써주시고 이렇게 기회를 주신 창지사 사장님께 감사의 마음을 전한다.

2016년 2월

저자 일동

차 례

1장 유아 수학교육

유아 수학교육의 기초

1. 수학에 대한 개념과 태도

수학교육에 대해 알아보기에 앞서 예비교사든, 현직교사든 자신의 현재 상황에서 '수학'에 대한 개념과 태도를 고찰해 보는 것은 의의가 있다. 왜냐하면 수학교육은 교사가 하는 것이며, 교사의 수학에 대한 지식과 가치관은 수학교육을 실행하는 데 영향을 미칠 것이기 때문이다(Borden, 1993). 특히 유아 교사는 유아와 가까이에서 함께 생활하며 교육을 하기 때문에 교사가 지니고 있는 전문적인 지식뿐만 아니라 교사의 몸에 밴 가치관과 태도는 은연중에 그러면서도 강력하게 유아의 삶을 변화시킨다(Holt, 1993). 따라서 수학에 대한 유아 교사의 개념과 태도는 더 중요한 의미를 지니고 있다고 볼 수 있다.

지금부터 자신의 경험을 바탕으로 '수학' 하면 연상되는 단어와 왜 그 단어가 떠오르는지에 대한 이유를 간단히 적어보자. 수학이란 무엇인가? 내가 지니고 있는 수학적 경험은 어떤 것이 있는가? 수학에 대해 어떤 감정을 지니고 있는가? 수학은 나의 생활에 필요한가? 등의 다양한 물음에 여러 가지 대답을 떠올리게 될 것이다. 예를 들어, 숫자, 수학 선생님, 점수, 두통 등이 있을 것이다. 숫자는 수학의 기본이 되는 것이어서, 수학 선생님은 고등학교 때 수학 선생님이 너무 엄해서, 점수는 수학 점수대로 체벌을 받아서, 두통은 수학만 생각하면 두통이 생기기 때문에 등을 다음 표에 단어와 그 이유를 간단하게 한 문장 정도로 적어 보도록 한다. 이와 같은 활동은 Koch(1999)와 황의명, 조형숙(2001)의 내용을 응용한 것이다.

단어	이유

위의 표에 기록한 것을 그룹으로 나누어 각자 발표하고, 그것을 통합하여 전체를 대상으로 그룹별로 발표해 보자. '공식, 미분, 함수, 교과서, 학습지, 어렵다, 체계적이다' 등과 같이 학교에서 배웠던 수학에 대한 경험에서 비롯된 단어들이 제시되기도 하지만, 돈 계산, 옷이나 신발 사이즈, 비밀번호, 몸무게 등 일상과 관련된 단어들도 상당히 포함되어 있을 것이다. 그리고 대부분의 발표자들이 수학은 체계적이고 논리적이며 그렇기 때문에 '어렵다'라고 답하기도 하지만, 그렇기 때문에 수학이 재미있었고, 정답을 찾아가는 과정이 즐거웠다고 말하는 소수의 발표자도 있을 것이다. 발표 내용을 통해 나만 그런 것이 아니라 대부분의 예비교사들이 수학을 어렵고 복잡한 것으로 인식하고 있다는 사실에 안도감

을 느낄 것이며, 수학은 나와 멀리 있는 것이 아니라 일상생활 속에서 빈번히 사용되고 있음에도 불구하고 그것을 수학이라고 인식하지 못했기 때문에 수학에 대한 부정적인 인식을 지니고 있었다는 사실을 알게 될 것이다.

실제로 수학에 대한 예비교사와 현직교사의 태도에 대해 연구한 자료에서 예비교사와 현직교사들은 수학에 대한 필요성과 중요성은 인식하고 있으면서도 수학에 대한 자신감이나 흥미를 갖지 못하며, 수학을 하고 싶다는 동기 부분에서 매우 부정적인 반응을 보이고 있었다(한종화, 2011). 이는 교과서를 통해 수학 점수를 잘 받아 대학 입시에 도움이 되기 위해 학교에서 어렵게 배웠던 경험에서 비롯된 수학에 대한 편견 때문에 나타난 결과라고 추측해 볼 수 있다. 그러나 위의 발표 내용에서도 알 수 있듯이 수학은 우리의 삶과 밀접한 관련이 있으며, 실제로 우리는 의식하지도 못한 채 하루에도 수많은 수학을 하고 있다. 학교의 수업시간에 맞춰 집에서 출발하기 위해 시간과 거리를 고려할 것이다. 옷이나 신발을 구입하기 위해 사이즈를 비교하고, 택배를 보낼 때 물건의 무게를 잰다. 수학은 일상적인 것이며, 삶을 살아가는 데 도움이 되고 필요한 것이다.

두산백과에서 제시하고 있는 수학에 대한 사전적 정의를 다음에 기술하였다.

> 물건을 헤아리거나 측정하는 것에서 시작되는 수(數)·양(量)에 관한 학문이며, 다른 학문의 기초가 되기도 하며, 인류의 역사상 가장 오래전부터 발달해 온 학문이다.

수학은 물건을 헤아리거나 측정하는 것에서 시작된다고 하였는데, 이것은 우리의 삶에서 필요했기 때문에 수학이 시작되었다고 이해할 수 있다. 다음은 수학의 기원에 대한 내용이다.

> 아득한 원시시대에도 인간은 한 작은 집단에 어떤 대상을 더하거나 빼낼 때 적어도 대강 그것을 인지하는 정도의 수적 감각을 지니고 있었을 것으로 짐작되는데 여러 연구에 의하면 몇몇 동물이 실제로 그러한 감각을 지니고 있었음을 보여주고 있다. 사회가 점차 발전되어 감에 따라 간단한 셈이 절대적으로 필요하게 되었다. 각 부족은 자신의 구성원

이 얼마나 되는지, 또 얼마나 많은 것이 있는지를 알아야 했고, 사람들은 자신의 양떼가 혹시 줄지 않았는지를 알 필요가 있었다. 아마 초기의 셈은 일대일 대응 원리를 이용한 간단한 부신(符信)에 의한 방법이었을 것이다. 예를 들어, 양(羊)을 셀 때 손가락을 하나씩 접는다든지, 조약돌이나 막대기를 모은다든지, 흙이나 돌 위에 자국을 낸다든지, 나뭇조각에 새김 눈을 낸다든지, 끈에 매듭을 묶는다든지 해서 셈을 할 수도 있었을 것이다. 그 이후에는 소리의 유별에 의한 방법으로 작은 집단의 대상을 셈하는 말이 개발되었을 것이고, 그보다 훨씬 이후에는 표기법으로서 기호의 유별이 이러한 수에 대한 표상으로 고안되었을 것이다(Eves, H., 1992).

수학은 인간이 살아가는 데 필수적인 것이며, 인간의 삶이 변화·발전함에 따라 수학 역시 진보해 왔다는 것을 알 수 있다. 그렇다면 수학에 대한 유아들의 생각은 어떠할까? 다음은 수학 하면 생각나는 것을 그림으로 그린 후 본 저자가 질문하여 답한 연구 자료(Park & Lee, 2006)에서 몇 가지 예를 제시한 것이다.

"나는 아빠와 형하고 수학을 공부하고 있어요. 엄마가 수학을 하라고 할 때 해요, 이것은 수학에서 백 점을 맞아 기뻐하는 그림이에요. 수학을 하는 것이 즐거워요. 수학은 똑똑해지기 위해 공부하는 거예요."

"우리 집에는 칠판이 있어요. 엄마가 칠판에 수학 문제를 내면 내가 풀어요. 더 똑똑해지기 위해서 수학을 하는 거예요."

"나는 내가 하고 싶을 때 수학을 해요. 더 똑똑해지기 위해 해요."

앞의 연구는 유아교육기관에 다니는 만 5세 100명의 유아를 대상으로 실시한 것이다. 이 연구에서 상당히 많은 수의 유아가 수학을 학습지를 통해 가정에서 하는 것이라고 답했고, 수학은 똑똑해지기 위해, 초등학교에 가서 공부를 잘하기 위해 하는 것이라고 하였다. 이 연구 결과를 한국의 모든 유아에게 일반화하는 데는 한계가 있을 수도 있지만, 유아 수학교육을 실시하는 데 있어 시사하는 바가 있다고 본다. 한번 형성된 개념이나 태도는 그 대상이 유아들이라고 하더라도 쉽게 바뀌지 않는다. 수학은 살아가는 데 필요하기 때문에 다양한 수학교육의 내용을 가르치고 배워야 하며, 수학활동에 즐겁게 참여하고 나아가 수학에 대한 긍정적인 태도를 지니기 위해서는 먼저 수학과 수학교육에 대한 올바른 지식을 습득해야 할 것이다. 지금까지 지니고 있던 수학에 대한 나의 개념이 잘못되었을 수도 있다는 가정을 하고, 좀 더 융통적인 사고를 가지고 다음 절부터 나오는 수학교육에 대한 내용을 고찰해 보자.

2. 수학교육의 역사적 배경

수학은 가장 오랜 역사를 지니고 있는 학문 중의 하나로 고대로부터 축적되고 정리되어 온 지식이며, 일상생활에서 수, 양, 무게, 형태 등과 관련되어 여러 가지 문제를 해결하는 중요한 수단이 되어 왔다. 즉, 일상생활 속에서 규칙성을 지각하고 자료를 이해하며 올바른 판단과 행동을 하게 한다. 이와 같이 실용적 측면에서의 수학에 대한 이해는 점차 문명이 발달함에 따라 보다 상징적 측면으로 변모되었다. 여기서는 유아기 수학교육에 대한 전반적인 이해를 돕기 위해 수학교육의 역사적 변천을 살펴보고자 한다.

1) 역사적 배경

(1) 19세기 이전

① 코메니우스

코메니우스

근대 수학교육의 시작은 17세기 코메니우스(Comenius, 1592-1670)의 『대교수학(The Great Didactics, 1682)』으로 설명할 수 있다. 그는 아기에게 감각훈련과 구별학습을 중심으로 가르쳐야 한다고 주장하였으며, 이 책에서 유아기의 수학교육에 대해 수학과 기하학 그리고 연대학, 통계학의 교육 내용과 방법을 제시하였다. 그는 3세경부터 최소한 정확하게 숫자를 발음하기 시작하며, 처음에는 숫자의 의미를 이해하지 못하지만 숫자가 사용되는 경험을 통해 숫자를 이해하게 된다고 보았다.

코메니우스가 제시한 유아기의 수학교육과 관련된 교육 내용은 다음과 같다.

- 기하학 : 크다, 작다, 길다, 짧다, 넓다, 좁다, 두껍다, 얇다의 의미를 알고 수학적인 도구를 가지고 측정하며 선, 곡선, 동그라미 등의 모형에 대해 의미를 알도록 한다.
- 연대학 : 낮과 밤, 계절, 요일, 연도, 어제, 오늘, 내일 등에 대해 알도록 한다.
- 통계학 : 사물의 무게, 중량을 알도록 한다.

② 로크

로크

문예부흥 시기에 '백지설(tabula lasa)'을 통해 유아교육에서 환경의 중요성을 강조한 로크(Locke, 1632-1704)는 수학을 가르치는 목적이 어려운 수학적 지식을 소유하는 데 있는 것이 아니라, 수학을 배움으로써 추리의 습관이 형성되고 다른 지식의 영역에서 능력이 전이될 수 있다고 보았다. 대학에서 논리학, 철학, 기하학 등을 공부하였고, 의학에도 조예가 깊었던 로크는 산술, 기하학에서 수학교육의 중요성을 강조하였다.

로크가 제시한 유아기의 수학교육과 관련된 교육 내용은 다음과 같다.

- 산술 : 매일 계산연습을 하도록 하며, 더하기와 빼기, 경도, 위도를 알도록 한다.
- 기하학 : 시각적인 매체를 통해 알도록 한다.

③ 루소

자연에 의한 교육을 통해 이상적인 인간을 완성하고자 했던 루소(Rousseau, 1712-1778)는 『에밀(Emile, 1762)』에서 유아의 자연스러운 발달과 성장에 관한 교육을 강조하였다. 유아가 직접적으로 탐색하도록 하는 감각교육의 중요성을 강조한 루소는 유아의 자연스러운 수학적 이해를 중요시하였다.

루소

루소가 제시한 유아기의 수학교육과 관련된 교육 내용은 다음과 같다.

- 유아가 감각을 통해 직접적으로 사물을 경험하도록 한다.
- 유아가 무거움과 가벼움, 모양의 변화, 시각과 촉각의 차이를 비교해 보고, 물체의 크기와 모양 등의 특성을 판단하는 법을 알도록 한다.

④ 페스탈로치

페스탈로치(Pestalozzi, 1746-1827)는 교육을 통해서만 인간을 구제하고 사회를 변화시킬 수 있다고 믿었으며, 직관을 통한 사고력 증진을 강조하였다. 페스탈로치는 인간의 모든 인식은 수(zah)·형태(form)·언어(sprache)로부터 출발한다(Pestalozzi, 1801; 이상현 외, 2011, 재인용)고 보았다. 그는 유아들에게 인간의 능력 중에서 가장 귀한 능력

페스탈로치

의 하나인 사고력을 키워 주는 것이 수학교육이라고 하였으며, 수 세기와 계산은 정신세계 질서의 근본이 되며, 산술과 기하교육은 감각의 질서를 세우는 기초가 된다고 하였다. 따라서 산술과 기하는 실제적 삶에 필요한 교과 이상으로 인간의 정신 발달에 중요한 역할을 하는 교육적 가치를 지닌 교과로 인식하게 되었다(한대희, 2001).

⑤ 프뢰벨

프뢰벨

프뢰벨(Froebel, 1782-1852)은『인간의 교육(1826)』에서 유아기에는 수학에서 관찰이 중요하며, 유아들이 관찰을 통해 경험한 사물을 그려 보는 것은 수를 발견하는 길이 된다고 하였다.

> 한 가지 물체를 반복해서 본 후 이와 유사한 물체를 보는 것은 수 세기 능력을 길러주는 것이다. 어떤 면에서든지 유사한 종류의 물체가 가진 분명한 특징은 그 물체 부분의 수효를 알려주게 되며, 이것을 유아가 발견하게 되어 머릿속에 수 개념이 발달하고 계발되므로 유아의 지식의 범주, 지식의 세계는 확장되는 것이다(Froebel, 1826).

프뢰벨은 수학이란 다양성, 모든 법칙의 시각적 표현, 법칙의 근원, 통일을 나타내며 수 활동을 유아들의 물리적 환경뿐만 아니라 유아에게 일어나는 모든 것을 통해 유아의 본성을 발달시키고 전체를 통일하는 것을 근원적인 목적으로 보고 있다(김덕건, 1986).

프뢰벨은 주위에서 관찰할 수 있는 구체적 대상으로 기하학의 형태를 이해해야 함을 강조하였고, 산수는 수의 기본일 뿐만 아니라 우주 통합의 근원으로 중요시하였다.

프뢰벨이 제시한 유아기의 수학교육과 관련된 교육 내용은 다음과 같다.

- 기하학 : 유아로 하여금 점으로부터 선을 그리는 것을 알게 하고, 선을 나타냄으로써 방향의 표현을 알도록 한다.
- 산수 : 수를 이해하게 할 때 유아들에게 어떤 유사한 대상으로부터 특정한 수가 계속적으로 반복되는 것을 보고 난 뒤 그 수를 알도록 한다. 즉, 두 다리, 두 팔을 만져보면서 '2'를 알게 되고, 한 줄로 같은 종류가 계속 나타나는 것을 셈하기로 변형하는 것을 알도록 한다.

또한 프뢰벨은 1840년 최초로 유치원(kindergarten)을 설립하고 유아 존중의 유아관과 종교적 가치가 반영된 교육철학과 수학교육관을 배경으로 은물(gifts) 교구를 창안하였다. 은물은 자발적 활동을 통해 수학 개념을 저절로 이해할 수 있도록 하며 교구를 통하여 유아들에게 수학적 개념, 구조, 원리, 아이디어 등을 나타내어 수학의 구조를 이해하도록 하였다. 은물의 수학적 내용으로는 입체, 면, 선, 점 등의 기하학적 특성을 탐색하고 모형을 구성하며, 문제해결, 수, 측정의 본질 등이 있다. 즉, 제 1~6은물은 다양한 입체도형, 제 7은물(정삼각형 및 정사각형, 직각 및 둔각삼각형, 원, 반원)은 평면도형, 제 8은물(선분)과 제 9은물(원, 반원)은 선과 곡선, 제 10은물(알갱이)은 점의 탐색 등으로 고안되었다(한유미, 2009). 따라서 프뢰벨은 은물을 통해 수와 사물과의 관계 지식을 쌓는 것이 유아의 지식 수준을 높이는 것이라고 하였다. 이처럼 프뢰벨은 유아들의 발달에 적합하고 구체적으로 조작해 볼 수 있는 은물이라는 교재를 개발하였다는 점이 높이 평가된다.

(2) 20세기 전반

① 손다이크

20세기 초에 유행한 행동주의 심리학의 주자인 손다이크(Thorndike, 1874-1949)는 연합 이론의 대표적인 학자이다. 손다이크에 의하면 수학은 계산 기술의 집합

손다이크

이며 수학교육의 목적은 더하기, 빼기, 나누기와 같은 계산 기술을 습득하는 것이라고 하였다. 따라서 교사의 역할은 유아에게 등식을 완성하게 하고(예 3+1=□), 그 완성의 옳고 그름을 판단하여 적절한 보상을 해 주는 것이라고 하였다.

손다이크가 제시한 유아기의 수학교육과 관련된 교육 내용은 다음과 같다.

- 유아는 수학적 개념의 습득이나 계산 기술의 습득이 가능하므로 연습이나 훈련, 암송하기와 같은 방법을 알도록 한다.
- 시범 교육방법을 사용함으로써 구두로 제안되는 의견들을 실험적으로 검증하도록 지도한다(Thorndike & Gates, 1929).

손다이크의 연합 이론에 기초한 전통적인 수학교육방법에 대하여 문제를 제기한 대표적인 수학교육자인 브라우넬(Brownell)은 의미 이론(meaning theory)을 제창하고 수학교육을 논하였다. 브라우넬에 의하면 수학적 개념은 계산기술의 반복적인 훈련이나 연습에 의해 이루어지기보다는 학습자의 사고수준이나 준비상태로 형성된다고 하였다. 따라서 교사의 역할은 유아의 사고수준이나 준비도를 파악해 가며 수학적 상징의 의미를 학습하고 그 의미 간의 관계를 이해할 수 있도록 지도하는 것이라고 하였다. 의미 이론은 다음과 같은 측면에서 연합 이론을 비판한다(Brownell & Chazal, 1935).

첫째, 연합 이론은 계산 활동에서 나타나는 성인과 유아의 질적인 차이를 설명하지 못한다. 예를 들어, 성인은 물건을 사고 돈을 지불할 때 덧셈을 기억하여 계산하지만 유아는 손가락을 이용하여 4+1=5임을 계산한다.

둘째, 수의 조합이나 자리 수 등에 숙달되는 계산 능력을 획득하는 것은 오랜 시간이 필요한 과정이므로 연합 이론과 같이 유아에게 수에 대한 성인의 지식이나 기능을 즉각적으로 모방하도록 요구해서는 안 된다. 예를 들어, 유아들은 7+5=12임을 자동적으로 계산할 수 있는 것이 아니고, 7+5는 12가 되는 이유를 스스로 깨닫고 구체적 조작을 통해 그 의미를 얻을 때까지는 7+5는 12가 됨을 말하지 못한다.

셋째, 연합 이론에서는 연합 혼란(associative confusion) 또는 간섭(associativeinterference)이 일어나기 때문에 4+1=5와 3+2=5를 동시에 가르쳐서는 안 된다고 보지만, 사실 교사는 유아가 3+2=5에서 5−3=2를 일반화하여 다양한 상황에서 규칙을 발견할 수 있도록 도와야 한다.

이와 같이 브라우넬은 수학교육의 개념적 이해를 촉진하기 위해 유아의 경험을 바탕으로 수학적 의미를 가르칠 때 학습이 용이하며 전이, 기억력 지속 등의 효과를 갖게 된다고 하였다(한유미, 2010).

② 몬테소리

몬테소리

몬테소리(Montessori, 1870-1952)는 인간의 지성은 감각 속에 존재하기 때문에 유아에게 있어서 모든 지식의 요소들은 외부세계의 감각을 통하지 않고는 지식이 존재할 수 없다고 하였다. 그러므로 유아기의 환경은 외부 질서와 정확함에 의해 구성됨과 동시에 외면적 질서는 내면적 지능의 발달과 밀접한 관계가 있다고 하였다. 내적 생명력이라고 할 수 있는 환경의 질서에 대한 민감성을 가진 유아기에 적절한 질서 있는 환경(자극)을 주는 것은 유아의 수학적 두뇌를 육성하는 일이 된다고 하여 유아 수학교육을 중요시하였다. 몬테소리의 수학교육의 목적을 살펴보면 다음과 같다.

첫째, 수학에 대한 긍정적인 태도를 형성하고 흥미를 가지도록 한다.

둘째, 유아들의 기초적인 수학 개념인 수는 일상생활에 필요한 것이며, 논리수학적 사고 발달의 기초가 된다.

셋째, 수학적 두뇌 형성, 즉 수학적 사고, 논리적 사고, 추상적 사고의 발달을 돕는다. 이에 몬테소리 수학 교구는 수 개념을 정확하게 이해하고 수학 체계에 대한 이해를 통해 수학적 두뇌 발달의 기초를 형성하고자 한다.

몬테소리는 실생활에 입각한 여러 가지 사고 활동을 요구하는 수학적 상황의 수 교구 활동을 통해 익히는 것에 주안점을 두고 교구들을 고안하였다. 교구의 구성은 수 막대, 셈하기 상자, 홀수와 짝수, 모래숫자, 덧셈판, 곱셈판, 구슬줄, 숫자 카드, 방추형 봉, 구성 삼각형, 평면기하 서랍 등으로 되어 있다. 특히 '0의 발견'은 위대한 일로 다른 기수법과 비교할 수 없을 정도로 편리하고, 십진법과 관련해서 가장 깊은 의미를 가지고 있음을 발견하였다. 몬테소리의 수 교구 활동을 예를 들어 보면, 셈 막대 상자의 교구를 활용하여 수 막대에서의 연속량에 대해 하나씩 흩어진 양을 묶어 보고 수량을 이해시키며, 아무것도 없는 것은 0이라는 것을 인식시킨다. 또한 교구를 활용해서 1, 10, 100, 1000 등 십진법의 구성을 인식시킨다. 즉, 1이 10개 모여서 10이 되고 10이 10개 모여서 100이 되고, 100이 10개 모여서 1000이 되는 것을 구체물인 구슬을 통해 이해시킨다.

몬테소리 교구의 수학교육과 관련된 교육 내용은 다음과 같다.

- 교구를 이용하여 가법, 감법, 승법, 분수 및 기하, 십진법 등을 알도록 한다.
- 교구의 여러 가지 구체물을 사용하여 수 개념을 알도록 한다.
- 1일, 1주일, 1개월, 1년 등 달력보는 방법으로 자신의 성장과정을 연결하고 이를 통해 시간 개념을 습득할 수 있도록 한다.
- 또래 친구의 주소, 전화번호, 1주일의 실내 온도 등을 기록하면서 수를 다양한 방법으로 자연스럽게 접할 수 있도록 한다(Montessori, 1964).

③ 듀이

미국 교육에 커다란 영향을 끼친 듀이(Dewey, 1869-1952)는 유아들에게 읽기, 셈하기, 쓰기 등 기초를 기계적으로 가르치는 교수방법에 대해 비판하고 아동 중심, 경험 중심, 흥미 중심의 교육과정을 제창하였다. 듀이에게 있어서 성장

듀이

은 누군가가 유아에게 무엇을 해 주는 것이 아니라 성장의 힘이 유아 자신에게 있고 유아는 자신의 활동에 의해 성장하는 존재라는 의미를 갖는다고 하였다. 그러므로 듀이는 교육이란 미성숙한 유아로 하여금 환경과 능동적으로 상호작용하도록 기회를 주어 유아 스스로 성장하도록 하는 작업이라고 하였다. 유아들에게 수학이라는 학문의 가치를 알게 하려면 수학적 지식이 유아 자신에게 관심 있는 활동의 결실을 얻을 수 있다는 것을 알게 하는 것이 중요하다고 하였다.

듀이의 수학교육과 관련된 교육 내용은 다음과 같다.

- 유아에게 실생활의 경험을 토대로 한 주제를 선정하여 다양한 수학적 경험을 하도록 한다.
- 일상생활의 여러 문제를 해결하기 위해서는 놀이를 중심으로 한 수학학습을 경험하도록 한다.

듀이의 놀이 중심 교육은 행동주의의 이론적 기저가 되어 지속적으로 초등 수학교육에 적용되었던 암기나 반복적 연습 및 교사 주도의 교수방법 등이 유아교육에도 그대로 적용되는 것을 저지하는 데 중요한 역할을 하였다.

(3) 20세기 후반

20세기 후반에 들어와 유아 수학교육은 1957년 구 소련의 스푸트니크(Sputnik) 발사 후 여러 변화에 대응하기 위한 수학교육의 개선에 대한 움직임이 일어나기 시작하였고, 1975년까지 세계적으로 광범위하게 개혁운동이 전개되었다. 이러한 움직임으로 새 수학운동(New Math Movement)이 등장하였다. 심화된 이론뿐 아니라 보다 논리적인 접근의 시도를 중요시하면서 나타난 유아 수학교육의 변화를 살펴보면 다음과 같다.

- 피아제(Piaget)의 이론을 기초로 한 유아 스스로 탐색하고 지식의 원리를 이해하는 탐색과정 중심의 프로그램 개발
- 피아제와 브루너의 이론에 기초한 하이스코프(High Scope) 프로그램 개발
- 행동주의 이론에 기초한 체계적인 지도와 반복 연습을 강조하고 수 세기, 더하기, 빼기 등 초보적인 수학교육 내용을 다루는 교사 주도의 DISTAR(Direct Instructional System for Teaching Arithmetics & Reading) 프로그램
- 가네(Gagne)의 행동주의 입장에서 설명학습 또는 수용학습의 일환인 SAPA(Science A Process Approach)
- 성숙주의 이론에 기초한 전통적인 놀이나 활동 중심의 비형식적 학습을 제시한 Bank Street 프로그램

이와 같이 20세기 후반의 유아 수학교육은 보다 다양한 유아 수학교육과정 모형이 개발되기 시작하였다. 더욱이 유아 수학교육은 통합적인 교육과정의 적용이라는 유아교육의 특성과 함께 유아의 수학적 학습을 위한 환경의 제공과 다양한 교수방법 등 질적 향상을 보이게 되었다.

학교 수학교육에서는 새로운 시도의 새 수학운동이 커다란 호응을 불러일으켰지만, 수학교육과정 개선 프로젝트로 인해 오히려 학업 성취도가 떨어졌다는 보고들이 이어지면서 1970년대 중반이 되자 수학문제를 공식을 외워 풀거나 지필(paper & pencil) 계산을 강조하는 '기초로 돌아가자'라는 회귀운동(Back to-Basics Movement)이 일어나게 되었다.

1983년에는 「A Nation at Risk」라는 보고서가 제출되면서 미국이 세계 경제에서 위기에 처하게 된 원인을 수학과 과학, 기술교육 등을 등한시함으로써 산업정보사회에 유용한 인재 양성을 못하였기 때문이라고 분석하였다. 이로 인해 문제해결(problem solving)운동이 수학교육의 개선 방향으로 대두되면서 수학에 할애하는 시간이 늘어나고 계산 능력보다 수학적 추리 능력의 발달을 강조하는

고차원의 수학적 사고가 전반적으로 확대되었다.

1987년 NAEYC(미국유아교육협회)는 발달적으로 적합한 실제에 대한 지침을 발표하였는데, 이 지침은 초등학교의 교육 내용과 방법이 하향 적용되는 것에 대한 심각한 우려를 나타내면서 NCTM(미국수학교육교사협의회)에서는 NAEYC와 함께 1991년 발달적으로 적합한 유아 수학교육의 지침을 제시하였다(권영례, 2003; 홍혜경, 2004).

NCTM(1991)에서 제시한 내용은 다음과 같다.

- 유아는 능동적인 조작, 탐색 및 또래와의 상호작용을 기초로 한다.
- 유아 자신의 사전 지식, 경험, 흥미를 기초로 한 유아 중심적 접근으로 한다.
- 실제 문제 상황을 통하여 수학적으로 추리하여 해결하는 경험을 제공한다.
- 유아 개개인의 문화적 배경, 인지적 능력, 학습 유형의 차이 등을 반영한다.

그러나 이 지침이 유아 수학교육의 획기적 개혁작업으로 이어지지는 못하였으며, 2000년 이후부터 유아 수학교육의 개혁에 대한 새로운 요구에 직면하게 되었다(이경우 외, 1997).

(4) 2000년 이후부터 현재

2000년대에 들어오면서 유아 수학교육에 대한 반성과 변화를 위한 노력의 필요성이 대두되었다. 이에 Ginsburg와 동료들(2001)이 제시한 유아 수학교육의 방향은 다음과 같다.

- 유아교육자들은 유아가 진지하고 도전적 활동에 참여하여 수학적 사고를 기를 수 있도록 돕는다.
- 유아교사나 담당자들은 적극적인 도움, 격려, 다양한 기회를 제공한다.

또한 Bredekamp(1995)는 유아 수학교육이 다양한 수학적 활동으로 이루어져 있으나 깊이 있게 다루지 못하고 있음을 지적하면서 유아 수학교육에 대한 사회적 변화에 따른 새로운 요구와 개선의 필요성을 제기하였다. 이를 살펴보면 다음과 같다.

- 정보화 사회로의 변화에서 기상, 군사, 의료, 금융 등의 여러 분야로 확대됨으로써 초기에 많은 수학적 능력과 판단을 하는 데 유아기의 다양한 수학적 경험이 중요하다.
- 유아의 수학적 사고 및 발달적 특성에 관한 연구들은 유아의 비형식적 지식과 수학적 능력에 대해 중요하다고 여기면서 유아에 대한 수학적 능력을 재인식하게 되었다. 유아에게 놀이나 일상 경험을 통한 비형식적인 우연적 학습은 중요한 의미를 가지므로 수학학습을 위한 풍부한 기회와 도전을 제공하여야 한다.
- 유아의 발달뿐 아니라 교육적으로 적합한 수학교육의 제공이 필요하다. 즉, 유아교육기관에서 제공하는 수학교육 내용의 적합성과 연계성 및 방법적 타당성 등을 재고해야 한다.
- 풍부하지 못한 수학적 경험과 환경으로 취학한 저소득층 유아들의 수학적 성취능력이 저하되고 있기 때문에 형평성을 고려한 수학교육의 접근이 필요하다.

NCTM에서는 사회적 변화와 요구에 부응하기 위해 2000년에 '학교 수학을 위한 원리와 지침(Principles and Standards for Mathematics)'을 발표하였다. 유아-유치원 수학교육을 위한 내용과 기본 방향을 제시하였으며, 수학교육 사상 처음으로 Pre-K 수준을 학교 수학교육에 포함시키는 획기적인 시도가 있었다.

미국 유아교육을 선도하는 주요 3개 핵심단체인 NCTM(미국수학교육교사협의회, 2000), NAEYC(미국유아교육협의회, 2001), NCATE(미국교사인증협의회, 2002)에서는 보다 구체적이고 체계적이며 기술공학과의 융합과 기회균등을 강조하는 유아 수학교육의 방향과 준거들을 마련하기 시작하였다.

NAEYC에서도 NCTM과 공동으로 2002년에 'Early Childhood Mathematics: Promoting Good Beginnings'라는 지침을 제시하였다. 이 지침은 3~6세 유아의 수학교육을 위한 교수 실제 및 교수 실제의 정책적 지원, 체제적 변화에 관한 권장사항을 제시하였다. 이와 같이 유아기부터 유아 발달에 적합하고 질적으로 높은 수준의 수학교육을 위한 다각적인 노력이 이루어지고 있다.

2) 한국 유아 수학교육과정의 변천

우리나라 유아 수학교육의 역사적 변화는 일련의 수학교육 이론의 변천과 맥락을 같이한다(이경우 외, 1997). 우리나라 유아 수학교육과정의 변화를 제1차부터 6차 유치원 교육과정, 2009 개정 유치원 교육과정, 만 5세 누리과정, 만 3~5세 누리과정을 통하여 살펴보면 다음과 같다.

(1) 제1차 유치원 교육과정

1969년에 제정된 제1차 유치원 교육과정은 건강, 사회, 자연, 언어, 예능의 5개 영역으로 구성되었으며, 자연 영역에서 수학교육 내용이 포함되어 있다. 자연 영역이 학습자의 흥미와 욕구에서 시작되는 학습과 실생활에 응용할 수 있는 수학적인 지식과 능력이나 태도 습득을 중요시하고 있다(교육과학기술부, 2009)고는 하지만 수학 내용은 '수량과 도형'뿐이다. 수량과 도형의 내용에는 물건을 비교 및 분류하여 정리하기, 양과 부피에 대하여 알기, 길이·넓이·높이·빠르기에 대하여 알기, 방향과 거리에 대하여 알기, 시간을 지키고 생활하기가 포함되어 있다.

(2) 제2차 유치원 교육과정

1979년에 개정된 제2차 유치원 교육과정은 사회정서 발달 영역, 인지 발달 영역, 언어 발달 영역, 신체 및 건강 영역의 4개 발달 영역으로 구성되었다. 인지 발달 영역의 세부 영역은 ① 자연과 사회 현상에 관한 개념, ② 논리-수학적 사고에 대한 개념, ③ 표상 능력으로 구성되었다. 이 중 수학교육의 내용으로 논리-수학적 사고에는 일대일 대응, 분류하기, 유목 간 공통점 찾기, 준거에 따라 계열화하기, 보존 개념 알기, 개수 헤아리기, 수의 대소 알기, 사물의 순서 알기 내용이 포함되었다. 표상 능력에는 형태 익히기, 형태 비교하기, 형태의 부분을 보고 전체 파악하기, 도형 찾기, 도형 만들기, 위치 익히기, 기호 익히기, 지도 보기 내용이 포함되어 있다.

(3) 제3차 유치원 교육과정

1981년 개정된 제3차 유치원 교육과정은 신체 발달, 정서 발달, 언어 발달, 인지 발달, 사회성 발달의 5개 영역으로 구성되었다. 인지 발달 영역의 내용은 ① 자연현상에 관한 개념, ② 사회현상에 관한 개념, ③ 논리-수학적 사고에 대한 개념으로 구성되었다. 이 중 수학교육의 내용으로 논리-수학적 사고에는 일대일 대응, 개수 헤아리기, 수의 이름과 크기 알기, 사물의 공통점 찾기, 분류하기, 순서 짓기, 보존성 알기, 위치·도형·양 등을 알기, 시간 개념 알기, 사건의 순서 알기, 부분과 전체 간의 관계 알기 등 세분화된 내용을 제시하였다.

(4) 제4차 유치원 교육과정

1987년 개정된 제4차 유치원 교육과정은 제3차 유치원 교육과정과 동일하게 5개 발달 영역으로 구분하고 인지 발달 영역에 상상력과 창의력을 추가하여 구성되었다. 인지 발달 영역의 수학교육 내용으로는 논리-수학적 사고에서 분류하기, 순서 짓기, 수 개념, 측정, 공간관계, 시간관계, 사건 또는 현상의 원인과 결과 관계 짓기의 7개 내용으로 조정되었다. 이 교육과정에는 수학의 주요 내용인 측정과 논리적 추론을 위한 원인과 결과 관계를 포함시켰으며, 문제 해결 능력에 관한 관심이 제기되기 시작하였다.

(5) 제5차 유치원 교육과정

1992년 개정된 제5차 유치원 교육과정은 건강생활, 사회생활, 표현생활, 언어생활, 탐구생활의 5개 생활 영역으로 구성하였다. 수학교육 내용은 탐구생활 영역의 논리-수학적 사고에서 분류하기, 순서 짓기, 수의 기초 개념, 수의 활용, 전체와 부분, 측정, 시간, 공간, 기본 도형, 기초 통계의 10개 하위 내용으로 조정되었다. 수준별 내용을 제시하여 1수준, 2수준, 공통수준으로 구분하여 발달수준에 적합한 교육에 초점을 두기 시작하였다.

(6) 제6차 유치원 교육과정

1998년 개정된 제6차 유치원 교육과정은 제5차와 유사한 생활 영역으로 구분하였으나 탐구생활 영역 안에 논리-수학적 사고에서 수학적 탐구로 조정하였다. 수학적 탐구 내용으로 분류와 순서 짓기, 수의 기초, 측정, 시간, 공간과 도형, 기초적 통계의 6개 하위 내용이 포함되어 있다.

(7) 2007년 개정 유치원 교육과정

2007년 개정 유치원 교육과정은 제5차 및 제6차 유치원 교육과정과 마찬가지로 5개 생활 영역으로 구성되었다. 수학교육과 관련된 내용은 탐구생활 영역의 탐구하는 태도 기르기와 수학적 기초 능력 기르기가 포함되어 있다. 주로 수학교육은 수학적 기초 능력 기르기의 수 감각 기르기, 공간 및 도형에 대해 알아보기, 기초적인 측정해 보기, 규칙성 이해하기, 자료 정리 및 결과 나타내기의 다섯 가지 하위 내용에서 제시하였다. 유아의 수학적 상황과 문제를 해결하기 위한 탐구과정과 지속적인 탐구 태도를 기르는 데 중점을 두었다.

(8) 만 5세 누리과정

2011년 9월에 고시된 5세 누리과정은 교육과학기술부·보건복지부가 함께 교육과정을 개정·고시하였다. 유치원에서 만 3, 4세는 2007년 개정 유치원 교육과정에 기준하여 수학교육의 내용을 시행하였고, 만 5세는 유치원과 어린이집에서 공통의 '5세 누리과정'의 내용을 반영하여 시행하였다. 즉, 만 3, 4세를 대상으로 한 2007년 개정 유치원 교육과정의 유아 수학교육은 탐구생활 영역에 속하며, 그 내용은 수학적 기초 능력을 기르는 수 감각 기르기, 공간 및 도형에 대해 알아보기, 기초적인 측정해 보기, 규칙성 이해하기, 자료 정리 및 결과 나타내기의 다섯 가지 하위 내용에서 제시하였다. 그리고 만 5세 누리과정의 유아 수학교육은 자연탐구 영역에 속하며, 그 내용은 수학적 탐구하기에서 수와 연산의 기초 개념 형성하기, 공간과 도형의 기초 개념 형성하기, 기초적인 측정하기, 규칙성 이해하기, 기초적인 자료 수집과 결과 나타내기의 다섯 가지 하위 내용을 제시하였다.

(9) 만 3~5세 누리과정

교육과학기술부 고시 제2011-30호 유치원 교육과정(2011. 9. 5)은 2013년 2월 28일로 폐지하고 교육과학기술부와 보건복지부가 공통의 교육과정으로 만 3, 4세까지 누리과정을 확대하였고, 이에 2013년 3월부터 유치원과 어린이집에서 3~5세 누리과정을 시행하였다. 3~5세 누리과정에서 유아 수학교육은 자연탐구 영역에 속하며 그 내용은 수학적 탐구하기의 수와 연산의 기초 개념 알아보기, 공간과 도형의 기초 개념 알아보기, 기초적인 측정하기, 규칙성 이해하기, 기초적인 자료 수집과 결과 나타내기의 다섯 가지 하위 내용을 제시하였다.

위의 내용을 표로 정리하여 제시하면 다음 〈표 1-1〉과 같다.

〈표 1-1〉 우리나라 유치원 교육과정의 수학교육 내용 비교

유치원 교육과정	영역의 조직	수학교육과 관련된 영역	구체적인 내용
제1차 유치원 교육과정 (1969)	건강, 사회, 자연, 언어, 예능의 5개 생활 영역	자연 영역 중 수량과 도형	• 물건을 비교·분류하여 정리하기 • 양과 부피에 대하여 알기 • 길이, 넓이, 높이, 빠르기에 대하여 알기 • 방향과 거리에 대하여 알기 • 시간을 지키고 생활하기
제2차 유치원 교육과정 (1979)	사회정서 발달, 인지 발달, 언어 발달, 신체 발달 및 건강의 4개 발달 영역	인지 발달 영역 중 논리-수학적 사고와 표상능력	• 논리-수학적 사고 –일대일 대응, 분류하기, 공통점 찾기, 계열화하기, 보존 개념 알기, 개수 헤아리기, 수의 대소 알기, 사물의 순서 알기 • 표상 능력 –형태 익히기, 형태 비교하기, 형태의 부분을 보고 전체 파악하기, 도형 찾기 및 도형 만들기, 위치 익히기, 기호 익히기, 지도 보기
제3차 유치원 교육과정 (1981)	신체 발달, 정서 발달, 언어 발달, 인지 발달, 사회성 발달의 5개 발달 영역	인지 발달 영역 중 논리-수학적 사고	• 일대일 대응 • 개수 헤아리기 • 수의 이름과 크기 알기 • 위치·도형·양 등을 알기 • 사물의 공통점 찾기 • 분류하기 • 순서 짓기 • 보존성 알기 • 시간 개념 알기 • 사건의 순서 알기 • 부분과 전체 간의 관계 알기
제4차 유치원 교육과정 (1987)	신제 발달, 언어 발달, 인지 발달, 정서 발달, 사회성 발달의 5개 발달 영역	인지 발달 영역 중 논리-수학적 사고의 기초 능력	• 분류하기 • 순서 짓기 • 수 개념, 측정 • 공간관계 • 시간관계 • 사건 또는 현상의 원인과 결과 관계 짓기

유치원 교육과정	영역의 조직	수학교육과 관련된 영역	구체적인 내용
제5차 유치원 교육과정 (1992)	건강생활, 사회생활, 표현생활, 언어생활, 탐구생활의 5개 생활 영역	탐구생활 영역 중 논리-수학적 사고	• 분류하기 • 순서 짓기 • 수의 기초 개념 • 수의 활용 • 전체와 부분 • 측정, 시간, 공간, 기본 도형 • 기초 통계
제6차 유치원 교육과정 (1998)	건강생활, 사회생활, 표현생활, 언어생활, 탐구생활의 5개 생활 영역	탐구생활 영역 중 수학적 탐구	• 분류와 순서 짓기 • 수의 기초 • 측정, 시간, 공간과 도형 • 기초적 통계
2007년 개정 유치원 교육과정	건강생활, 사회생활, 표현생활, 언어생활, 탐구생활의 5개 생활 영역	탐구생활 영역 중 수학적 기초 능력 기르기	• 수 감각 기르기 • 공간 및 도형에 대해 알아보기 • 기초적인 측정해 보기 • 규칙성 이해하기 • 자료 정리 및 결과 나타내기
5세 누리과정 (2011)	만 3, 4세 : 2007년 개정 유치원 교육과정으로 시행	탐구생활 영역 중 수학적 기초 능력 기르기	• 수 감각 기르기 • 공간 및 도형에 대해 알아보기 • 기초적인 측정해 보기 • 규칙성 이해하기 • 자료 정리 및 결과 나타내기
	만 5세 : 5세 누리과정으로 시행	자연탐구 영역 중 수학적 탐구하기	• 수와 연산의 기초 개념 형성하기 • 공간과 도형의 기초 개념 형성하기 • 기초적인 측정하기 • 규칙성 이해하기 • 기초적인 자료 수집과 결과 나타내기
3~5세 누리과정 (2013)	신체운동·건강, 의사소통, 사회관계, 예술경험, 자연탐구의 5개 영역	자연탐구 영역 중 수학적 탐구하기	• 수와 연산의 기초 개념 알아보기 • 공간과 도형의 기초 개념 알아보기 • 기초적인 측정하기 • 규칙성 이해하기 • 기초적인 자료 수집과 결과 나타내기

토의과제

1. 현재 유아 수학교육이 나아가야 할 바람직한 방향에 대해 구체적으로 이야기해 본다.

2. 우리나라 유치원 교육과정의 수학교육 내용 및 만 3~5세 누리과정에서의 수학교육 내용을 비교 분석해 본다.

유아 수학교육의 중요성 및 연구 동향

1. 수학교육의 개념 및 중요성

1) 수학교육의 개념

영아와 엄마가 놀이하는 상황을 관찰해 보면, 영아가 블록을 만질 때마다 엄마는 '하나', '둘'을 말해 주거나 과일을 먹여줄 때도 "○○ 1개, 엄마 1개……"라고 하면서 수 세기 또는 순서에 대한 반복적인 경험을 제공하고자 하는 모습을 볼 수 있다. 유아기가 되면 또래와의 놀이를 통해 같은 놀잇감을 모으거나 나누고, 자신의 신발과 옷을 정리하거나 분류하는 모습을 볼 수 있다. 앞서 1장에서도 언급하였듯이 수학은 사람이 살아가는 데 필수적인 것이며 시대 변화와 함께 진보해 왔다. 수학교육 역시 유아의 생활에서 자연스럽게 이루어질 수 있으며, 유아를 전인적으로 성장·발달시키는 데 필수적인 영역이라고 할 수 있다.

유아는 아주 어린 시기부터 선천적으로 타고난 수학적 발달특성을 토대로 일상생활 속에서 다양한 수학적 요소들을 접하거나 경험하게 되고, 이를 통해 수학적 지식과 능력을 획득하게 된다. 특히 유아에게 수는 자신에게 의미가 있는 경험의 일부일 때 그 중요성이 인정되며, 유아의 수 개념과 수에 관한 추론 능력은 환경과의 상호작용으로 자연스럽게 발달한다고 볼 수 있다(권영례, 1998). 따라서 유아가 어린 시절부터 수학을 경험할 수 있는 기회를 충분히 제공하는 것이 바람직하며, 이를 위해서는 교사 자신이 먼저 수학교육의 개념을 정립하고 유아에게 수학교육에 관해 무엇을, 어떻게 가르쳐야 하는지를 결정하고 진행해 나가야 할 것이다.

동아 새국어사전(1999)에 보면, "수학(數學)은 수량 및 도형의 성질이나 관계를 연구하는 학문이며, 교육(敎育)은 지식을 가르치고 품성과 체력을 기름"이라고 되어 있다. 한편, 수학교육(數學敎育)이란 "수학적인 사고력과 계수적(計數的)인 처리 능력을 기르는 교육(네이버 사전)"이라고 하며, 우리말 사전과 교육학 용어사전에서는 다음과 같이 설명하고 있다.

〈표 2-1〉 수학교육의 사전적 정의

우리말 사전(1982)	초·중등학교의 수학 지도에 관한 이론적·실천적인 연구를 의미하는 것으로 수학교육의 주요 연구 분야는 교육과정 전반에서 볼 때 어떤 위치를 차지하는 것이 적당한가, 수학의 지도 내용은 무엇으로 할 것인가, 그 내용을 어떻게 지도할 것인가를 포함한다.
교육학 용어사전(1998)	주로 학교교육에서의 산수, 수학의 교수법, 그리고 수학의 원리적인 제 문제를 연구하는 학문 분야이다.

Griesel(1971)은 "수학교육은 수학 영역의 학습에 대한 목적 설정 및 교재 선정, 실행 가능한 교육과정의 개발 그리고 실제적인 수행과 경험적인 검증에 관한 과학이다."라고 정의하고 있다. 사전적 정의나 이 같은 정의를 보면, 수학교육은 대상을 가르치는 것에 강조를 두고 있으며, 수학교육의 대상은 학교교육의 주를 이루고 있는 초등학교 이상의 학생들에게 초점을 맞추고 있음을 알 수 있다. 그렇다면 유아를 대상으로 하는 유아 수학교육은 어떻게 정의가 되어 있고, 어떠한 관점을 가져야 하는지 아는 것은 중요한 일이다.

실제로 유아교육 관련 학과에 입학한 신입생들에게 영유아 수·과학교육, 유아 수학교육 등의 과목을 소개하면 초·중·고등학교 때 경험한 일상생활과 분리되어 있는 학문 그 자체로서의 수학을 떠올리고는 미리부터 힘들어하는 표정을 짓는다. 교사가 교육하고자 하는 내용의 개념 및 원리를 충분히 이해하고 방법을 모색하지 않으면 교육에 대한 자신감이 없을 뿐 아니라 유아들도 교사와 함께하는 시간을 힘들어할 것이다.

최근 영아들을 대상으로 한 다양한 실험들에서 영아들은 이미 학습할 유전자 프로그램을 가지고 있다는 것이 밝혀지고 있다. 다시 말하면, 영아들은 태어날 때부터 이미 수학적 감각 및 기초적인 수의 연산능력도 미미하지만 가지고 있다는 것이다. 이런 점을 고려해 볼 때, 수학교육의 대상 연령은 초등학생에서 점차 하향되어야 함을 알 수 있으며, 이를 반영한 유아 수학교육에 대한 정의가 확립되어야 할 것이다. 물론 아직까지는 영아보다는 유아를 대상으로 한 유아 수학교육의 차원에서 이루어지고 있다. 또한 유아 수학교육이 어떠한 내용을 반영하고 있으며 이를 어떤 방식으로 추구할 것인가의 문제를 포함하고 있어야 한다.

수학교육의 대상으로 유아를 포함하고 있으면서 수학교육에 대한 방법적·내용적인 측면을 제시하고 있는 유아 수학교육에 대한 정의를 살펴보면 다음과 같다.

〈표 2-2〉 유아 수학교육의 정의

학자		정의
국내	권영례(1995)	유아 수학교육은 유아의 발달수준, 사전 지식 및 경험, 흥미 등을 고려하여 수학의 기초 개념 및 원리를 학습하도록 돕고, 수학적 기능을 통해 문제를 해결해 가도록 배려하고 권장하는 환경을 구성하는 일이며, 또한 유아 스스로 물체를 조작하면서 수학의 기본적인 개념과 원리를 학습할 수 있도록 유아의 발달수준에 적합한 교수방법을 제공하여 유아가 생활주변의 문제를 해결하는 데 있어서 자신이 습득한 수학적 지식과 기술을 사용하도록 돕는 것이다.
	박홍자(2002)	유아 수학교육은 유아가 수학의 기본적인 원리와 개념을 학습하도록 유아의 발달수준에 적합한 교수방법을 통해 도와주며, 유아가 생활주변의 문제를 해결하는 데 습득한 수학적 지식과 기술을 사용하도록 돕는 것이다.
	문연심·이화영(2005)	유아 수학교육이란 유아의 발달수준을 고려하여 수학적 기초 개념을 학습하도록 돕고, 일상생활 속에서 발생하는 문제를 수학적 과정을 통해 해결할 수 있도록 도와주는 것이다.

학자		정의
국외	Baroody (1987)	유아 수학교육은 어림셈, 측정, 계산이 포함된 수 감각의 발달을 강조하여야 하며 일상생활의 다양한 상황을 수 관계를 가르치는 데 사용해야 한다. 그래서 교실 상황에서 수 세기, 비교하기, 측정하기가 가능한 한 많이 일어나도록 해야 한다.
	Kamii(1988)	유아 수학교육이란 수학 현상을 탐구할 때 유아도 수학자들과 똑같은 사고절차를 자신들이 일상생활에서 직면하는 문제를 탐구할 때 자율적으로 적용하는 과정이다.

위의 개념들은 유아 수학교육을 정의함에 있어서 유아들에게 제시한 수의 연산과 관련된 내용이나 일반적 수학적 원리와 관련된 내용과 함께 유아 자신이 습득한 수학적 지식을 생활 속에서 적용하고 활용하여 자신의 경험을 재조직화할 뿐 아니라 생활주변 세계를 다루도록 하기 위한 내용들이 포함되어야 함을 강조하고 있다. 또한 유아들에게 단순한 산술적인 계산 기술만을 가르치는 것이 아니라 유아가 능동적으로 수학적 기초 개념을 습득할 수 있는 기회를 제공하는 것을 강조하고 있는 방법상의 측면을 제시하고 있는 정의들이다.

결론적으로 유아 수학교육에 대한 정의는 다음 두 가지를 반드시 포함하고 있어야 한다. 하나는 수학교육의 대상으로 유아를 지칭하는 용어가 표기되어 있어야 한다는 것이며, 다른 하나는 유아 수학교육에서 무엇을, 어떻게 가르쳐야 할 것인가 하는 수학교육의 방법적·내용적인 측면에 대한 견해가 분명하게 제시되어 있어야 한다는 것이다.

따라서 수학교육의 대상과 수학교육의 내용적·방법적 측면을 모두 고려하여 유아 수학교육에 대한 정의를 내려보면, 유아 수학교육이란 첫째, 유아의 독특한 발달적 특징을 고려하여 유아 교육·보육 현장 및 일상생활 속에서 수학활동과 관련된 다양한 경험을 통해 수학의 기본 개념과 원리를 학습할 수 있는 기회를 제공하고, 둘째, 이러한 경험을 통하여 습득된 수학적 지식과 기술 그리고 나아가 복합적 사고능력들을 가지고 유아가 자신의 삶을 구성해 나가는 데 있어 부딪히는 많은 문제들을 창의적으로 해결하여 긍정적인 수학적 태도를 형성하도록 도와주는 것이다.

2) 유아 수학교육의 중요성

유아기에 수학교육을 경험해야 하는 이유는 무엇일까? 이러한 질문에 대한 답은 '수학'이라는 학문이 우리의 생활과 밀접한 관계를 갖고 있으며, 유아가 자신의 환경에 대한 이해를 증진시키는 데 매우 중요한 역할을 할 뿐 아니라 고도의 기술·정보화 사회로 전환하면서 모든 사람에게 수학적 소양이 필요하게 되었기 때문이다(한유미, 2003).

유아 수학교육의 목적에 대해 설명한 국내·외 학자들의 견해를 살펴보면 다음과 같다.

〈표 2-3〉 유아 수학교육의 목적

학자		정의
국내	이경우(1991)	수학적 문제 해결력과 탐구력, 추리적인 사고 능력은 물론 수학적 지식과 기술을 습득하게 하고, 뿐만 아니라 수학에 대한 긍정적 태도는 물론 수학학습에 대한 가치를 인식하게 한다.
	권영례(1998)	첫째, 수학적 인지능력이 증대되도록 돕는 일, 둘째, 수학적 기본 개념과 원리를 이해하고 기술을 획득해 나가도록 하는 일, 셋째, 수학의 가치를 인정하는 긍정적인 태도를 형성하는 일이다.
	박홍자(2002)	첫째, 유아가 수학적인 기초 개념과 원리를 이해하고, 문제해결력과 탐구력, 추리력을 기르도록 돕는 것, 둘째, 유아가 수학적 의사소통 기술과 긍정적 태도를 형성하도록 하는 것이다.
국외	Taylor(1980)	수와 수의 사용에 대한 흥미를 자극하여 수 개념이 어떻게 문제해결에 이용되는지를 알게 하고, 수학을 이용하여 세계에 대한 지식을 증가시키고, 유아가 준비되었을 때 숫자와 수학적 용어를 소개하는 것이다.

학자		정의
국외	미국수학교육 교사협의회 (NCTM, 1989)	"일반시민이 지녀야 할 수학적 소양을 기르기 위한 것이다."라고 강조한다. 새 수학교육의 목표는 첫째, 유아는 수학의 가치를 이해할 수 있어야 하며, 둘째, 수학을 행하는 자신의 능력에 대해 확신을 가져야 하며, 셋째, 수학 문제의 해결자가 되어야 하며, 넷째, 수학적으로 의사소통하는 것을 배워야 하며, 다섯째, 수학적으로 추론하는 것을 배워야 한다.
	Payne(1990)	유아가 그의 일상적인 매일의 활동에서 일어나는 사건과 상황에서 순서와 의미를 이해하도록 돕는 것이다.

〈표 2-3〉을 통해 알 수 있듯이 유아 수학교육의 기본 목적은 수학적 기본 개념과 원리와 같은 인지적인 측면과 동시에 수학에 대한 긍정적인 태도와 같은 정의적인 측면까지 중요하게 다루고 있음을 알 수 있다.

현대사회가 요구하는 인간상을 길러내기 위한 효과적인 수학교육에 대한 논의는 계속되고 있는데, 특히 21세기에 들어와서는 유아기부터 질적으로 우수한 수학교육이 실시되어야 함이 강조되고 있다. 미국수학교육교사협의회(NCTM)에서 수학교육 사상 처음으로 어린이집 및 유치원 수준을 포함하여 12학년까지의 연계적인 수학교육 기준을 제시한 점(문연심·이화영, 2006)이나 2002년에 미국유아교육협의회(NAEYC)와 NCTM이 공동으로 '유아 수학교육: 좋은 출발을 촉진하기'라는 지침을 발표한 것과 같은 움직임들은 수학적 능력을 형성하는 토대로서 유아기 수학의 중요성을 인식하고 수학교육을 유아기부터 보다 체계적으로 실시하고자 노력하고 있는 것으로 볼 수 있다(이정욱·유연화, 2006).

뿐만 아니라 유아가 유아교육기관에 와서 접하는 수학적 경험의 양과 질은 이후 수학학습과 관련된 유아의 사고, 수행 정도, 태도에 영향을 주게 된다(NCTM, 2000)고 한다. 이는 유아교육기관에서 양질의 수학적 경험이 유아에게 의미 있는 학습으로 이루어질 때 유아의 긍정적인 사고와 문제해결능력과 태도의 발달이 수반될 수 있다고 해석할 수 있다. 최근에 국가에서도 강조하는 창의교육은 학생들의 꿈과 끼를 살려주는 행복교육을 일컫는다. 따라서 국가가 필요로 하는 창의인재는 유아가 행복할 수 있는 환경과 경험을 통해 길러진다고 해도 과언이 아닐 것이다.

결론적으로 고도로 발달된 현대사회를 살아가야 하는 유아들은 누구나 자신이 갖고 있는 수학적 능력을 활용하여 자신이 당면한 일상적 문제들을 논리적이고 합리적으로 해결하여야 하며, 매일의 삶 속에서 주어지는 선택의 순간마다 최선의 의사결정을 해야 한다. 물론 이러한 과정은 행복을 추구하며 누리는 가운데 이루어져야 할 것이다. 따라서 교사들은 유아기의 수학교육이 중요하다는 점을 인식하고 유아가 수학적 소양을 갖추도록 발달단계에 적합한 바람직한 지도방법을 모색해야 할 것이다. 이러한 유아 수학교육의 중요성을 좀 더 구체적으로 살펴보면 다음과 같다.

- 유아기는 수학에 대한 흥미와 태도를 형성하는 결정적 시기이다.
- 유아기에 수학교육은 전인적 발달에 기여한다.
- 유아기에 수학교육은 논리적 사고와 이후의 학습능력에 기여한다.
- 유아기에 수학교육은 문제해결능력을 향상시킨다.
- 유아기에 수학교육은 의사결정능력을 향상시킨다.

(1) 유아기는 수학에 대한 흥미와 태도를 형성하는 결정적 시기이다

① 영아들은 간단한 수의 연산과 같은 수학적 기능 및 능력을 가지고 태어난다

최근 영아들을 대상으로 한 연구 결과에 의하면 영아들은 이미 출생 시에 미미하지만 간단한 뺄셈과 덧셈 같은 수의 연산능력도 가지고 태어난다는 것을 발견하였나. 즉, 유아는 태어나면서부터 자신이 속한 주변 세계에 대해 끊임없이 호기심을 갖고 탐구하려는 본능적인 욕구를 가지고 있다는 것이다. 따라서 이 시기에 타고난 유아의 수학적 본성이 잘 개화될 수 있도록 발달수준에 적합한 수학교육 환경을 마련하여 제공하는 것이 절실히 요구된다. 왜냐하면 어린 영아일지라도 제공되는 수학적 환경 안에서 아주 간단하면서도 쉬운 수학적 경험을 할 수 있으며, 이러한 영아기 때부터 가지게 되는 수학에 대한 만족스런 경험들의 축적이야말로 이후의 수학활동에 대한 흥미를 형성하는 데 강력한 원동력이 될 것이기 때문이다.

② 수학에 대한 긍정적인 태도는 유아기에 형성된다

유아는 형식적인 수학교육을 받기 전에 이미 일상의 생활경험 속에서 비형식적인 수학학습을 경험하게 되는데, 이때 유아가 어떻게 수학을 경험하고 지각하는가가 이후의 수학에 대한 유아의 태도를 결정하는 데 지대한 영향을 미친다. 다시 말하면 유아기 시절 일상생활 경험 속에서 즐겁게 수학활동을 경험하게 될 때, 유아는 수학에 대한 흥미를 발달시키고 긍정적인 태도를 형성하게 된다. 그러므로 유아기에 형성된 습관과 태도가 성장 후에도 쉽게 변하지 않는다는 점을 감안할 때, 유아기 때 수학에 대한 긍정적인 태도를 갖도록 하는 것은 아주 중요하다.

그렇다면 유아가 수학에 대해 긍정적인 태도를 형성하도록 하기 위해 교사는 어떠한 노력을 해야 할 것인가? 먼저, 유아들의 일상생활에서 수학적 개념이 자연스럽게 구성되도록 지도하여야 한다(Kamii, 1988). 이를테면 등원해서 사물함에 자신의 물건들을 분류하기, 놀잇감 종류별로 정리하기, 자유선택활동 시간에 흥미영역을 계획해 보기, 수학 게임을 하면서 자신의 순서 기다리기, 간식시간에 조원들에게 접시와 포크 나누어 주기, 미술시간에 조원들에게 재료들을 개수별로 나누어 주는 활동 등이 그러한 예들이라 하겠다. 이와 같이 유아들은 인위적으로 짜여진 시간을 통해 자연스러운 교실 상황이나 일과 속에서 다양한 활동을 하면서 자연스럽게 수를 셀 수 있으며, 더 복잡한 상위의 수학적 개념과 지식을 형성할 수 있고, 나아가 수학에 대한 긍정적인 태도를 형성할 수 있게 된다. 이는 강압적으로 주입식 학습 지도를 받지 않기 때문에 가능할 것이다.

또한 수학에 대해 긍정적인 태도를 형성하기 위해서는 유아기부터 수학활동을 통해 즐거움을 느끼고 자신감을 경험하는 것이 중요하다. 이를 위해 교사는 주어진 문제를 풀고 그 답이 맞는지 틀렸는지를 확인만 해 주는 학습지 중심의 수학활동은 피해야 한다. 왜냐하면 이러한 학습지 중심의 수학활동은 유아로 하여금 과정보다는 결과에 초점을 맞추도록 하고 실수에 대해 두려움을 갖게 함으로써 자칫하면 수학활동을 어렵게 여기거나 지루하고 재미없는 것으로 판단할 수 있기 때문이다. 유아는 수준에 맞는 내용을 주도적으로 학습할 때 즐거움과 자신감을 갖게 되고, 이로 인해 수학에 대한 긍정적인 태도를 형성하게 된다. 따라서 유아 교육·보육 현장에서는 결과보다 과정에 중점을 두고, 특히 과정 속에서 자기 스스로 조정할 수 있도록 하는 자료와 방법을 제공해 주어야 한다.

(2) 유아기에 수학교육은 전인적 발달에 기여한다

① 유아기의 수학적 경험은 유아의 인지 발달을 돕는다

유아는 자신의 주변환경이 수학적인 측면에서 풍요롭다면 성인의 도움이 없어도 일상생활을 통해 다양한 수학적인 경험을 할 수 있다(Piaget, 1971). 그러므로 교사는 유아가 수를 세거나 무게·시간·양·길이를 측정해 볼 수 있는 수학과 관련된 활동자료들을 제공해 주고, 함께 수학적 과정이나 원리를 추론해 보는 기회를 가지거나 수학과 관련된 어휘를 습득할 수 있도록 상호작용을 해 줄 때, 유아들은 좀 더 상위의 수학적 개념이나 원리를 획득하게 되며, 이러한 과정들은 유아의 인지 발달에 긍정적인 영향을 미치게 된다.

② 유아기의 수학적 경험은 유아의 사회성 및 정서 발달을 돕는다

유아 교육·보육 현장에서 이루어지는 수학교육의 대부분은 교사 중심의 주입식 교육방법보다는 유아가 수 개념과 관련된 게임이나 활동을 직접 경험하는 형태이다. 그러므로 수학활동은 적어도 두세 명의 유아가 함께 교구를 조작하거나 활동을 경험하고 진행함으로써 또래 간에 도움을 주고받는 상황이 많을 수밖에 없다. 이와 같이 수학적 경험은 유아가 또래와 상호작용을 할 수 있는 기회를 많이 제공한다. 나아가 보육현장에서 또래와의 긍정적인 상호작용 경험은 유아의 정서적인 안정감을 강화시켜 주는 역할을 한다.

③ 유아기의 수학적 경험은 유아의 언어 발달을 돕는다

현대사회에서 유능한 사회인으로 성장하는 데 필수적인 요건 중 하나가 바로 의사소통능력이다. 유아는 수학활동을 경험하면서 또래나 교사로부터 다양하고 새로운 수학적 어휘를 획득할 수 있고, 책이나 비디오와 같은 여러 매체를 통해서도 수학적 개념을 습득할 수 있다. 또한 수학활동을 전개하는 과정에서 자신과 다른 견해를 가진 또래에게 자신의 생각이나 의견을 언어로 표현할 기회를 갖게 되고, 이러한 경험들을 통해 자신의 의견을 관철시키는 방법과 타인과 타협하는 능력들을 학습할 수 있게 된다. 그러므로 유아기의 수학적 활동은 수학적 원리를 이해하는 과정 속에서 유아의 언어 발달과 의사소통능력이 증진될 수 있다.

④ 유아기의 수학적 경험은 유아의 신체 발달을 돕는다

유아들은 수학활동을 하면서 오감을 활용하여 구체적인 사물이나 교구들을 조작하게 되고, 이를 통해 눈과 손의 협응력 및 소근육 등 자신의 감각기능과 신체능력을 정교하게 발달시키게 된다. 또한 유아들은 수학 게임을 위해 주사위를 던지거나 말판을 움직이거나 하는 등의 활동을 통해 대근육 발달을 향상시킬 수 있다.

영아들은 블록이나 퍼즐놀이, 구슬 끼우기 등을 통해 소근육에 의한 조작을 하며, 유아들은 퍼즐놀이나 주사위를 이용한 판게임, 분류게임 등을 하면서 구체적인 사물이나 교구들을 조작하게 된다. 이를 통해 눈과 손의 협응력 및 소근육을 발달시키며 감각기능과 신체능력을 보다 정교하게 발달시키게 된다. 신발정리, 교구 정리, 간식준비 등 일상생활을 통한 수학적 경험은 유아가 즐겁게 참여할 수 있는 활동이 되고 자발적이고 적극적으로 움직이게 되므로 대·소근육의 발달에 긍정적인 영향을 미치게 된다.

(3) 유아기에 수학교육은 논리적 사고와 이후의 학습능력에 기여한다

피아제는 논리적 사고력은 단기간에 형성되는 것이 아니라 유아기부터 점진적으로 발달한다고 하였으며(김영선, 2002), 이용률 등(1997)은 유아기의 수학적 경험은 논리적인 사고력, 추상적인 사고력, 창의적인 사고력, 비판적인 사고력, 기호화하고 형식화하는 능력, 단순화하고 종합화하는 능력 등을 기를 수 있다고 주장하였다. 두 의견을 종합해 보면 유아기 때부터 수학 경험을 통해 논리적인 사고력의 기초를 형성하고, 성장하면서 이 능력을 더욱 발달시킬 수 있다는 것을 알 수 있다.

유아들은 같은 사물끼리 모으기, 크기와 양 비교하기, 사물을 길이대로 놓아보기, 친구들에게 간식 접시를 수에 맞게 나누어 주기, 바나나 한 개를 옆 친구와 똑같이 나누어 먹기, 친구들이 가장 좋아하는 간식 알아내기 등과 같은 활동을 하는 과정에서 분류하기, 비교하기, 서열, 수 세기, 나누기, 측정하기, 통계 및 그래프 등과 같은 수학적 경험을 한다. 이와 같은 수학적 경험들이 바로 논리적 사고력을 형성하게 된다. 나아가 유아기에 형성된 논리적 사고력은 유아가 성장하여 자신에게 필요한 정보를 추출해 내고 주어진 문제를 효과적으로 해결하는 과정에서 중요한 역할을 담당하게 되는데, 이는 수학적 경험을 통해 가능하다.

또한 초등학교의 수학교과에 필요한 학습능력은 유아기 때의 수학적 경험을 통해 얻어진 논리적 구조나 전략 등이 기반이 된다. 예를 들면, 유아 교육·보육 현장에서 꽃목걸이를 만들 때 꽃잎-빨대-수수깡, 꽃잎-빨대-수수깡의 규칙적이고 반복되는 순서를 경험하는 패턴활동은 단순히 예쁜 꽃목걸이를 만들기 위함이 아니다. 이러한 패턴활동은 논리적 구조를 함축하고 있는 구구단과 같은 수학적 원리와 연결되어 있고, 구구단을 포함하고 있는 곱셈은 초등학교의 수학학습을 위한 필수적인 기능이다. 따라서 유아기에 적절한 수학활동을 경험하지 못하면 인지 발달이나 이후 초등학교에서의 학습능력에도 부정적인 영향을 미칠 수 있다.

(4) 유아기에 수학교육은 문제해결능력을 향상시킨다

수학은 인간의 삶에서 필수적인 도구로서 일상생활과 밀접한 관계를 가지면서 문제를 해결하기 위한 수단이 된다(박홍자, 2002). 무능력해 보이는 영아도 기저귀가 젖었을 때나 배가 고플 때 신호를 보낸다든지 빙빙 돌아가는 모빌과 같은 물체를 계속 쳐다본다든지 여러 가지 문제를 해결해야 한다. 이런 문제에 대해 영아가 고안하는 해결방법이 수학적 경험과는 전혀 관계가 없는 것처럼 여겨질 수 있지만, 중요한 것은 간단하고 서로 무관해 보이는 문제들을 해결해 나가는 과정에서 영아 스스로가 새로운 전망을 갖게 되며, 다음 단계에서 추구할 수 있는 새로운 목표와 도전을 갖게 될 뿐만 아니라, 이들이 추구하는 과정이 곧 인지 발달의 원동력이 된다(김언주 외, 1989)는 것이다.

유아기에 이르면 영아기 때보다는 일상생활과 놀이 장면에서 해결해야 할 문제들이 더 많아지게 되고, 이때 유아들은 시행착오를 거치면서 여러 가지 방법으로 문제를 해결해 보는 과정을 통해 수학적 개념 및 원리, 전략을 배울 수 있다. 다시 말하면 유아는 일상생활 과정에서 분류하기와 순서 짓기, 수의 기초 개념 이해하기, 기초적인 측정과 관련된 경험하기, 시간에 대한 기초 개념 이해하기, 공간과 도형의 기초 개념 이해하기, 기초적인 통계와 관련된 경험하기 등과 같은 활동을 하면서 수학적인 개념을 획득하고 수학적인 문제해결방법을 학습한다(교육부, 2000). 예를 들어, 강을 건너기 위해 돌다리를 놓아야 할 때 유아는 눈짐작으로 강의 폭을 어림잡아야 하며(측정하기), 그에 맞게 돌다리의 개수를 정해야 하고(수 세기), 이후에 직접 강의 폭에 맞추어 돌다리를 놓아 봄으로써 자신의 눈짐작이 맞지 않았을 경우 다시 측정하여 돌다리 개수를 더하거나 빼면서(수의 연산) 문제를 해결해 나가야 한다.

이와 같이 유아는 일상생활 속에서 자신이 처한 문제상황에서 스스로 문제를 인식하고 그 문제해결을 위하여 시행착오를 거치면서 여러 가지 수학적인 방법으로 해결해 보는 과정에서 스스로의 문제해결능력을 발전시키게 되며, 이는 성인이 되어 일상생활에서 부딪히는 많은 문제들을 창의적으로 해결하는 데도 영향을 미치게 된다. 또한 의사결정을 하기 위해서도 문제해결이나 창의적 사고 등과 같은 복합적인 사고 기능이 반드시 필요하다(윤애희 외, 2002).

(5) 유아기에 수학교육은 의사결정능력을 향상시킨다

사회가 현대화됨에 따라 그 기능이 점점 다양하고 복잡해져 간다. 그 사회 속에서 살아가고 있는 현대인들은 누구든지 가정, 학교, 직장뿐 아니라 사회의 각 분야에서 매 순간마다 어떤 일이나 상황, 가치관 등과 관련된 것들을 선택해야 하는 의사결정의 홍수 속에서 살고 있다고 해도 과언이 아닐 것이다. 그러므로 대부분의 사람들은 실질적으로 어떻게 결정하는지에 많은 관심을 두고 있으며, 바람직하고 합리적인 의사결정과정은 개인에게 심리적 안정감과 만족감을 가지게 하는 데 큰 요인으로 작용한다는 것을 알 수 있다. 따라서 유아기 때부터 합리적으로 의사결정을 할 수 있는 기회를 제공해 줌으로써 성장하면서 선택해야 하는 순간순간마다 최선의 의사결정을 하여 행복한 삶을 살 수 있도록 도모하여야 한다.

한유미(2003)는 수학적 소양이 있는 사람이란 감정이나 미신에 입각하기보다는 이성에 입각해서 합리적인 의사결정을 하는 이들을 말하는데, 이러한 의사결정능력은 유아기부터 충분한 수학활동을 경험함으로써 형성될 수 있다고 하였다. 미국수학교육교사협의회(NCTM, 1998)도 비형식적인 수학의 구성과 함께 유아는 수학이 무엇인지, 그리고 수학을 알고 수학을 한다는 것이 무슨 의미인지, 또한 수학학습자로서의 자신에 대한 신념을 형성해 가는데, 이러한 신념은 이후 수학학습과 관련된 유아의 사고, 수행 정도, 태도와 의사결정에 영향을 주게 된다고 보고하였다. 이들의 주장을 고려해 볼 때, 수학적 경험이 의사결정능력과도 연관이 있다는 것을 알 수 있다. 그러므로 현대사회에서 요구하는 탁월한 의사결정능력을 지니게 하기 위해서는 유아기부터 수학적 경험을 하도록 해야 한다.

따라서 교사는 유아기부터 생활 속에서 수학교육이 흥미롭고 자연스럽게 이루어질 수 있도록 신중하게 계획하고, 급변하는 현대사회에 능동적으로 대처할 수 있는 유능한 인간상을 길러낼 수 있도록 유아 수학교육의 방향을 모색하여야 할 것이다. 유아 수학교육의 계획 및 실행에 관한 기본적인 방향은 5장 교육과정과 수학교육의 내용에서 다루도록 하겠다.

TIP

지금처럼 시각을 나타내는 방법은 아주 오래전에 생겨났어. 메소포타미아 사람들이 해가 뜨고 지는 것, 달이 차고 기우는 것들을 꼼꼼히 관찰해서 해가 떴다 지고 다시 뜰 때까지의 시간을 6으로 나누었대. 왜 6으로 나누었는지는 아무도 확실히 몰라. 1, 2, 3을 더해서 나오는 6을 가장 완벽한 숫자라고 생각했기 때문이라고도 해. 그때부터 하루는 24시간(6을 2배하고 또 2배한 수)이 되었고, 1시간은 60분, 1분은 60초가 된 거야.

출처: 홍성혜 역(1996). 숫자랑 놀자. 마루벌.

2. 유아 수학교육의 연구 동향

유아 수학교육의 연구 동향은 그 시대의 가치와 문화, 교육정책 등과 관련이 있으며 유아교육과정에 반영되어 왔다고 하겠다. 이는 앞서 설명한 수학교육의 역사적 배경에서 한국의 유아 수학교육과정의 변천과정을 통해서도 알 수 있다. 즉, 수학교육의 목적과 그에 따른 내용 및 방법들은 시대의 흐름을 반영한다. 수학교육이 오늘날과 같은 모습을 갖추고 본격적으로 행하여진 것은 심리학의 발달이 전성기를 보인 20세기 이후부터이다.

20세기 초 유럽과 미국에서는 교육을 명문대 입학의 필수과목으로 취급하는 당시 사회의 시각에 대해 문제를 제기하고자 수학교육의 개선을 위해 이른바 '수학교육 개혁운동'이라는 일련의 움직임이 일어났다(이용률 외, 1997). 이러한 수학교육 개혁의 움직임은 1957년 소련의 인공위성 발사사건으로 미국을 비롯한 전 세계 여러 나라에서 수학교육에 대한 일대 전환점을 맞게 되었다. 즉, 수학교육이 전문가들만을 양성하기 위한 것이 아니라 일반 시민도 수학적인 기본적인 소양을 갖추어야 한다는 요구가 높아졌던 것이다.

유아 수학교육 분야는 2000년 이후 그 어느 때보다 변화와 개선을 위한 노력이 활발히 이루어지고 있다. 새로운 개선 노력과 관련된 구체적 요인들은 다음과 같이 요약될 수 있다(한국유아교육학회, 2005).

첫째, 정보화, 첨단 테크놀로지 사회로의 변화는 수학능력의 활동범위를 넓혔을 뿐만 아니라 기초 능력으로서의 중요성도 새롭게 인식하게 되었다(NCTM. 2000). 둘째, 영아 및 뇌 발달 관련 연구들은 유아들이 이미 일상생활에서나 놀이 상황에서 많은 수학적 관계를 처리하고 나름대로 비형식적 지식을 획득하고 있을 뿐 아니라 능력 있는 수학적 사고자임을 밝히고 있다(Ginsburg, Pappas, & Seo, 2001; Geary, 1994). 셋째, 많은 유아들이 유아교육기관에 다니는 기간이 증가됨에 따라 유아에게 발달적으로 적합한 수학교육이 이루어지고 있으며, 영국, 뉴질랜드, 스웨덴 등에서도 국가 수준의 수학교육과정을 제시하는 등 국가적 관심이 증가되고 있다. 넷째, 유아기의 풍부하지 못한 수학적 경험과 환경은 추후 수학적 성취력 저하와 관련이 있으며, 이러한 성취력 저하는 직업선택에 제한을 야기할 수 있으므로 유아기 수학교육의 중요성이 강조되고 있는 추세이다.

이와 더불어 현대적 발달 이론이 지향하는 수학교육의 방향을 재정리하여 제시하면 다음과 같다.

① 유아의 일상생활 속에서 자연스럽게 수학교육이 이루어져야 한다

유아들은 형식적 수학교육을 받기 전에 이미 비형식적인 지식을 가지고 있으며, 일상생활 속에서 자연스럽게 비형식적인 수학적인 상황을 직접 경험함으로써 기초적인 수학적 지식을 습득하게 된다.

비고츠키(Vygotsky)는 유아가 일상생활의 경험을 통해 수학 개념을 인식하고, 이를 사용하는 과정에서 비형식적인 수학능력을 형성하는 것을 중요하게 생각하고 있다(Clements, 2001; Baroody, 2000). 이정욱·유연화(2006)도 일상생활 속에서 자발적으로 이뤄지는 탐색 및 문제해결을 통해 비형식적으로 수학적 개념을 형성한다고 하였다. 예컨대 교실 안과 주변 환경에 있는 다양한 사물들의 색과 모양을 자연스럽게 관찰하게 되는 것이나, "누구의 간식이 더 많이 남았니?", "누구의 과자가 더 크니?", "오늘 어린이집에 가장 먼저 도착한 친구는 누구니?" 등 자신들의 일상 속에서 구체적인 생활경험을 통해 자발적으로 비형식적인 수학적 지식을 형성하고 발달시키게 된다.

한편, 일상생활 속에서 수학적 사고를 강조한다는 것은 유아의 익숙한 일상생활과 새로운 상황을 수학적 사고와 연결해 주는 것을 의미한다. 이때, 일상생활 속에서 교사의 민감한 상호작용이 중요한 요인으로 작용한다. 이러한 상호작용을 통해 유아의 일상적 지식이 수학적 지식으로 발달하고 실생활 속에서 적용할 수 있게 된다(문연심·이화영, 2005). 바루디(Baroody, 1987)는 유아들이 비형식적인 방법으로 터득한 수학적 개념을 보다 의미 있게 증진시키는 것이야말로 유아기 수학교육의 궁극적인 목적이라고 보았다. 따라서 비형식적인 수학은 유아의 일상생활 경험으로부터 나오며 유아기에는 비형식적 수학지식을 경험하면서 좀 더 복잡한 상위의 수학내용을 다룰 수 있게 되므로 이 시기에 폭넓고 다양한 수학적 경험이 제공될 필요가 있다(Ginsburg & Seo, 2000; Clements, 2001).

② 유아에게는 발달적으로 적합한 수학활동을 제공해야 한다

1987년 미국유아교육협의회는 발달적으로 적합한 유아 수학교육의 준거를 제시하면서 유아를 위한 수학교육이 유아에게 발달적으로 적합해야 한다고 강조하였으며, 1989년 NCTM에서는 계산능력보다 문제해결능력과 수학적 추리능력의 발달을 강조하였다. 또한 클레멘츠(Clements, 2004)도 유아들이 어떤 수학적 능력을 지니고 있으며, 어떻게 수학을 학습하는지에 대한 최근의 많은 연구들을 고찰해 볼 때 지시적인 교수에서 벗어나 유아의 발달에 적합한 수학교수가 이루어질 것을 강조하였다.

발달적으로 적합한 수학교육이란 수학학습 환경과 활동이 유아의 인지적·사회적·정서적·신체적인 발달수준과 조화를 이루어야 한다는 것을 의미한다(NAEYC, 2003). 발달적으로 적합한 유아 수학교육이 되기 위해서는 유아에게 학습지 활동은 부적절하며, 3세에는 구체적 물체를 탐색하는 중심으로 시작하고, 4~5세에는 목적에 따른 물체의 분류하기 등으로 확장하며, 5세에는 탐색, 발견, 문제해결 등의 방법을 중심으로 하는 것이 적절하다고 제안하였다(한유미, 2003). 또한 현대 발달 이론에서도 발달적으로 적합한 수학교육을 위해서는 유아에게 관계성을 발견하고 수학적 의미를 알아낼 수 있는 경험과 수학적 추론과 문제해결능력을 발달시키고 연습할 수 있는 기회를 제공해 주어야 한다고 강조하고 있다(김영선, 2002). 이를 종합해 볼 때, 유아에게 발달적으로 적합한 수학교육을 위해서는 무엇보다도 유아의 연령에 따른 발달 단계, 흥미, 사전 경험, 사전 지식, 능력 등을 고려하여 각각의 유아에게 적합하도록 난이도를 조정하여 의미 있고 흥미 있는 수학활동의 기회가 제공되어야 한다.

③ 유아의 사전 경험 및 사전 지식을 근거로 수학교육이 이루어져야 한다

현대적 발달 이론에 근거하고 있는 유아 수학교육은 유아가 사전 지식을 강화하고 새로운 지식을 구성하도록 수학적 정보를 사전 경험적 지식으로 사용하는 방식을 제공하고 있다(김영선, 2002). 특히 유아기부터 개별적이고 직접적인 경험에 기초를 둔 지식 형성에 초점을 맞추어 유아가 자신의 지식을 실제 생활에 적용해 보도록 격려해야 한다고 주장하고 있다. 다시 말하면 유아들이 일상생활 속에서 자신이 지니고 있는 비형식적인 지식을 파악하고 이에 기초하여 수학활동을 제공함으로써 유아들이 친숙한 구체물을 직접 조작해 볼 수 있도록 하며, 이런 과정을 통해 자신이 가지고 있는 기존 개념과 새로운 개념을 연결할 수 있도록 해야 한다.

현대의 발달 이론이 제시하고 있는 유아 수학교육은 유아가 지식을 형성하는 과정에서 중요한 것은 무엇보다 유아의 인지적 발달수준과 직접적인 경험과의 상호작용임을 강조하고 있다. 즉, 유아에게 수학교육을 제공하는 교사의 역할이 무엇보다 중요한데, 교사는 영유아의 인지 발달단계뿐만 아니라 유아의 사전 경험 및 사전 지식을 반드시 고려하여 유아가 능동적으로 참여할 수 있는 활동을 제공하여야 한다.

④ 유아가 수학적 활동을 능동적이며 통합적으로 경험하도록 해야 한다

최근 유아 수학교육의 방향이 수학을 이해하고 가치를 인정하는 수학적 소양을 강조하게 되면서 유아 수학교육방법은 전통적인 암기와 훈련에 의한 방법보다는 유아들의 실제 생활 경험과 관련되고 통합되는 교육과정에서 이전에 학습한 비형식적 수학 개념들과 연계를 도와주는 방식이 바람직한 것으로 나타났다. 이에 따라 유아들에게 의미 있고 실제적 상황을 통해 학습하는 다양한 통합적 접근들이 시도되었으며 그 효과를 입증하는 연구들이 나타나고 있다(한국유아교육학회, 2005).

실제로 유아교육 현장에서는 수학활동이 수학 영역 또는 수조작 영역에서만 이루어지지 않고 음률 영역, 언어 영역, 과학 영역 등에서도 이루어지도록 하여 통합적인 경험을 강조하고 있다. 유아교육 현장에 마련되어 있는 모든 영역과 생활주제별 활동 속에서 다양한 형태로 수학활동을 경험할 때 유아는 더욱 흥미있고 유익한 경험으로 학습할 수 있기 때문이다. 따라서 유아들이 흥미있어 하는 게임, 요리, 과학, 미술, 음악 등의 활동시간을 통해 통합적인 수학적 경험이 가능하도록 다양한 물리적 환경과 상황이 제공되어야 할 것이다.

⑤ 사고과정 중심으로 수학교육이 이루어져야 한다

'사고'란 '이해'를 목적으로 하는 상징적 활동으로 사려 깊고, 자기 조정적이며, 창의적인 판단과 문제해결을 목적으로 하는 정신활동이다(김영채, 1998). 또한 복합적 사고능력이란 여러 가지 기본적인 조작능력을 조합하여 사용함으로써 실제의 생활 문제를 해결하기 위한 목표지향적 사고이며, 여기에는 문제해결력, 의사결정능력, 창의적 사고 등이 포함된다.

수학교육의 목적이 문제해결능력, 창의적 사고력을 기르는 것이라는 점이라고 볼 때, 수학교육에서 중요한 것은 수학을 하는 과정, 즉 사고과정임을 알 수 있다. 수학적 과정은 생활 속에서 부딪치는 문제를 수학적 사고와 추론에 의해 해결하는 것을 포함하고, 수학은 규칙과 논리, 개념을 이해하는 것이므로 조사하고 탐구하고 발견해 나가는 과정에서 자신들의 수학적 추론과 아이디어를 말, 글, 그림, 차트, 그래프 등을 사용해서 나타내고, 다른 사람들과 의사소통하는 것이 포함되어야 한다(이정욱·유연화, 2006).

1980년대와 90년대 초반까지의 연구들은 주로 유아가 지닌 수학적 능력의 발달에 주목해 왔으며, 특히 수 이전의 논리적 조작능력의 분류, 서열, 보존 개념의 발달을 많이 연구해 왔다. 최근 들어서는 연구 영역이 확장되어 수, 공간 및 기하, 측정 등의 여러 분야에서 유아가 지닌 수학적 능력을 연구해 오고 있다(한국유아교육학회, 2005). 이외에 패턴과 같은 규칙의 인식 또는 경험에 기초한 예측, 초보적인 통계 개념에 관한 연구가 많이 이루어지지는 않았지만, 사고과정을 즐길 수 있는 활동으로 제공될 수 있을 것이다. 따라서 유아가 인내를 가지고 사고하고 문제를 해결하는 과정을 통해 성취감을 얻게 하며 이를 통해 유아 스스로 탐구의욕을 갖고 능동적으로 사고하며 창의적인 사고와 의사결정능력을 향상시킬 수 있는 소중한 경험을 제공해야 할 것이다.

토의과제

1. 수학교육이 유아기에 이루어져야 할 이유에 대해 구체적으로 이야기해 본다.

2. 유아를 위한 수학교육의 바람직한 방향에 대해 생각해 본다.

3장 유아 수학교육

유아 수학교육의 이론

인간은 혼자서 살아갈 수 없으며 공동체 생활을 통해 서로 도우며 성장하고 발달하는 존재이다. 특히 동물과 구별되는 인지적인 능력은 유기체 자체의 타고난 능력으로 보는 생득적 관점에서 설명할 수 있지만, 가족과 교육기관 등 주변 환경의 영향에 의미를 두는 환경적 관점에서도 설명할 수 있다. 따라서 유아 수학교육의 적용을 위한 교육과정의 이해에 앞서 발달 이론적 측면에서 유아 수학교육에 대한 의미와 방향을 살펴보고자 한다.

1. 구성주의 이론

구성주의는 인간이 타고난 생득적 능력과 주변환경과의 능동적인 상호작용을 통해 내적인 인지구조의 양적·질적인 변화가 이루어져 전인적인 성장·발달을 이루어 간다고 보는 입장이다. 즉, 유아는 유전과 환경의 산물이 된다. 따라서 무한한 가능성을 갖고 태어난 유아가 얼마나 안전하고 호기심 가득한 환경에서 생활하는가에 따라 탐색하고 발견하며 새로운 놀이방법을 터득하는 과정이 그들의 내적인 인지구조를 발달시켜 나가는 데 차이가 있을 수 있다고 본다.

인지적 구성주의와 사회문화적 구성주의는 구성주의라는 틀 안에서 아동을 둘러싸고 있는 문화적 실재의 참여와 아동 자신의 능동적인 자기 조절로 이루어지는 것이므로 상호작용적 측면을 강조한다는 특징을 가지고 있다(채순희·이기현, 2002). 이러한 구성주의의 대표적인 학자로는 피아제, 듀이, 비고츠키가 있으며 주로 피아제와 비고츠키 이론에 근거하고 있다.

피아제의 이론이 유아의 학습에 있어 능동적인 역할과 환경과의 적극적인 상호작용을 강조하는 이론이라면, 비고츠키 이론은 이를 한층 발달시켜 환경이 유아에게 줄 수 있는 역동적 영향력을 강조하였다(이기숙 외, 2009). 이에 피아제의 인지적 구성주의 이론과 비고츠키의 사회문화적 구성주의 이론을 살펴보고자 한다.

1) 피아제(Piaget)의 인지적 구성주의 이론

피아제(Piaget, 1895-1980)는 유아가 환경과의 상호작용을 통해 능동적으로 지식을 구성한다고 보았으며, 유아 스스로 사고하고 적극적이며 주도적으로 활동하는 존재로서의 능동적인 역할을 중요시하였다.

최근까지 유아 수학교육의 주요 이론으로 다루어지고 있는 피아제의 인지 발달 이론은 인지 발달을 발달단계에 의한 점진적이며 질적인 지적구조의 변화와 전 단계의 통합과정에 의한 지식의 구성을 강조하고 있다.

피아제의 이론은 수학교육에서 유아들에게 "무엇을, 어떻게 가르쳐야 하는가?"라는 내용과 방법에 대한 해답을 제공하기보다는 유아들에게 스스로 지식을 어떻게 구성하며 획득해 나가는가에 대해 설명한 영향력 있는 이론이다.

피아제 이론의 주된 관점은 유아의 논리·수학적 지식의 구성을 유아의 자율적 지식의 형성과정으로 보았으며, 환경과의 상호작용을 통한 유아의 능동적 조작이 논리·수학적 관계에 관한 지식의 형성에 중요한 역할을 한다는 데 이론적 핵심을 두고 있다(Kamii, 1982; Kamii & DeClark, 1985; 이경우 외, 1997, 재인용).

(1) 지식의 형태

피아제는 유아들이 수학활동을 통해 획득하게 되는 지식의 형태를 크게 세 가지로 구분하였으며, 세 가지 지식의 형태에 따라 교육방법도 달라져야 한다고 보았다. 즉, 지식의 근원과 구조에 따라 물리적 지식, 논리·수학적 지식, 사회적 지식으로 구분하였으며, 유아들은 세 가지 측면의 경험을 해야 한다는 것이다. 이때 유아들의 경험은 세 가지 지식 간의 긴밀한 관계를 통해 이루어지고 있음을 생각하며 다음의 세 가지 지식을 살펴보기로 하겠다.

① 물리적 지식(physical knowledge)

물리적 지식은 유아들이 감각기관을 통해 느낄 수 있는 물체들에 관한 지식으로, 외관상으로 나타난 사물의 물리적 특성을 말한다. 호기심이 가득한 유아들은 보면 알 수 있는 물체의 특성을 자신의 감각기관을 통해 지각하면서 지식을 습득하게 된다. 예를 들어, 공을 떨어뜨렸을 때 굴러가는 공을 관찰하면서 공의 특성을 알게 되고, 한여름에 바닷가에서 모래를 만지며 빛의 성질을 알게 된다. 이와 같이 유아들은 스스로 직접적인 경험을 통해 물체에 대한 지식 및 원리 등을 발견하며 물리적 지식을 습득하게 됨을 알 수 있다.

② 논리·수학적 지식(logic-mathematical knowledge)

논리·수학적 지식은 물체를 다루어 보는 경험을 통해 새롭게 알게 된 것과 이미 알고 있는 지식과의 관계를 스스로 만들어 내는 지식이다. 즉, 유아들은 다양한 물체를 경험하면서 분류 또는 비교, 변별 등의 다양한 방법으로 물체들 간의 관계성을 만들어 가는 구성능력이 형성된다.

논리·수학적 지식을 구성하기 위하여 유아는 논리·수학적 지식의 세 형태인 분류(classification : 사물 간의 유사점과 차이점을 찾아서 분류 기준에 의하여 나누고 그룹 짓기), 서열화(seriation : 상대적 차이에 의하여 순서 정하기), 수(number : 같다, 더 많다, 더 적다를 결정하고 사물의 모양이 변하여도 양은 변하지 않는다는 사실 이해하기)에 관한 지식 구조를 구성하여야 한다(이경우 외, 1997).

③ 사회적 지식(social knowledge)

사회적 지식은 사회구성원들에 의해 만들어진 규칙 및 약속에 대한 지식이다. 즉, 물리적 지식과 함께 발달할 수 있는 지식으로, 사회생활을 해 나가는 데 필요한 지식이라 할 수 있다. 예를 들어, 굴러가는 공의 특성을 관찰하면서 '공'이라고 부를 수 있게 되고, 음식은 수저를 사용해서 먹어야 한다는 사회적 약속을 알게 되는데, 이는 주변의 성인이나 또래와의 상호작용을 통해 형성된다고 볼 수 있다. 이와 같이 사회적 지식은 유아들이 성장하는 데 필요한 공동체의식과 집단에 대한 소속감을 느끼며 소통하는 데 필요한 요소이다.

(2) 인지 발달단계

피아제는 끝없는 호기심과 재발견을 반복하는 아동의 인지발달과정에 대해 인지적인 불균형 상태를 해결하기 위해 동화(assimilation)와 조절(accommodation)을 반복하면서 인지적 평형상태를 유지하려는 과정으로 보았으며, 영아기부터 아동·청소년기까지의 인지발달단계를 네 단계로 나누어 설명하였다.

① 감각운동기(sensorimotor stage : 출생~2세)

감각운동기의 영아는 보고 듣고 만지는 등 오감의 활동에서 자극을 받게 되면 반복적인 움직임 또는 새로운 탐색의 시도를 진행한다. 이러한 환경과의 상호작용 과정에서 감각과 신체·운동 간의 관계를 발견하고 세상에 대한 이해를 조금씩 넓혀 간다.

이 시기에 영아는 늘 가까이에서 보고 만질 수 있는 사람과 사물을 인식하기 시작하며 당장 눈 앞에 보이지 않으면 존재하지 않는다고 생각했던 사람과 사물의 존재에 대한 점차 심상(mental images)을 갖게 되며 지속적으로 존재하고 있다는 것을 알게 된다. 이것이 이 시기에 획득되는 대상영속성(object permanence)의 개념이며 이로 인해 영아들은 끊임없이 사물을 탐색하고 감추어진 것을 찾아내는 도전적인 활동을 한다고 하겠다.

② 전조작기(preopertional stage : 2~7세)

전조작기의 중요한 인지 발달적 특성은 자기중심화 현상이다. 자신의 관점과 시각에서 사고하는 것을 말하는 것으로, 이로 인해 조망수용능력(perspective taking ability)이 부족하여 아직은 사물을 다양한 관점에서 바라볼 수 없고 인간 관계에 있어서 타인의 입장을 배려하지 못하는 단계이다(신희경 외, 2009). 이 시기의 유아는 사고에 있어서도 논리적인 조작이 가능하지 않기 때문에 정신적 표상이 가능하나 과거의 사실을 현재의 상황에서 설득력 있게 표현하거나 전달하는 것이 어렵다. 아직 논리적으로 관계를 지을 수 있는 조작능력이 제대로 발달되지 않았지만 유아의 상징적 능력은 점진적인 언어 구사 능력과 사물 또는 행위의 특성을 표현하는 능력의 발달에 의해 타인에 대한 이해가 가능하게 된다.

③ 구체적 조작기(concrete operational stage : 7~12세)

구체적 조작기는 아동이 사고를 논리적으로 조작할 수 있는 능력을 획득하며, 관찰이 가능한 구체적인 사건이나 사물에 있어서는 조작적 사고가 가능하다. 또한 자신의 생각과 타인의 생각이 다를 수 있다는 것을 인식하며 자기중심성에서 탈피하여 점진적으로 또래와의 관계가 원활히 이루어진다.

구체적 조작기에는 전조작기 유아에 비해 수, 길이, 양, 무게, 넓이, 부피에 있어서의 보존 개념을 모두 획득하게 되고 다차원적인 분류조작도 가능하게 된다. 또한 다양한 요인을 기준으로 서열화할 수 있는 다중서열조작능력도 형성되며 상위개념과 하위개념으로 유목화할 수 있는 능력도 갖게 된다(신희경 외, 2009).

④ 형식적 조작기(formal operational stage : 12세 이후)

형식적 조작기는 아동이 가상적인 상황을 만들어서 추론할 수 있으며, 논리적 사고가 구체적이고 관찰 가능한 것에만 한정되지 않고 추상적이고 복잡한 가설의 사고가 가능하면서 성인과 같은 사고체계를 형성하기 시작한다. 즉, 논리적인 사고가 가능한 인지적 성숙이 이루어지는 단계이며 사회적 규범이나 가치관을 이해하며, 문제해결을 위해 가설을 세우고 전략에 따라 실행해 보는 등 다양한 방법을 시도한다.

(3) 수학교육에 주는 시사점

피아제는 암기에 의한 수 세기나 계산의 학습, 지필계산에 의존하는 학습지 등 행동주의 이론에 기초한 교사 주도적인 교육방법이 부적절하다는 인식에 커다란 영향을 끼쳤다(한유미, 2009). 즉, 유아들이 직접 조작하고 문제를 해결하는 가운데 시행착오를 경험하게 될 때 유아 스스로 지식의 구성이 이루어질 수 있다고 하겠다.

피아제 이론 중심의 구성주의는 학습자 스스로가 정신적 조작에 의해 수학적 지식을 구성한다고 간주함으로써 수학학습에 있어서 유아 개인의 능동적, 주체적 역할은 강조하지만 이에 비해 교사의 역할과 기여는 한정적이다(이정욱·유연화,2012). 그럼에도 불구하고 교사는 유아들에게 자극을 주는 환경을 제공하고 상호작용하며 유아가 스스로 수학적 사고를 발달시키고 도전하도록 도와야 할 것이다. 이를 위해 필요한 일반적 지침에 대해 권영례(2003)는 다음과 같이 제안하고 있다.

① 관계의 학습을 격려한다

성인과 유아 모두 의미 없는 정보의 학습보다 관계에 집중하는 것을 더 즐거워한다.

② 연관성을 알도록 하고 시각을 변화시키도록 도와준다

가장 의미 있는 학습은 유아로 하여금 기존의 지식과 교수 간의 관련성을 알도록 도와주고 기존에 가지고 있는 지식들 간에 관련성을 알 수 있도록 한다.

③ 의미 있는 학습을 위해 오랜 시간을 투자하도록 계획을 세운다

통찰력에 의해 의미 있는 수, 측정, 공간학습을 점차 획득한다.

④ 유아 개개인의 준비도를 고려한다

유아는 연관성을 알 수 있는 준비가 되어 있어야 하며, 의미 있는 학습은 새로운 것을 동화할 수 있는 지식이 있을 때에만 일어난다.

⑤ 놀이와 게임을 통해 유아의 자연스러운 흥미를 이용한다

놀이는 유아의 환경을 탐구하고 지배하는 데 자연스러운 수단이며, 게임은 유아에게 기본적 수 기술을 획득하고 연관지을 수 있도록 하는 자연스럽고 즐거운 기회를 제공한다.

2) 비고츠키(Vygotsky)의 사회문화적 구성주의 이론

구성주의 교육학자로 꼽을 수 있는 카미와 드브리스는 교육목표를 사회정서적인 목표와 인지적인 목표로 나누었는데, 그중 인지적 목표로는 유아가 다양한 아이디어와 의문을 가져야 하며, 대상과 사건과의 관계성을 설정하고, 유사점과 차이점을 인식할 수 있어야 한다는 것이다(이종희·김선영, 1999). 결국 중요한 것은 자기 스스로 탐구과정을 통해 지식을 획득하고, 획득한 지식으로 새로운 것을 형성해 나가는 것이다.

비고츠키는 피아제의 개인적인 연구에서 나아가 사회적인 관점에서 아동은 타인과의 관계에서 영향을 받으며 성장함을 강조했으며, 유아의 지적 발달이 일어나는 근원에 대하여 사회문화적 관점에서 성인과의 상호작용을 강조하였는데, 특히 유아의 언어 및 인지발달이 촉진되기 위해서는 유아의 현재 발달을 이해하고 적절히 도움을 주는 능숙한 성인의 개입이 중요하다고 강조하였다(유구종·조희정, 2009). 즉, 유아들은 또래와의 놀이나 교사의 계획된 활동에 참여함으로써 수학적인 이해의 과정을 경험하게 되며, 수학적 지식과 기술을 연습할 수 있는 환경을 제공받음으로써 수학적인 능력이 발달하게 된다는 것이다.

(1) 근접 발달 영역

비고츠키(1978)는 인간의 지식과 정신과정이 사회적 상호작용을 통해 형성되

기 때문에 학습이나 정신과정을 이해하기 위해서는 전체적인 상호작용 상황을 탐구해야 한다고 하였다. 이러한 사회적 상호작용을 통해 내면화가 이루어지며, 내면화는 아동의 정신구조가 사회적인 것에서 개인적인 것으로 변화되는 과정이다. 이러한 내면화에 있어 보다 앞선 또래나 성인의 지원적인 도움이 필요하며, 이런 도움을 받고 발달할 수 있는 잠재적 역량이 바로 ZPD(Zone of Proximal Development)이다. 따라서 ZPD의 개념은 교수와 연결지어서 아주 유용한 개념으로 교수를 통해 ZPD를 증진시킬 수 있는 개념임을 알 수 있다(서울대학교 교육연구소, 1998). 이 간격은 유아가 그 문화권 내에서 보다 유능한 구성원과 함께 상호작용하고 문제를 해결해 봄으로써 자신의 현재 수준보다 높은 수준으로 발달할 수 있게 되는 인지 발달의 역동적인 장을 의미한다(홍용희, 1999).

구성주의 학습의 본질은 학습자의 정신 속에 이미 무엇이 있는가에 대한 생각(idea)이다. 학습자가 각각의 학습 경험을 통해 습득한 이전의 지식들은 학습자가 무엇을 배울 것이고 어떻게 배울 것인가에 영향을 준다. 구성주의 학습 경험 동안 유아는 미리 기존의 생각을 인식할 수 있는 기회를 갖게 되는데, 여기서 자료와 상호작용하고 관찰하며 현상에 대한 기존의 설명을 언어화하는 활동을 하게 된다. 그런 다음 그들은 설명을 실험하고 자세히 조사하게 되는데, 이때 설명에서 멀어지면 수정을 한다(권영례, 2006).

(2) 적용방법

구성주의는 유아 자신과 경험과의 상호작용을 통하여 자신만의 사고방법으로 어떤 개념들을 능동적으로 구성해 나간다고 하는 학습 이론에 근거하고 있다(Molenda, 1991; 김철주, 1998). 즉 지식이나 도덕적 가치가 외부로부터의 내면화에 의하여 학습되는 것이 아니고, 환경과의 상호작용 속에서 내부로부터 구조화됨으로써 학습된다는 입장을 강조한다(장혜순 외, 2005). 따라서 교실 내에서 유아와 교사, 유아와 유아의 능동적이고 적극적인 상호작용이 이루어질 수 있는 환경 구성 및 활동과 상황을 통해 유아들의 지식의 구성을 독려해야 한다.

① 상호 교수(reciprocal teaching)

상호 교수는 독해에 어려움을 겪는 아동들을 상대로 개발된 교수법인데, 최근에는 여러 영역으로 확대되고 있다. 한 명의 교사와 2~4명의 아동들이 한 집단이 되어 내용에 대한 대화를 나누면서 학습하는 상호 교수는 질문(questions), 요약(summarizing), 명료화(clarification), 예측(prediction)의 4가지 인지 전략이 사용된다(조복희, 1999).

그렇다면 수·조작 영역과 과학 영역에서 교사의 역할은 무엇일까? 유아들이 판게임이나 실험 및 관찰기록을 하는 데 있어서 좀 더 이해가 빠르고 활동의 완성도가 높은 경우 또래를 가르쳐줄 수 있도록 돕는다.

또한 교사는 유아의 독특한 생각이나 행동을 격려하며 함께 참여함으로써 다른 유아들로 하여금 개인의 능력에 차이가 있고 그 차이를 극복하기 위해 서로 도울 수 있음을 알게 한다.

② 협동학습(cooperative learning)

유아들은 흥미 영역에서 또래와 놀이를 하거나 주어진 과제를 해 나감에 있어 문제에 당면하거나 다른 사람의 도움을 필요로 할 수 있다. 이때 유아들은 협동해 가는 과정을 통해 함께하기도 하지만 언어적·비언어적 상호작용 등 또래 간에 근접 발달 영역 내에서 서로 이끌어 주는 경험을 하게 된다. 이때 교사는 관찰을 통해 유아들의 협동학습이 이루어질 때 격려할 뿐 아니라 유아들이 협동학습을 할 수 있는 다양한 활동을 계획하고 시도하는 노력이 필요하다.

(3) 수학교육에 주는 시사점

비고츠키는 언어적 상호작용을 통한 사고능력의 발달을 강조하였다. 따라서 비고츠키 이론에서 보면 유아가 또래 및 성인과의 언어적 상호작용을 통해 지적, 정서적으로 발달할 수 있도록 돕는 교사의 역할이 중요하다고 하겠다. 이러한 교사의 역할은 다음과 같다.

① 가정과 유아교육기관에서 언어적 상호작용을 격려한다

부모 또는 교사와의 놀이상황에서 유아가 즐거움을 느껴서 집중하여 지속적인 상호작용이 이루어지도록 한다. 이를 통해 창의적이고 수학적인 사고를 발달시킬 수 있도록 돕는다.

② 또래와의 협동을 중요시한다

일상생활과 놀이상황에서 또래를 돕거나 나누는 상호작용의 경험을 통해 내적인 발달과정이 이루어지도록 한다. 이를 통해 상대방의 사고나 동기 등을 점진적으로 이해할 수 있도록 돕는다.

③ 유아의 발달수준을 고려한다

일상생활이나 놀이상황에서 상호작용을 통해 유아를 충분히 관찰하고 유아의 현재 발달수준과 잠재적 발달수준을 고려하여 다양한 활동과 상호작용을 계획한다. 이를 통해 유아의 잠재적 발달수준으로 능력이 향상될 수 있도록 돕는다.

2. 다중지능 이론

1) 기본 개념

유아들은 태어날 때부터 무한한 가능성을 갖고 태어난다고 하지만 인간의 능력은 논리·수학적 사고와 언어능력이라는 제한된 범위 내에서 판가름되었고, 거기에는 성인이 될 때까지 지능이라는 꼬리표가 따라다녔다. 하지만 최근에는 인간의 잠재능력에 대한 재발견을 통해 지능에 대한 개념이 훨씬 긍정적인 관점에서 해석되고 있다.

가드너(Gardner)의 다중지능 이론(multiple intelligence theory)은 지능을 단일 능력이나 불변의 능력으로 보지 않고 개인이 속한 문화권 또는 여러 문화권에서 가치 있게 인정되는 문제를 해결하거나 새로운 산물을 창조해 내는 능력이라는 관점을 갖고 있다. 즉, 지능의 다면성을 강조하고 있다. 다중지능 이론은 언어 지능, 음악 지능, 시각·공간 지능, 신체·운동 지능, 논리·수학 지능, 자연 지능, 대인관계 지능, 개인이해 지능을 인간이 갖는 지능으로 보고 있다.

사람은 영아기부터 누군가와 관계를 맺고 싶어 하고(대인관계), 누군가를 향해 옹알이를 하며 상호작용(언어)을 하고 싶어 한다. 또한 누워 있는 아기는 몸을 움직여서 자신의 유능함을 발휘하고자 발 또는 팔, 손을 열심히 움직이며(신체·운동), 보여지는 모빌이나 잡을 수 있는 놀잇감을 탐색하며 모양 및 색깔, 재질 등의 변별 및 위치를 파악할 수 있는 능력을 키워간다(논리·수학/시각·공간). 유아기가 되면서 주변 사물 및 환경에 대한 적극적인 탐색 및 변화를 이해하게 된다(자연). 이와 같이 성장과정에서 개인이 가진 능력이 좀 더 구체적이고 다양한 상황에서 발견되며, 노력 여하에 따라 개인의 강점으로 발달해 간다고 할 수 있다.

2) 적용방법

여러 지능이 독립적이기는 하나 상호 관련성을 갖고 일부의 지능을 두드러지게 한다는 측면에서 보면, 수학교육을 효율적으로 하기 위해서는 타인(또래)과의 관계 경험, 사물 및 자연에 대한 탐색 및 활발한 신체의 움직임, 놀이를 통한 시각·공간적 경험, 수학활동을 위한 문자 및 의사소통의 경험 등을 충분히 제공해야 한다.

〈표 3-1〉 통합적인 활동을 통한 다중지능의 발달

구분	개념	수학활동
논리·수학 지능 (logical-mathematical intelligence)	숫자를 효과적으로 사용하고 문제를 빠른 속도로 해결하며, 논리적으로 추론해 내는 능력, 논리적 관계, 분류, 추리, 계산 등에 있어서 순발력을 발휘하는 능력을 말한다.	판게임, 퍼즐, 윷놀이, 규칙 만들기, 인과관계 파악하기 등

구분	개념	수학활동
언어 지능 (linguistic intelligence)	음성언어나 문자언어를 사용하여 효과적으로 의사소통하거나 구사하는 능력으로, 자신의 느낌이나 생각을 잘 표현하고 탁월한 언어적 기억능력을 말한다.	교구 이름, 게임 시 언어적 상호작용, 관찰기록지 작성하기
공간 지능 (spatial in-telligence)	색깔, 선이나 형태, 지도 등을 구상하고 이들 관계에 대한 민감성을 포함하며, 시각적·공간적 세계를 정확하게 지각하는 능력을 말한다.	퍼즐, 자석도형으로 구성하기 등
신체·운동 지능 (bodily kinesthetic intelligence)	어떤 문제를 해결하거나 산물을 형성하기 위해 자신의 몸 전체 또는 일부를 사용하는 능력, 자신의 신체를 통해 어떤 생각이나 감정을 표현하는 능력을 말한다.	구슬 끼우기, 작은 구슬 옮기기, 몸으로 숫자 만들기
음악 지능 (musical in-telligence)	리듬, 음조, 멜로디 등 음악의 요소에 민감하며 음악적인 표현을 지각·변별하거나 변형하고 표현하는 능력을 말한다.	다양한 소리와 크기 변별하기, 반복된 음 기억하기 등
대인관계 지능 (interper-sonal intelli-gence)	다른 사람의 기분이나 동기 등을 이해하고 자신과 관련된 문제를 잘 해결해 내며, 자신의 장단점을 잘 알아 관리하고 통제하는 능력을 말한다.	게임 또는 조작활동 시 다른 사람의 의견 듣기 및 상호작용하기 등
개인이해 지능 intrapersonal intelligence)	자신의 신념·생각·감정·동기 등을 이해하고 자신과 관련된 문제를 잘 해결해 내며, 자신의 장단점을 잘 알아 관리하고 통제하는 능력을 말한다.	자신의 문제해결 방법 소개하기, 사물에 대한 자신의 조작능력 파악하기 등
자연 지능 (naturalist intelligence)	동식물과 같은 자연세계 또는 주변환경에 많은 관심을 갖고 조사·탐색·실험 등을 하며 변별·분류·활용할 줄 아는 능력을 말한다.	동식물의 부분과 전체 그림 카드, 관련 사물 그림 카드 등

3) 수학교육에 주는 시사점

유아가 지닌 무한한 가능성을 기대하며 그들의 강점이 발견될 수 있도록 발달에 적합한 양질의 환경을 제공하고 관찰하는 교사의 역할이 강조되어야 한다. 이를 위해 다음과 같은 노력이 필요하다.

① 놀이상황 및 환경 구성을 통해 여덟 가지 영역의 능력을 발견할 수 있도록

해야 한다.

② 개별 또는 집단활동을 통해 다양한 종류의 지식과 지능을 발달시킬 기회를 제공해야 한다.

③ 유아에게 다양한 표상활동을 통해 다양한 감각을 사용할 수 있는 환경을 제공해야 한다.

④ 유아와 충분한 상호작용 및 지속적인 관찰이 중요하게 이루어져야 한다.

최근 20~30여 년간의 발달심리학 및 수학교육 관련 연구들은 유아의 수학능력과 발달과정에 대한 많은 새로운 정보를 제공하였다. 이들 관련 연구는 유아 수학교육에 이론적 토대를 제공하였으며, 유아 수학교육에 시사하는 바는 다음과 같다(Ginsburg, Klein & Starkey, 1998; 홍혜경, 2009, 재인용).

첫째, 유아들은 취학하기 전에 이미 놀라운 비형식적 수학 지식을 갖고 있다.

둘째, 유아들의 비형식적 수학 지식의 획득은 생물학적 환경, 물리학적 환경, 문화에 의해 안내되고 구성되는 인지적 과정이다.

셋째, 유아기의 대표적인 비형식적 지식은 수 세기라 할 수 있다.

넷째, 유아가 이해한다는 것은 수학적 지식의 다른 측면끼리 연결되는 것이라고 볼 수 있다.

다섯째, 유아의 수학적 사고능력은 유아가 속한 사회의 역사적·문화적 영향을 받는다.

여섯째, 최근 뇌 발달과 정보처리 관련 연구들은 수학학습을 위한 새로운 정보를 제공해 주고 있다.

이러한 시사점을 토대로 구성주의 이론과 다중지능 이론이 유아의 수학교육에 미치는 영향을 재검토함으로써 3~5세 누리과정과 표준보육과정을 통한 바람직한 수학교육의 적용방법을 모색할 수 있을 것이다.

토의과제

1. 물리적 지식, 논리·수학적 지식, 사회적 지식에 대해 유아들을 이해시킬 수 있는 예를 들어본다.

2. 근접 발달 영역 내에서 유아들이 경험할 수 있는 협동학습의 예를 찾아본다.

3. 다중지능에서 논리·수학 지능을 발달시킬 수 있는 게임 또는 음악을 통한 활동의 예를 들어본다.

4. 구성주의 이론과 다중지능 이론의 측면에서 협동학습의 의미를 정리해 본다.

4장 유아 수학교육

유아 수학교육의 환경

수학교육이 효과적이기 위해서는 무엇보다 자발적 참여를 돕는 개방된 환경과 호기심을 자극하고 해결하는 촉진적 수단의 환경을 구성하는 일이다. 따라서 수학 환경은 유아가 활동이나 자료를 스스로 선택하여 유지하고 마무리할 때까지의 전 과정이 자연스럽게 이어질 수 있도록 조직적으로 배치되는 것이 무엇보다 중요하다. 스스로 선택한 자유로운 활동은 목표를 향해 새로움이라는 변화를 수시로 맞이하며 수행활동에 따른 성취감과 유능감을 발휘하기에 충분할 뿐 아니라, 이는 또다시 호기심과 탐색의 욕구를 자극하는 원동력이 되므로 유아가 직면하는 일상생활을 통해 사물, 대상, 상황에 대한 사회적 관계로부터 문제해결을 위한 대안들 중 가장 적합하고 합리적인 선택의 결정 능력은 유아가 수 논리적 사고를 형성하는 데 있어 매우 필수적인 주요 능력이라 할 수 있다(박근주, 2013). 수학 영역에서는 소근육을 사용하여 교재·교구를 끼우고 맞추고 쌓는 등의 놀이를 하고, 탐색하면서 분류·비교하고 서열화하는 등 수의 기초이해 능력을 발달시키고 수 개념을 명료히 할 뿐만 아니라 논리·수학적 사고력을 기르게 된다. 또한 유아의 흥미와 자발적인 활동을 유발하는 조작놀이를 통해 집중력과 지구력을 증진시키며, 문제 상황을 끊임없이 탐색하고 극복하는 과정을 통하여 자신감과 자율성이 발달한다. 이에 수학 영역에서는 사물의 분류 및 배열, 기초적인 수 개념 등을 획득하고, 눈과 손의 협응력의 발달이 이루어지도록 준비된 영역이므로 퍼즐 맞추기, 구슬 꿰기, 같은 모양 찾기, 수를 이용한 게임 등의 교구가 제공된다. 따라서 언어 영역이나 과학 영역과 같이 조용한 위치에 배치하며, 바닥에 카펫을 깔아 주거나 낮은 책상을 배치해 두어 안정감을 갖도록 하는 것이 필요하다. 교실이 좁은 경우에는 과학 영역이나 조작 영역과 통합하여 배치할 수도 있으며, 컴퓨터 영역을 수 영역에 포함시키거나 별도의 영역으로 구성할 수 있다.

1. 수학교육 환경의 구성원리

- 유아 발달에 적합한 수준의 교재·교구여야 한다.
- 개수, 분류 등 수학적 속성에 관련된 자료가 골고루 배치되어야 한다.
- 전시나 자료를 통해 새로운 문제를 이끌어 낼 수 있는 창조적 공간이어야 한다.
- 탐색과 호기심 해결을 위해 집중할 수 있는 조용한 공간이어야 한다.
- 유아의 놀이계획이 가능한 적절한 수량의 교구를 마련하여야 한다.
- 적극적 참여를 위해 쉽게 꺼내고 정리할 수 있도록 배치되어야 한다.
- 자율적 사용이 가능하도록 바구니나 쟁반에 종류별로 제시되어야 한다.
- 활동하는 데 있어 지루하지 않도록 충분히 매력적이고 흥미로워야 한다.
- 유아들이 탐색하고 조작하기에 용이하고 안전해야 한다.

2. 수학교육 환경을 위한 교사의 역할

- 충분한 시간을 제공한다.
- 자유로운 탐색 기회를 제공한다.
- 다양한 탐색 환경을 제공한다.
- 수학적 관련 어휘를 중심으로 상호작용한다.
- 결과 중심의 평가를 지양하고 놀이가치를 존중한다.
- 스스로 해결할 수 있도록 빠른 개입을 자제한다.
- 유아의 능동적 참여에 즉각적이고 적극적으로 지지한다.
- 개입의 경우 현재 놀이를 연장 및 확장으로 이끈다.
- 다양한 접근을 위해 전시물 등 환경을 재구조화한다.

1. 발달에 따른 수학교육 환경

수학교육 환경은 발달에 따라 영아기와 유아기로 나눌 수 있다. 유아기는 몸 전체를 사용하는 풍부한 감각 경험을 통해 탐색하고 변별하며 분류할 수 있는 능력을 가지고 있기에 환경은 그들을 자극하여 더욱 발달하도록 하는 감각 지각을 지원하고 강화하는 공간이어야 한다. 유아는 작은 데서, 그러나 자신이 할 수 있는 것과 원하는 것 사이에 큰 불일치가 없는 환경에서 새로운 기술을 습득하므로(삼성어린이개발센터, 1997; Taylor, 1980; Moore, 1987; Montessori, 1964) 단순히 자극이 많은 환경이기보다는 영유아 개개인이 자신의 수행 정도나 특성에 맞는 활동이 이루어질 수 있도록 다양한 감각적 가치를 포함하는 환경을 의미한다.

1) 영아기 수학교육 환경

영아기는 모든 사물을 감각적으로 탐색하고 감각적인 상호작용으로 환경을 받아들이는 감각운동의 시기이다. 그러므로 보고 듣고 만지는 등의 감각을 이용하여 무게, 형태, 시간, 공간 등 수학적 개념을 습득해 나간다. 천장의 모빌을 보면서 '거리' 개념을 발달시키며, 블록을 들고 다니면서 '무게' 개념을 학습해 나간다. 영아는 신체조절에 따라 좀 더 자유롭게 탐색하게 되어 눈과 손의 협응력이 서서히 발달하고, 흥미에 따라 계속 움직이며 놀이를 지속해 나간다. 영아기는 수·조작 영역보다는 주로 탐색 영역 또는 탐색·조작 영역으로 구분하며, 월령에 따라서는 변별능력이 주요 요인인 음률 영역 또는 과학 영역의 내용을 포함하기도 한다. 그러므로 소근육을 이용하여 놀잇감을 직접 다루고 조절하며 놀이할 수 있는 감각적이고 변별력이 높은 교구나 놀잇감을 제공하며, 이에 적합한 환경을 구성하는 것이 바람직하다.

〈표 4-1〉 영아기 탐색 영역을 위한 교구 및 자료

구분	교구 및 자료	유의점
만 2세 미만	딸랑이, 넣고 쌓기, 뚜껑 열기, 오뚝이, 촉감 공, 휴지 뽑기, 촉감매트, 손잡이 달린 통 등	만졌을 때 소리가 나거나 촉감이 다른 것으로서 입에 대거나 피부에 닿았을 때 상처가 나지 않는 등 안전한 것이어야 한다.
만 2세	그림자 붙이기, 모양 만들기, 컵 쌓기, 롤러코스터, 촉감판, 숨은그림찾기, 끈 끼우기, 비밀상자. 구슬판 등	입에 들어가는 크기의 교구는 부적절하며, 색깔이나 모양이 매력적이고 쉽게 조작해 볼 수 있는 것을 제공한다.

[사진 4-1] 영아기 탐색 영역 1
낮은 책상이나 바닥에서 편안한 활동이 되도록 한다.

[사진 4-2] 영아기 탐색 영역 2
영아의 선택이 용이하도록 잘 정돈되어 있어야 한다.

[사진 4-3] 영아기 탐색 영역 3
정돈된 수학적 탐구활동 자료들은 영아로 하여금 능동적 참여와 자율적 활동을 가능하게 한다.

[사진 4-4] 영아기 탐색 영역 4
같은 놀잇감끼리의 분류는 일상생활 속에서 자연스럽게 변별과 유목화, 크기의 개념 등을 습득하게 된다.

[사진 4-5] 영아기 탐색활동 1
영아는 바구니 속의 블록을 쏟으며 힘의 강약과 면적에 대해 감각적으로 인식하게 된다.

[사진 4-6] 영아기 탐색활동 2
영아는 시계를 기능적으로 이해하고 조작하기보다는 빠르고 느린 속도를 감각적으로 다루며 습득하게 된다.

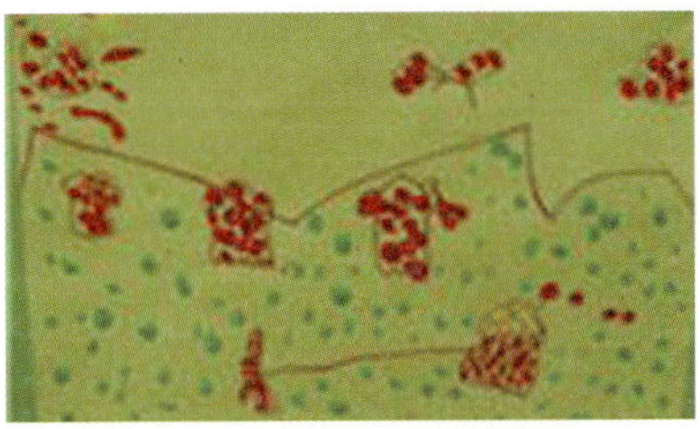

[사진 4-7] 영아기 탐색활동 3
도화지의 모양에 따라 점을 찍으며 면적 또는 많고 적음의 비교에 대한 수학적 개념을 자연스럽게 경험한다.

[사진 4-8] 영아기 탐색활동 4
감각자극이 가능한 숫자판을 이용함으로써 촉각과 시각의 다감각적 자극을 통해 자연스럽게 숫자의 모양을 인식한다.

2) 유아기 수학교육 환경

유아기의 인지적 특징은 '중심화'로서 직관적 사고와 자기중심적 사고과정의 시기이다. 유아 자신이 관찰했을 때 가장 두드러지는 대표적 특징에 관심을 나타내고 집중하며, 사물을 직접 보거나 만지고 스스로 조작하는 등 경험에 의해 얻어진 지식을 바탕으로 서로 같거나 다름의 분류능력을 알아가는 논리·수학적 사고의 기초 형성 시기이다. 비록 이 시기가 중심화에 따른 경험맥락적 사고일지라도 사물에 대해 직관적 해석뿐 아니라 사물 간에 서로 다르거나 같음을 알게 되고 분류할 수 있게 되므로 유아기 수학교육 환경은 경험을 통해 논리·수학적 지식을 습득할 수 있기에 가능한 한 실제 물체를 다루어 볼 수 있는 환경이 제공되어야 한다.

〈표 4-2〉 유아기 수·조작 영역을 위한 교구 및 자료

구분	교구 및 자료	유의점
만 3세	퍼즐 맞추기(5~10조각), 플라스틱 블록, 끈 끼우기, 큰 구슬 옮겨 담기, 지퍼 올리기, 큰 단추 끼우기, 기본 도형 자석돌, 같은 그림 짝 찾기, 부분과 전체 그림 카드 등	조각 그림의 윤곽이 그려져 있어서 맞추기가 손쉬운 퍼즐이 적합하며, 유아의 손에 적절한 크기로 끼워 맞추기가 손쉬워야 한다.
만 4세	숫자카드 퍼즐, 퍼즐 맞추기(10~20조각), 구슬 옮겨 담기, 수 막대, 수게임판, 끈 끼우기, 사물 수와 숫자 짝짓기 등	• 색깔이나 모양이 다른 접시를 제시하여 분류활동으로 확대한다. • 비교, 분류, 순서화 활동을 위한 물체와 그림 자료를 제공한다. • 규칙이 단순한 게임 도구를 제공할 수 있다.
만 5세	퍼즐 맞추기(15~30조각), 끈 끼우기, 자, 저울, 열쇠와 자물쇠, 리본 묶기, 벨트 끼우기, 도미노, 수게임판, 바둑세트, 막대그래프, 쌀·콩 옮기기 등	• 다양한 재질(두꺼운 종이, 헝겊 등)의 끈 끼우기 판을 제공한다. • 각 교구의 사용법이나 활동 순서를 제시한 활동 카드를 준비한다.

[사진 4-9] 유아기 수·조작 1
수학적 개념 이해를 돕는 다양한 교재·교구를 준비하여 스스로 참여 기회를 가지도록 한다.

[사진 4-10] 유아기 수·조작 2
스스로 수행하는 수학활동을 통해 일상에서의 적용은 물론 탐구 기회가 될 수 있도록 자극적인 공간이어야 한다.

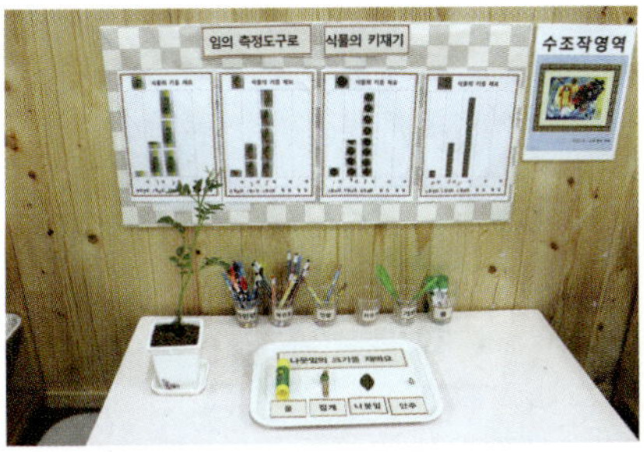

[사진 4-11] 유아기 수·조작 3
그래프를 통한 수학 개념 학습을 통해 유아들의 사고와 생각을 유목화하고 분류하는 사고과정을 돕는다.

[사진 4-12] 유아기 수·조작 4
유아의 신체를 직접 관찰하고 표현함으로써 길이와 크기에 대한 개념이 자연스럽게 습득되도록 환경을 구성한다.

[사진 4-13] 유아기 수·조작 5
개방된 환경으로서의 수학적 탐색 영역은 유아로 하여금 동기를 자극하여 자율적 참여로 이끌기에 충분하다.

[사진 4-14] 유아기 수학활동 1
유아가 일상생활에서의 경험을 수학적 활동으로 자연스럽게 전환할 수 있도록 하여 친숙하고 즐거운 활동으로 인식되도록 한다.

[사진 4-15] 유아기 수학활동 2
그래프를 통한 수학 개념 학습을 통해 유아들의 사고와 생각을 유목화하고 분류하는 사고과정을 돕는다.

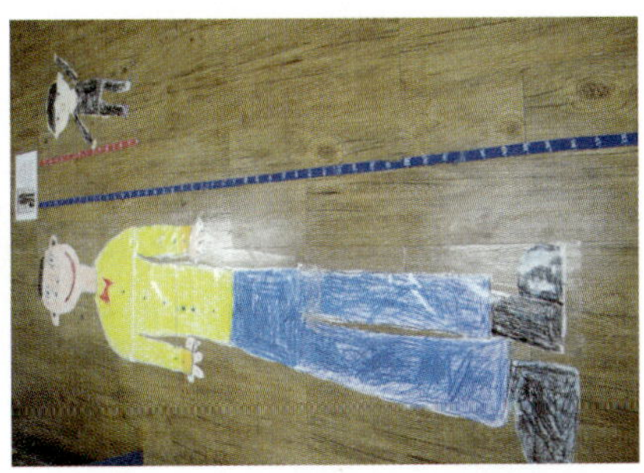

[사진 4-16] 유아기 수학활동 3
유아의 신체를 직접 관찰하고 표현함으로써 길이와 크기에 대한 개념이 자연스럽게 습득되도록 환경을 구성한다.

[사진 4-17] 유아기 수학활동 4
실외활동을 통해 햇빛에 따른 그림자를 크기와 길이 등으로 비교하며 수학적 사고능력을 기른다.

[사진 4-18] 유아기 수학활동 5
자연물을 이용하여 나뭇잎을 모으는 활동을 통해 길이를 중심으로 한 많고 적음을 함께 이해한다.

[사진 4-19] 유아기 수학활동 6
수와 숫자에 대한 활동에 관심을 가짐으로써 다양한 수학활동의 기초를 마련할 수 있도록 환경을 제공한다.

[사진 4-20] 유아기 수학활동 7
대근육활동을 통한 수학 탐구활동으로 길이 개념을 이해하여 종이를 연결함으로써 길이의 변화를 조절한다.

2. 집단 형태에 따른 수학교육 환경

수학활동은 집단의 크기에 따라 개별활동과 집단활동으로 나눌 수 있다. 이렇게 구성되는 집단의 형태는 그에 따른 장단점을 가지고 있기에 다양한 형태로의 접근과 참여가 요구된다. 그러므로 유아를 위한 교육의 목적이나 교수방법, 환경적 조건 또는 유아의 특성이나 발달단계 등을 고려하여 계획되어야 한다. 뿐만 아니라 다양한 집단 형태에 따른 장단점이 있으므로 융통성 있는 환경으로 재구조화하는 것이 바람직하다.

1) 개별활동

개별활동은 교사가 계획하여 주도하는 의도적 교수전략에 따른 활동과 관계없이 유아의 내적 동기에 따른 선택적 활동이며, 주로 자유선택활동 시간에 자율적으로 이루어지는 독립적 활동을 의미한다. 개별활동은 자신의 경험이나 지식을 자유롭게 탐색하거나 이미 알고 있는 지식을 반복하여 사용해 봄으로써 수월한 지식으로 전환하는 등 자신의 능력을 확인해 보거나 즐기는 능동적인 참여가 가능하다.

또래와의 상호작용을 통한 시범이나 제안이 제한적인 개별활동을 위해서는 진행 중인 활동의 확장을 위한 다양한 물리적 환경의 구성이나 지원이 더욱 요구된다. 그러므로 개별활동을 통한 자율적 참여가 유지되도록 독립적인 공간이 배려되어야 하며, 개별적으로 활동한다 할지라도 흥미의 지속이나 새로운 제안이 가능하도록 다양한 매체와 환경이 구성되어야 하며, 개별활동을 통해 습득한 경험적 지식을 수정·보완함으로써 또 다른 놀이로 확장될 수 있도록 의도적 전략을 지지하는 물리적·인적 환경을 유지하여야 한다.

[사진 4-21] 영아기 개별활동

관찰을 통한 길이나 크기의 변별로 노력 후 활동의 성취감을 경험할 수 있도록 수행 가능한 교구를 준비한다.

[사진 4-22] 유아기 개별활동

개별 공간을 통해 유아 자신이 알고 있는 수학능력을 점검해 보거나 연습 기회를 가질 수 있도록 한다.

2) 집단활동

집단활동은 몇몇 아동이 공통된 주제에 관심을 가지고 서로 상호작용하면서 또는 협력을 통해 목표를 달성하고자 구성된 그룹형태를 말한다. 이때의 집단은 자발적이면서 자연스런 구성일 때 보다 효율적이지만 교사가 계획한 활동을 진행하기 위한 집단이거나 경우에 따라 교사의 의도적 교수전략으로 집단을 구성해 주어야 할 때도 있다.

소집단활동의 경우 대집단에 비해 활동을 선택하거나 결정하기가 수월한 경향이 있고, 유아와 유아 간, 유아와 교사 간 적극적 상호작용이나 대화가 많으므로 활동을 계획하고 의견을 제안하는 등 역동적 참여가 활발하여 교사의 직접적인 지시가 축소되고, 모방과 연습의 기회가 증가하는 등 자발적 참여 및 기회의 효과를 기대할 수 있다. 일반적으로 소집단을 구성할 때 성, 연령, 특성, 능력 등에 따른 동질적 집단으로 구성되는 경우가 많지만, 때로는 놀이의 역동성을 위해 이질적인 집단을 구성하는 것도 바람직하다. 또한 소집단이라 할지라도 여러 명이 함께 놀이를 할 수 있도록 풍부한 자료를 제공하며 전시나 게시 등을 이용한 촉진적 환경을 제공하여야 한다.

[사진 4-23] 영아기 집단활동 1
영아들은 서로 가까이 앉아서 각자 블록을 높이 쌓아올리며 시각적으로 높이에 대한 개념을 습득해 나간다.

[사진 4-24] 유아기 집단활동 1
유아들은 또래와 함께 수 개념 습득을 위해 숫자나 스티커를 주의 깊게 살피며 개수를 세는 등 수학활동을 한다.

집단활동은 몇몇 아동의 참여가 아닌 대다수의 아동이 참여하는 그룹형태를 의미한다. 수학활동이 환경의 영역적 분류에 따라 조용하고 마른 영역에 포함되고 논리적인 사고능력을 자극하는 영역이라는 점에서 개별활동이나 집단활동일 때 효과적이라고 볼 수 있지만 모든 수학활동이 그러한 것은 아니다. 집단활동 중 새로운 수학활동을 소개하거나 방법, 재료 등을 제안할 때, 전체적 결과에 대한 평가나 토의를 할 때, 활동 중 비교나 통계적 내용이 포함될 때, 협력을 통해 과정을 이끌어야 할 때 개별집단이나 소집단에 비해 대집단활동이 보다 효과적이며, 수학 영역은 활동의 촉진을 위해 많은 움직임이나 매체를 쌓거나 나열할 때 나는 소리 등이 발생할 수 있기에 이로 인해 다른 활동에 영향을 미치게 되는 경우라면 대집단활동이 보다 적합하다.

집단활동은 많은 유아들이 동시에 참여하는 형태이므로 역동적 상호작용은 물론 활동의 직·간접적 경험이 가능하기에 다양성이라는 학습 기회를 제공한다.

[사진 4-25] 영아기 집단활동 2
모래놀이를 통해 부피의 개념을 습득해 나간다.

[사진 4-26] 유아기 집단활동 2
숫자에 맞게 개수를 조절하기 위해 노력하며 수 개념을 습득해 나간다.

3. 장소에 따른 수학교육 환경

환경은 장소에 따라 실내환경과 실외환경으로 나눌 수 있다. 수학교육 환경은 다양성을 바탕으로 한 자율적 탐색활동을 통해 실내와 실외환경에서 균형 있게 이루어져야 한다. 즉, 실내환경 영역에서 경험한 것을 실외에서 보다 활발하게 경험해 볼 수 있으며, 실외의 활동을 실내에서 보다 구체적이고 집중적으로 시도해 볼 수도 있다. 즉, 실내놀이와 실외놀이 시 활동방법에 따라 보다 효과적인 공간이 있을 수 있지만, 영역을 중심으로 구분하기보다는 활동하는 장소에 따라 구분하는 것이 바람직하다. 예를 들면, 동화 읽기 활동을 실내놀이로 제한하기보다는 실내와 실외에서 모두 가능한 활동인 것처럼 신체운동 영역과의 연계를 통한 수학활동 또한 활동실에서 하면 실내놀이, 바깥에서 하면 실외놀이로 구분하며, 블록을 실외로 가지고 나가 나뭇잎의 길이를 측정하였다면 실외활동, 주워온 나뭇잎을 실내에 가지고 와 양을 비교해 보았다면 실내놀이라 할 수 있다. 하지만 활동에 따라 보다 효과적인 환경을 마련하는 일은 유아의 수학적 개념 습득에 매우 바람직하다.

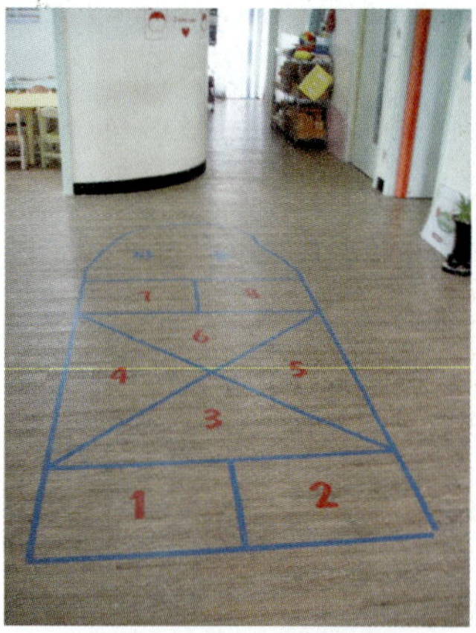

[사진 4-27] 실내환경
실내에서는 보다 세분화되고 주의 깊은 활동을 기대할 수 있다.

[사진 4-28] 실외환경
실외에서는 보다 활발한 경험으로 보다 적극적이고 다양한 활동이 가능하다.

1) 실내 수학교육 환경

실내환경은 실외에 비하여 공간이 제한적이지만 다양한 영역으로 구성되어 있고, 각 영역에 놀잇감들이 많이 준비되어 있어 유아들에게 여러 가지 활동에 참여하여 즐길 수 있는 기회를 제공해 주며, 실내에서 제공되는 놀잇감들은 유아들의 구성놀이와 소근육운동을 촉진하는 특성을 많이 지니고 있다(신은수 외, 2004; Borman, 1979; Henniger, 1985; Hutt, Tyler, & Christopherson, 1989; Tizard, Philps, & Plewis, 1976b). 수학활동을 위한 실내환경은 공간이 다소 제한적이므로 좁은 공간에 많은 영유아가 배치되지 않도록 공간의 밀집도에 주의하여 다양한 영역에서 주의력과 집중력을 기를 수 있도록 탐구적이면서도 안정적인 분위기를 유지하여야 하고, 소음과 산만함을 최소화할 수 있도록 구성되어야 한다. 실내환경 구성 시 전시나 게시물을 통해 간접적으로 수학활동을 자극하고 확장할 수 있는 공간을 마련하며 자신의 요구에 따라 수학적 놀이 매체를 쉽게 선택하고 자율적으로 활용하여 정리할 수 있도록 배치되어야 한다.

2) 실외 수학교육 환경

실외활동은 실내활동에 비해 놀이공간이 크기 때문에 유아에게 좀 더 확장된 자유를 제공하여 주고 신체운동 발달을 자극할 뿐만 아니라, 활발한 신체활동을 통하여 긴장과 격한 감정을 해소할 수 있게 한다. 또한 자연과의 직접적이고 다양한 경험을 제공해 주며, 사회적 상호작용을 촉진시키는 놀이활동을 제공하여 준다. 즉, 실외환경은 실내보다 넓고 융통성이 있으며 비구조적이므로 유아들의 창의적이고 상호 협동적인 놀이를 촉진시킨다(신은수 외, 2004; Cullen, 1994; Henniger, 1985; Myers, 1985; Rivkin, 1995; Shin, 1994). 실외환경은 야외 놀이터를 비롯한 주변의 건물 및 공원 등 외부환경을 모두 포함한다. 즉, 놀이터까지의 가깝고 먼 거리에 대한 비교 개념, 놀이터의 방향을 통한 측정 개념, 높은 건물과 낮은 건물의 비교 개념, 공원에 사람들이 많고 적음을 통한 수 개념, 또는 마트에서 같은 종류의 물건끼리 분류해 놓은 물품에 대한 분류 개념 등은 사회적 환경을 통한 수학적 개념의 접근이라 할 수 있다.

〈표 4-3〉 유치원 평가 공통지표

<table>
<tr><th>평가 영역</th><th>평가 항목</th><th>평가 지표</th><th>평가 요소</th></tr>
<tr><td rowspan="6">Ⅱ. 교육 환경</td><td rowspan="3">실내·외 교육환경의 구성 및 관리</td><td rowspan="3">6. 실내·외 공간 구성 및 시설·설비가 유아 및 유아교육 특성에 적합한가?</td><td>1) 실내 공간에는 흥미 영역의 구성이 적합하며 전시 및 게시가 교육적이다.</td></tr>
<tr><td>2) 실외 공간에는 각종 놀이기구를 비롯하여 다양한 활동영역이 있다.</td></tr>
<tr><td>3) 실내·외 시설 및 설비(놀이기구 포함)가 유아의 발달수준 및 유아교육 특성에 적합하다.</td></tr>
<tr><td rowspan="3">교재·교구의 구비 및 제공</td><td rowspan="3">7. 유아의 발달수준과 주제에 적합한 교재·교구를 충분히 제공·관리하고 있는가?</td><td>1) 교재·교구가 발달수준과 주제에 적합하다.</td></tr>
<tr><td>2) 다양한 교재·교구를 충분하게 구비하여 제공하고 있다.</td></tr>
<tr><td>3) 교재·교구의 사용이 용이하도록 정리·관리하고 있다.</td></tr>
</table>

출처: 교육과학기술부(2011). 유치원 평가.

〈표 4-4〉 어린이집 3차 평가지표

영역 1. 보육환경	
1-1	보육실은 영유아의 자율적 선택과 능동적 참여를 촉진하는 흥미영역으로 구성되어 있다.
1-2	실내공간(보육실 외)은 영유아와 보호자가 편리하게 사용할 수 있도록 조성되어 있다.
1-3	옥외놀이터는 자연을 느끼며 다양한 놀이를 할 수 있도록 조성되어 있다.
1-4	각 반의 크기와 인원은 원활한 운영이 이루어지도록 적절하게 구성되어 있다.
1-5	실내외 설비와 가구는 영유아가 편리하게 사용하도록 준비되어 있다.
1-6	어린이집의 보육활동 자료는 영역별로 다양하고 충분하게 구비되어 관리된다.
1-7	각 반의 놀이감과 활동자료는 영유아의 발달 수준과 흥미를 반영하고 있다.
1-8	보육교사를 위한 공간, 가구, 비품은 쉽게 이용할 수 있도록 마련되어 있다.

평가방법	관찰
평가결과	□ Y　　　□ N
평가기준	우수(3점) / 보통(2점) / 미흡(1점)

평가기준의 경우 지표의 구성요소 문항에 따라 우수, 보통, 미흡의 범위가 다름을 참고한다.

평가지표 중 구성요소의 실제		
1-6-4	유아	수·조작·과학활동 자료가 다양하게 구비되어 있다.
	영아	감각·탐색활동 자료가 충분하게 구비되어 있다.

● 유아

- 수·조작활동 자료가 4종 이상 다양하고 충분하게 구성되어 있음
- 과학활동 자료가 4종 이상으로 다양하고 충분하게 구비되어 있다.
- 유아가 감각기관을 활용하여 자발적으로 탐색할 수 있도록 실물자료를 제공하고 있음

● 영아

- 감각·탐색활동 자료가 3종 이상으로 다양하고 충분하게 구비되어 있음

토의과제

1. 영아를 위한 감각·탐색활동 자료로 알맞은 것을 제시해 볼까요?

2. 1번에서 제시된 영아 감각·탐색활동 자료의 활용방안을 설명해 볼까요?

3. 유아의 탐구적 수학환경을 위한 다양한 활동이 의미하는 것은 무엇인가요?

4. 유아 수학활동을 위한 살내환경과 실외활동의 구분기준은 무엇인가요?

5장 유아 수학교육

교육과정과 수학교육의 내용

유아 수학교육의 내용은 만 3~5세 누리과정의 자연탐구 영역에서 제시하고 있으며, 영아 수학교육의 내용은 만 0~2세 표준보육과정의 자연탐구 영역에서 제시하고 있다. 본 장에서는 자연탐구 영역에서 제시한 수학교육의 내용을 영아기 수학교육, 유아기 수학교육으로 나누어 살펴봄으로써 수학교육의 내용을 체계적으로 이해하는 데 도움을 주고자 한다.

1. 영아기의 수학교육 내용

영아기 수학교육은 제3차 표준보육과정에서 자연탐구 영역에 해당된다. 만 0~2세의 영아기 표준보육과정에서 수준별 내용을 6개월 정도의 간격을 두고 만 0~1세는 1, 2, 3, 4수준으로 나누었으며, 만 2세는 1, 2수준으로 범주를 나누어 제시하였다.

자연탐구 영역은 영아기부터 유아기까지 지속적으로 자신의 주변 사물과 환경을 탐색할 수 있노록 하는 기본적인 태도와 이를 토대로 탐구하고 문제를 해결하는 것이 가능하도록 하는 능력을 기를 수 있는 경험에 중점을 두고 있다. 이에 만 0~2세 영아기의 자연탐구 영역은 탐구하는 태도 기르기, 수학적 탐구하기, 과학적 탐구하기로 구분하였으며, 영아기 수학교육의 내용은 수학적 탐구하기에서 구체적으로 제시하고 있다.

1) 0~2세 자연탐구 영역의 성격 및 목표

(1) 0~2세 자연탐구 영역의 성격

자연탐구 영역은 영유아들이 다양한 감각과 호기심으로 주변 사물과 자연환경의 특징을 지각하고 탐색하며, 이러한 과정에서 발생하는 의문점을 탐구하고 해결하는 데 필요한 기초 능력과 태도를 기르는 것에 목적을 두고 있다. 그 내용으로는 ① 탐구하는 태도 기르기, ② 수학적 탐구하기, ③ 과학적 탐구하기의 세 가지 내용 범주로 구성하였다.

① 탐구하는 태도 기르기

영아가 주변의 사물과 자연현상에 대하여 관심을 가지고 보고, 듣고, 느끼고, 궁금해하며 탐색을 시도하는 경험을 하도록 한다.

② 수학적 탐구하기

영아가 일상생활에서 감각을 통해 수량과 공간에 관심을 가지고 인식하며 사물의 차이에 관심을 가지고 구분하는 등 수학적 기초를 탐색하도록 한다.

③ 과학적 탐구하기

영아가 주변의 사물, 생명체, 자연현상에 대하여 관심을 가지고 탐색하는 과정에서 과학적 기초를 경험하도록 한다.

(2) 0~2세 자연탐구 영역의 목표

0~1세 자연탐구 영역의 목표	2세 자연탐구 영역의 목표
보고, 듣고, 만지면서 주변환경에 관심을 가진다.	주변환경에 호기심을 갖고 탐색하기를 즐긴다.
1. 주변 사물에 대한 탐색을 시도한다.	1. 호기심을 가지고 주변 세계에 대해 다양하게 탐색한다.
2. 주변에서 일어나는 수학적 상황을 지각한다.	2. 주변에서 경험하는 수학적 상황을 인식한다.
3. 감각과 조작을 통하여 주변 사물과 자연환경에 대해 지각한다.	3. 다양한 탐색을 통하여 주변 사물과 자연환경을 인식한다.

자연탐구 영역의 목표를 달성하기 위해서는 연령집단별로 보육목표와 내용을 계열성 있게 경험하도록 하여야 한다. 수학적 지식의 발달과 성장은 영아기부터 시작된다. 영아는 보고, 듣고, 만지는 등 감각을 동원하여 주변 세계를 관찰하고 탐색한다. 0~1세 영아기 때 자유롭게 오감을 통해 수학적 상황과 자연환경을 지각하게 된다. 이를 토대로 2세 영아기 때는 다양한 주변 세계를 탐색하면서 수학적 상황과 자연환경을 인식하게 된다. 그러므로 영아교사는 영아의 탐색활동이 활발히 일어나도록 환경조성자로서의 역할을 제공해 주어야 한다.

2) 영아기 연령별 자연탐구 영역의 내용

(1) 0~2세 자연탐구 영역별 내용

내용 범주	0~1세 보육 내용	2세 보육 내용
탐구하는 태도 기르기	• 사물에 관심 가지기 • 탐색 시도하기	• 호기심 가지기 • 반복적 탐색 즐기기
수학적 탐구하기	• 수량 지각하기	• 수량 인식하기
	• 주변 공간 탐색하기	• 공간과 도형에 관심 가지기
	• 차이 지각하기	• 차이에 관심 가지기
	• 간단한 규칙성 지각하기	• 단순한 규칙성에 관심 가지기
		• 구분하기
과학적 탐구하기	• 물체와 물질 탐색하기	• 물체와 물질 탐색하기
	• 주변 동식물에 관심 가지기	• 주변 동식물에 관심 가지기
	• 주변 자연에 관심 가지기	• 자연 탐색하기
	• 생활도구 탐색하기	• 생활도구 사용하기

자연탐구 영역의 내용 범주에 '탐구하는 태도 기르기', '수학적 탐구하기', '과학적 탐구하기'로 구분하고 연령이 높아짐에 따라 연령별 목표와 내용이 세분화되고 확장된다.

영아들은 생애 초기부터 첫 3년 동안 많은 수학적 능력이 나타난다. 수, 양, 공간, 도형, 구분, 차이, 규칙성 등 세분화되어 수학적 기초 지식을 지각하고 인식하게 된다. 그러므로 영아교사는 영아의 관심과 욕구를 존중해 주고 주변의 물체와 물질, 동식물, 자연을 탐색할 수 있도록 환경을 제공해 주고 지원해 주어야 한다.

(2) 0~2세 연령별 자연탐구 영역의 세부 내용

① 0~1세 자연탐구 영역의 세부 내용

<table>
<tr><th rowspan="2">내용 범주</th><th colspan="5">0~1세 보육 내용</th></tr>
<tr><th>내용</th><th>1수준</th><th>2수준</th><th>3수준</th><th>4수준</th></tr>
<tr><td rowspan="2">탐구하는 태도 기르기</td><td>사물에 관심 가지기</td><td></td><td colspan="3">주변 사물에 관심을 가진다.</td></tr>
<tr><td>탐색 시도하기</td><td>나와 주변 사물을 감각으로 탐색한다.</td><td colspan="3">주변의 사물에 대해 의도적인 탐색을 시도한다.</td></tr>
<tr><td rowspan="5">수학적 탐구하기</td><td>수량 지각하기</td><td></td><td>있고 없는 상황을 지각한다.</td><td>'있다'와 '없다'를 구별한다.</td><td>'한 개'와 '여러 개'를 구별한다.</td></tr>
<tr><td rowspan="2">주변 공간 탐색하기</td><td></td><td colspan="3">도움을 받아 주변의 공간을 탐색한다.</td></tr>
<tr><td colspan="4">주변 사물의 모양을 지각한다.</td></tr>
<tr><td>차이 지각하기</td><td colspan="2"></td><td colspan="2">주변 사물의 차이를 지각한다.</td></tr>
<tr><td>간단한 규칙성 지각하기</td><td colspan="2"></td><td colspan="2">일상과 놀이에서 간단한 규칙성을 경험한다.</td></tr>
<tr><td rowspan="5">과학적 탐구하기</td><td>물체와 물질 탐색하기</td><td colspan="4">일상생활 주변의 몇 가지 친숙한 것들을 양육자와 함께 탐색한다.</td></tr>
<tr><td>주변 동식물에 관심 가지기</td><td colspan="2"></td><td colspan="2">주변 동식물의 모양, 소리, 움직임에 관심을 가진다.</td></tr>
<tr><td rowspan="2">주변 자연에 관심 가지기</td><td></td><td colspan="3">생활 주변의 자연물을 감각으로 느껴본다.</td></tr>
<tr><td></td><td></td><td colspan="2">바람, 햇빛, 비 등을 감각으로 느껴본다.</td></tr>
<tr><td>생활도구 탐색하기</td><td colspan="2"></td><td colspan="2">도움을 받아 생활도구를 탐색한다.</td></tr>
</table>

0~2세 영아기에는 연령뿐만 아니라 월령에 따라 영아의 발달과 개인차가 날 수 있으므로 이 시기에는 개인차를 고려하여 보육 내용을 구성하는 것이 바람직하다.

자연탐구 영역의 0~1세의 보육 내용은 연령, 발달, 개인차 등을 고려하여 1, 2, 3, 4수준으로 구분한다.

'수학적 탐구하기' 내용 범주에서 0~1세 영아는 일상생활에서 장소를 중심으로 물건이 있다가 없어지는 상황을 경험하게 해 줌으로써 '있다'와 '없다'를 구별할 수 있게 된다. 그러므로 교사는 수학적 탐색활동 자료를 적절하게 제공하여야 하며, 일상과 놀이를 통해 수학적 탐구가 일어나도록 하여야 한다.

② 2세 자연탐구 영역의 세부 내용

<table>
<tr><th rowspan="2">내용 범주</th><th colspan="3">2세 보육 내용</th></tr>
<tr><th>내 용</th><th>1수준</th><th>2수준</th></tr>
<tr><td rowspan="2">탐구하는 태도 기르기</td><td>호기심 가지기</td><td colspan="2">주변 사물과 자연 세계에 호기심을 가진다.</td></tr>
<tr><td>반복적 탐색 즐기기</td><td colspan="2">관심 있는 사물을 반복하여 주도적으로 탐색하기를 즐긴다.</td></tr>
<tr><td rowspan="7">수학적 탐구하기</td><td rowspan="3">수량 인식하기</td><td colspan="2">많고 적음을 구별한다.</td></tr>
<tr><td>두 개가량의 수 이름을 말해 본다.</td><td>세 개가량의 구체물을 말하며 세어 본다.</td></tr>
<tr><td colspan="2">구체물을 일대일로 대응해 본다.</td></tr>
<tr><td rowspan="2">공간과 도형에 관심 가지기</td><td colspan="2">나를 중심으로 익숙한 위치, 장소를 인식한다.</td></tr>
<tr><td colspan="2">주변 사물의 모양에 관심을 가진다.</td></tr>
<tr><td>차이에 관심 가지기</td><td colspan="2">주변 사물의 크기(속성의 차이)에 관심을 가진다.</td></tr>
<tr><td>단순한 규칙성에 관심 가지기</td><td colspan="2">주변에서 단순하게 반복되는 규칙성에 관심을 가진다.</td></tr>
<tr><td></td><td>구분하기</td><td colspan="2">주변 사물을 같고 다름에 따라 구분한다.</td></tr>
<tr><td rowspan="2">과학적 탐구하기</td><td>물체와 물질 탐색하기</td><td colspan="2">친숙한 물체와 물질을 능동적으로 탐색한다.</td></tr>
<tr><td>주변 동식물에 관심 가지기</td><td colspan="2">주변 동식물의 모양, 소리, 움직임에 관심을 가진다.</td></tr>
</table>

내용 범주	2세 보육 내용		
	내 용	1수준	2수준
과학적 탐구하기	자연 탐색하기	돌, 물, 모래 등의 자연물을 탐색한다.	
		날씨를 감각으로 느낀다.	
	생활도구 사용하기	생활 속에서 간단한 도구에 관심을 가진다.	
		간단한 도구를 사용한다.	

'수학적 탐구하기' 내용 범주에서 2세 영아에게 주변의 친숙한 물체를 보고 '하나, 둘' 수의 이름을 말하는 경험을 해 보게 한다. 또한 영아들은 "하나 더 먹을래?", "하나가 모자라는데." 등 수를 나타내는 상황을 경험하면서 더 적다, 더 많다와 같은 수량의 비교적 관계를 인식하게 된다. 1세반에서 2세의 영아들은 3~4개의 적은 양일 경우 수량의 비교적 관계를 인식하는 능력을 갖고 있다. 또한 동그란 모양, 네모 모양, 세모 모양 등 주변 사물의 모양에 관심을 가지게 한다. 또한 영아가 자신이 생활하고 있는 공간에서 자신의 물건의 위치, 장소를 알도록 하여 단순하게 반복되는 규칙성에 관심을 갖도록 돕는다.

2. 유아기의 수학교육 내용

유아 수학교육은 1969년 제1차 유치원 교육과정에서 자연 영역에 수학교육과 관련된 내용을 제시하였고 2차, 3차, 4차 유치원 교육과정에서는 인지 발달 영역에서 제시하였다. 그리고 5차, 6차, 2007년 개정 유치원 교육과정에서는 탐구생활 영역에서 만 3~5세 연령별 수학교육 내용을 제시하였다.

한편 표준보육과정에서는 2004년 1월 29일 전면 개정된 영유아보육법 '제29조 2항'에 표준보육과정을 개발 및 보급하여야 함을 명시하고 어린이집에서는 2008년 7월 제1차 표준보육과정에 기초한 0~5세 연령별 보육 프로그램을 토대로 표준보육과정을 보급하였다. 표준보육과정에서는 자연탐구 영역에 유아 수학교육 내용을 제시하였다. 이처럼 이원화된 유아교육과정에 의해 유아 수학교육이 이루어졌다.

그 후 유치원과 어린이집에서 공통으로 적용할 교육과정의 필요성이 사회적으로 대두되기 시작하였다. 이에 2011년 3월 제2차 표준보육과정 개정안에 우선적으로 만 5세 누리과정을 고시하고 2013년 3월부터 유치원과 어린이집에서 공통 만 5세 누리과정의 교육과정을 운영하게 되었다. 그리고 2013년 1월 제3차 표준보육과정 개정안에는 연령별 교육과정을 확대하여 만 3~5세 누리과정을 고시하였다. 현재 유치원과 어린이집에서 만 3~5세의 발달 특성을 고려하여 연령별로 구성된 공통 만 3~5세 누리과정을 운영하고 있다. 유아 수학교육과 관련된 내용은 만 3~5세 누리과정의 자연탐구 영역에서 제시하고 있다. 이에 시대별 변화에 따른 2007년 개정 유치원 교육과정의 탐구생활 영역과 표준보육과정의 자연탐구 영역을 비교해 보고 제2차 표준보육과정의 만 5세 누리과정 및 제3차 표준보육과정 만 3~5세 누리과정의 자연탐구 영역에서 제시하고 있는 유아 수학교육 내용의 이해를 돕고자 한다.

1) 2007년 개정 유치원 교육과정과 표준보육과정

(1) 2007년 개정 유치원 교육과정의 탐구생활과 표준보육과정의 자연탐구 영역의 성격

2007년 개정 유치원 교육과정에서 탐구생활 영역은 인간이 자연과 더불어 조화로운 삶을 살아갈 수 있도록 유아기부터 자연을 존중하는 마음을 바탕으로 창의적으로 사고하고 탐구하며, 논리적·합리적으로 문제를 해결하는 능력과 태도를 기르기 위한 영역이다. 그 내용은 탐구하는 태도 기르기, 과학적 기초 능력 기르기, 수학적 기초 능력 기르기로 구성하였다.

표준보육과정에서 자연탐구 영역은 영유아들이 다양한 감각과 호기심으로 주변 사물과 자연환경의 특징을 지각하고 탐색하며 이러한 과정에서 발생하는 의문점을 탐구하고 해결하는 데 필요한 기초 능력과 태도를 기르는 영역이다. 표준보육과정의 자연탐구 영역의 내용은 탐구하기, 수학적 탐구, 과학적 탐구로 구성하였다. 이는 제3차 표준보육과정이 고시되기 전까지 유치원에서는 2007년 개정 유치원 교육과정으로 토대로 교육과정을 운영하였으며 어린이집에서는 표준보육과정을 운영하였다.

(2) 2007년 개정 유치원 교육과정의 탐구생활과 표준보육과정의 자연탐구 영역의 내용

2007년 개정 유치원 교육과정의 탐구생활과 표준보육과정의 자연탐구 영역은 유사한 맥락으로 이루어져 있음을 알 수 있다. 그 내용을 〈표 5-1〉에서 구체적으로 살펴보면 다음과 같다.

〈표 5-1〉 탐구생활 영역과 자연탐구 영역 비교

2007년 개정 유치원 교육과정-탐구생활		표준보육과정-자연탐구	
내용 범주	하위 내용	내용 범주	하위 내용
탐구하는 태도 기르기	• 사물과 현상에 지속적인 관심 가지기 • 탐구과정 즐기기	탐구적 태도	• 주변의 사물과 자연 세계의 호기심을 유지하고 확장하기 • 탐구과정 즐기기 • 탐구기술 활용하기
과학적 기초 능력 기르기	• 물체와 물질에 대해 알아보기 • 생명체와 자연환경을 소중하게 여기기 • 자연현상에 대해 알아보기 • 간단한 도구와 기계 활용하기	수학적 탐구	• 수와 연산의 기초 개념 형성하기 • 공간과 도형의 기초 개념 형성하기 • 기초적인 측정하기 • 기초적인 자료 수집과 결과 나타내기
수학적 기초 능력 기르기	• 수 감각 기르기 • 공간 및 도형에 대해 알아보기 • 기초적인 측정해 보기 • 규칙성 이해하기 • 자료 정리 및 결과 나타내기	과학적 탐구	• 물체와 물질 알아보기 • 생명체와 자연환경 알아보기 • 자연현상 알아보기 • 간단한 도구와 기계 활용하기

2007년 개정 유치원 교육과정의 탐구생활 영역의 유아 수학교육에 관련된 내용을 살펴보면 '수학적 기초 능력 기르기' 내용 범주에서 수 감각 기르기, 공간과 도형에 대해 알아보기, 기초적인 측정해 보기, 규칙성 이해하기, 자료 정리 및 결과 나타내기로 구분하여 제시하고 있으며 우리나라 초등학교 1학년 수학교육과정과의 연계성을 강조하고 있다.

'수 감각 기르기'의 하위 범주에서는 유아가 일상생활에서 경험을 기초로 하여 다양한 수학적 감각을 기르는 것을 중요시하였으며, '공간 및 도형에 대해 알아보기'는 유아의 수학교육에서 중요한 축을 형성하므로 수 감각 기르기 다음으로 제시하고 있다. 또한 '기초적인 측정해 보기'에서는 단순히 측정과 관련된 경험보다는 측정과정을 경험하고 개념을 인식하는 것을 포함하고 있다. '규칙성 이해하기'는 유아의 생활 주변의 여러 가지 사물이나 현상 속에서 자연스럽게 반복되는 규칙성을 찾아볼 수 있는 등의 내용을 제시하고 있다. '자료 정리 및 결과 나타내기'는 유아기에 다루어야 할 통계와 확률의 기초적인 내용으로 유아가 탐구하는 과정에서 얻은 결과를 설명하기 위해 그림, 그래프, 차트 등을 이용하여 얻은 결과를 설명할 수 있다.

표준보육과정의 자연탐구 영역의 유아 수학교육에 관련된 내용을 살펴보면 '수학적 탐구' 내용 범주에서 수와 연산의 기초 개념 형성하기, 공간과 도형의 기초 개념 형성하기, 기초적인 측정하기, 기초적인 자료 수집과 결과 나타내기로 구분하여 제시하고 있다.

'수와 연산의 기초 개념 형성하기' 하위 범주에서 유아들은 일상생활 속에서 사용되는 수의 다양한 의미를 알 수 있으며, 구체물을 가지고 더하고 빼는 경험 등을 할 수 있는 내용을 제시하고 있다. '공간과 도형의 기초 개념 형성하기'로 유아가 위치, 방향, 다양한 기본 도형 등을 인식할 수 있다. '기초적인 측정하기'는 유아의 일상생활에서 길이, 크기, 무게, 들이, 시간 등의 속성 및 임의 측정 단위 등을 사용해 보는 내용을 제시하고 있다. '기초적인 자료 수집과 결과 나타내기'는 유아가 필요한 정보나 자료를 수집하고 그림, 사진, 기호나 숫자를 사용해 그래프로 탐구하는 과정에서 얻은 결과물을 나타내 보는 등의 내용을 제시하고 있다.

2) 제2차 표준보육과정과 만 5세 누리과정

2011년 3월 제2차 표준보육과정 개정안을 고시하면서 유치원과 어린이집에서 공통 만 5세 누리과정의 교육과정을 운영하게 되었다. 즉, 유치원에서는 만 3, 4세 유아를 대상으로는 2007년 개정 유치원 교육과정의 탐구생활 영역에서 수학적 기초 능력 기르기의 내용으로 유아 수학교육이 이루어졌다. 또한 어린이집에서의 만 3, 4세는 표준보육과정 자연탐구 영역에서 제시된 수학적 탐구의 내용으로 유아 수학교육이 이루어졌다. 그리고 만 5세 유아만 유치원과 어린이집에서 공통으로 만 5세 누리과정의 자연탐구 영역에서 제시된 수학적 탐구의 내용 범주에서 유아 수학교육이 제시되었다. 이에 교육과학기술부, 보건복지부(2013)의 만 5세 누리과정 해설서에 제시된 자연탐구 영역의 유아 수학교육 내용을 구체적으로 살펴보면 다음과 같다.

〈표 5-2〉 제2차 표준보육과정의 만 5세 누리과정의 자연탐구 영역

영역	내용 범주	내용
자연탐구	탐구하는 태도 기르기	• 호기심을 유지하고 확장하기
		• 탐구과정 즐기기
		• 탐구기술 활용하기
	수학적 탐구하기	• 수와 연산의 기초 개념 형성하기
		• 공간과 도형의 기초 개념 형성하기
		• 기초적인 측정하기
		• 규칙성 이해하기
		• 기초적인 자료 수집과 결과 나타내기

영역	내용 범주	내용
자연탐구	과학적 탐구하기	• 물체와 물질 알아보기
		• 생명체와 자연환경 알아보기
		• 자연현상 알아보기
		• 간단한 도구와 기계 활용하기

3) 만 3~5세 누리과정

교육과학기술부, 보건복지부(2013)는 2013년 1월 제3차 표준보육과정을 고시하고 2013년 3월부터 유치원과 어린이집에서 만 3~5세 누리과정을 공통으로 운영하고 있다. 이에 유아 수학교육과 관련된 내용은 자연탐구 영역에서 제시하고 있다.

(1) 만 3~5세 누리과정의 자연탐구 영역의 성격 및 목표

자연탐구 영역은 유아가 자신을 둘러싸고 있는 주변 세계에 대해 호기심을 가지고 궁금한 것을 해소하기 위해 탐구하며, 일상생활에서 부딪치는 현상이나 문제해결을 통해 수학적·과학적으로 생각하는 기초 능력과 태도를 기르기 위한 영역이다. 그 내용으로는 탐구하는 태도 기르기, 수학적 탐구하기, 과학적 탐구하기의 세 가지 내용 범주로 구성하였다.

① 탐구하는 태도 기르기

호기심을 바탕으로 주변의 사물과 자연 세계에 대해 탐구하는 성향을 키우기 위한 내용으로, 유아가 탐구과정을 즐겁게 경험하면서 자신과 환경에 대한 지식을 바르게 추구하는 태도를 기를 수 있도록 한다.

② 수학적 탐구하기

유아가 일상생활에서 접하는 문제를 수학적 사고와 추론에 의해 논리적으로 해결하는 능력을 기르는 데 중점을 두는 내용이다.

③ 과학적 탐구하기

유아가 생활 속에서 사물과 자연환경을 지속적으로 탐구하는 기회를 통하여 자연의 소중함과 과학의 의미를 경험하는 데 중점을 두는 내용이다.

(2) 만 3~5세 누리과정의 자연탐구 영역의 목표 및 내용

만 3~5세 누리과정의 자연탐구 영역의 목표
● 호기심을 가지고 주변 세계를 탐구하며 일상생활에서 수학적·과학적으로 생각하는 능력과 태도를 기른다. 1. 주변의 사물과 자연 세계에 대해 알고자 하는 호기심을 가지고 탐구하는 태도를 기른다. 2. 생활 속의 여러 상황과 문제를 논리·수학적으로 이해하고 해결하기 위한 기초 능력을 기른다. 3. 주변의 관심 있는 사물과 생명체 및 자연현상을 탐구하기 위한 기초 능력을 기른다.

영역	내용 범주	내용
자연탐구	탐구하는 태도 기르기	• 호기심을 유지하고 확장하기
		• 탐구과정 즐기기
		• 탐구기술 활용하기
	수학적 탐구하기	• 수와 연산의 기초 개념 알아보기
		• 공간과 도형의 기초 개념 알아보기
		• 기초적인 측정하기
		• 규칙성 이해하기
		• 기초적인 자료 수집과 결과 나타내기
	과학적 탐구하기	• 물체와 물질 알아보기
		• 생명체와 자연환경 알아보기
		• 자연현상 알아보기
		• 간단한 도구와 기계 활용하기

(3) 만 3~5세 연령별 누리과정에서 제시한 유아 수학교육 내용

자연탐구 영역의 '수학적 탐구하기' 내용 범주에서 유아 수학교육 내용을 제시하고 있다. 유아기는 무엇이든 알고 싶어 하는 지적 호기심과 탐구심이 왕성한 시기이다. 유아는 일상 속의 의문과 경험에서 많은 수학적 탐구의 기회를 갖게 되며 탐구하는 과정에서 수학적 기초 지식과 논리적이고 합리적인 사고력을 기를 수 있다. 이에 유아가 궁극적으로 일상생활에서 문제를 논리적이며 합리적으로 해결하는 능력을 갖게 하기 위해 유아 수학교육은 '수학적 탐구하기'의 내용 범주에서 수와 연산의 기초 개념 형성하기, 공간과 도형의 기초 개념 형성하기, 기초적인 측정하기, 규칙성 이해하기, 기초적인 자료 수집과 결과 나타내기로 구분하여 내용을 제시하고 있다.

① 수와 연산의 기초 개념 알아보기

유아가 생활 속에서 다양하게 수를 경험하면서 수에 대한 이해를 발달시키고, 기초적인 수와 연산의 개념을 형성하는 내용이다. 유아는 생활 속에서 수가 여러 가지 의미로 사용된다는 것을 알게 되고, 물체 세기를 통해 수량을 인식한다. 또한 구체물을 사용하여 수들 간의 관계를 알아보며, 더하고 빼는 경험을 하면서 수와 연산에 대한 기초 개념을 형성한다(육아정책연구소, 2012).

<table>
<tr><th>3세</th><th>4세</th><th>5세</th></tr>
<tr><td>생활 속에서 수에 관심을 갖는다.</td><td colspan="2">생활 속에서 사용되는 수의 여러 가지 의미를 안다.</td></tr>
<tr><td>구체물 수량의 많고 적음을 비교한다.</td><td>구체물 수량에서 '같다', '더 많다', '더 적다'의 관계를 안다.</td><td>구체물 수량의 부분과 전체 관계를 알아본다.</td></tr>
<tr><td>다섯 개가량의 구체물을 세어 보고 수량에 관심을 갖는다.</td><td>열 개가량의 구체물을 세어 보고 수량을 알아본다.</td><td>스무 개가량의 구체물을 세어 보고 수량을 알아본다.</td></tr>
<tr><td></td><td></td><td>구체물을 가지고 더하고 빼는 경험을 해 본다.</td></tr>
</table>

② 공간과 도형의 기초 개념 알아보기

공간 안에서 위, 아래, 앞, 뒤, 중심 위치, 경로 등 위치와 방향을 인식하고 기본 입체도형 및 평면도형의 이름과 특징을 이해하고 주변 물체들의 형태를 변별하면서 도형에 대한 초보적인 이해를 발달시키는 내용이다. 유아는 자신이나 물체의 위치와 방향을 인식하고 보는 위치에 따른 공간적 차이를 알아간다. 또한 시각적·촉각적 탐색을 통해 기본 평면도형 및 입체도형의 특징을 알아보고, 도형을 나누거나 합하여 여러 가지 모양을 구성할 수 있다(육아정책연구소, 2012).

<table>
<tr><th>3세</th><th>4세</th><th>5세</th></tr>
<tr><td>나를 중심으로 앞, 뒤, 옆, 위, 아래를 알아본다.</td><td colspan="2">위치와 방향을 여러 가지 방법으로 나타내 본다.</td></tr>
<tr><td></td><td></td><td>여러 방향에서 물체를 보고 그 차이점을 비교해 본다.</td></tr>
<tr><td>물체의 모양에 관심을 갖는다.</td><td>기본 도형의 특성을 인식한다.</td><td>기본 도형의 공통점과 차이점을 알아본다.</td></tr>
<tr><td></td><td colspan="2">기본 도형을 사용하여 여러 가지 모양을 구성해 본다.</td></tr>
</table>

③ 기초적인 측정하기

유아가 일상생활에서 측정 가능한 속성에 따라 사물이나 상황을 비교하고, 순서를 지어보며, 임의 측정 단위를 사용할 수 있도록 하는 내용이다. 측정은 길이, 크기, 무게, 들이 등의 속성을 비교하고 순서 짓는 것에서 시작하여 더 나아가 사물이 지닌 속성의 크기를 기준량(단위)을 정하여 수치로 나타내는 것이다. 이러한 기초적인 측정하기를 통해 유아는 스스로 탐색한 환경에 순서와 질서를 세워간다(육아정책연구소, 2012).

3세	4세	5세
두 물체의 길이, 크기를 비교해 본다.	일상생활에서 길이, 크기, 무게 등을 비교해 본다.	일상생활에서 길이, 크기, 무게, 들이 등의 속성을 비교하고 순서를 지어본다.
		임의 측정 단위를 사용하여 길이, 면적, 들이, 무게 등을 재 본다.

④ 규칙성 이해하기

유아가 생활 주변에서 사물이나 사건의 양상이 일정한 순서로 반복·배열되는 것을 이해하도록 하는 내용이다. 유아는 타일이나 벽지의 무늬, 포장지의 그림 등에서 반복되는 규칙을 발견하고, 밤과 낮, 요일, 사계절, 유치원/어린이집의 하루 일과 같은 변화에서도 규칙성을 인식한다. 유아는 규칙성을 이해함으로써 사물의 관계를 파악하고 숨은 질서와 규칙을 발견하여 그다음 상황을 예측할 수 있게 된다(육아정책연구소, 2012).

3세	4세	5세
생활 주변에서 반복되는 규칙성에 관심을 갖는다.	생활 주변에서 반복되는 규칙성을 알아본다.	생활 주변에서 반복되는 규칙성을 알고 다음에 올 것을 예측해 본다.
	반복되는 규칙성을 인식하고 모방한다.	스스로 규칙성을 만들어 본다.

⑤ 기초적인 자료 수집과 결과 나타내기

일상생활에서 탐구하고자 하는 문제를 해결하기 위해 필요한 자료를 모으고, 정리하고, 결과를 나타내고, 해석하는 여러 과정을 포함한다. 이는 유아 수준의 기초 통계와 관련된 부분으로 초등학교 교육과정의 '확률과 통계'와 연계된다. 유아는 탐구하려는 문제를 위해 자료를 수집하고 수집한 자료의 결과에 기초하여 특성과 경향성을 파악하게 된다(육아정책연구소, 2012).

3세	4세	5세
	필요한 정보나 자료를 수집한다.	
같은 것끼리 짝을 짓는다.	한 가지 기준으로 자료를 분류해 본다.	한 가지 기준으로 분류한 자료를 다른 기준으로 재분류해 본다.
		그림, 사진, 기호나 숫자를 사용해 그래프로 나타내 본다.

(4) 만 3~5세 연령별 누리과정의 자연탐구 영역의 수학적 탐구하기 내용 비교표

내용 범주	내용	3세	4세	5세	5세(2011. 9. 5.)
수학적 탐구하기	수와 연산의 기초 개념 알아보기	생활 속에서 수에 관심을 갖는다.	생활 속에서 사용되는 수의 여러 가지 의미를 안다.	생활 속에서 사용되는 수의 여러 가지 의미를 안다.	생활 속에서 사용되는 수의 여러 가지 의미를 안다.
		구체물 수량의 많고 적음을 비교한다.	구체물 수량에서 '같다', '더 많다', '더 적다'의 관계를 안다.	구체물 수량의 부분과 전체 관계를 알아본다.	수량의 부분과 전체 관계를 안다.
		다섯 개가량의 구체물을 세어 보고 수량에 관심을 갖는다.	열 개가량의 구체물을 세어 보고 수량을 알아본다.	스무 개가량의 구체물을 세어 보고 수량을 알아본다.	스무 개가량의 구체물을 세고 수량을 안다.
				구체물을 가지고 더하고 빼는 경험을 해 본다.	구체물을 가지고 더하고 빼는 경험을 해 본다.
	공간과 도형의 기초 개념 알아보기	나를 중심으로 앞, 뒤, 옆, 위, 아래를 알아본다.	위치와 방향을 여러 가지 방법으로 나타내 본다.	위치와 방향을 여러 가지 방법으로 나타내 본다.	위치와 방향을 여러 가지 방법으로 나타내 본다.

내용 범주	내용	3세	4세	5세	5세(2011. 9. 5.)
수학적 탐구하기	공간과 도형의 기초 개념 알아보기			여러 방향에서 물체를 보고 그 차이점을 비교해 본다.	
		물체의 모양에 관심을 갖는다.	기본 도형의 특성을 인식한다.	기본 도형의 공통점과 차이점을 알아본다.	다양한 기본 도형의 공통점과 차이점을 인식한다.
			기본 도형을 사용하여 여러 가지 모양을 구성해 본다.	기본 도형을 사용하여 여러 가지 모양을 구성해 본다.	기본 도형을 사용하여 여러 가지 모양을 구성해 본다.
	기초적인 측정하기	두 물체의 길이, 크기를 비교해 본다.	일상생활에서 길이, 크기, 무게 등을 비교해 본다.	일상생활에서 길이, 크기, 무게, 들이 등의 속성을 비교하고, 순서를 지어 본다.	일상생활에서 길이, 크기, 무게, 들이, 시간 등의 속성에 따라 비교하고 순서를 지어 본다.
				임의 측정 단위를 사용하여 길이, 면적, 들이, 무게 등을 재 본다.	임의 측정 단위를 사용하여 길이, 면적, 들이, 무게 등을 재 본다.
	규칙성 이해하기	생활 주변에서 반복되는 규칙성에 관심을 갖는다.	생활 주변에서 반복되는 규칙성을 알아본다.	생활 주변에서 반복되는 규칙성을 알고 다음에 올 것을 예측해 본다.	생활 주변에서 반복되는 규칙성을 알고 다음에 올 것을 예측해 본다.
			반복되는 규칙성을 인식하고 모방한다.	스스로 규칙성을 만들어 본다.	스스로 규칙성을 만들어 본다.

내용 범주	내용	3세	4세	5세	5세(2011. 9. 5.)
수학적 탐구하기	기초적인 자료 수집과 결과 나타내기		필요한 정보나 자료를 수집한다.	필요한 정보나 자료를 수집한다.	필요한 정보나 자료를 수집한다.
		같은 것끼리 짝을 짓는다.	한 가지 기준으로 자료를 분류해 본다.	한 가지 기준으로 분류한 자료를 다른 기준으로 재분류해 본다.	한 가지 기준으로 분류한 자료를 다른 기준으로 재분류해 본다.
				그림, 사진, 기호나 숫자를 사용해 그래프로 나타내 본다.	그림, 사진, 기호나 숫자를 사용해 그래프로 나타내 본다.

(5) 만 3~5세 누리과정의 자연탐구 영역에서 교사의 지도 및 역할

교육과학기술부, 보건복지부(2013)의 3~5세 연령별 누리과정 해설서 및 교사 지침서를 토대로 유아 수학교육의 효율적인 교사의 지도 및 역할에 대해 살펴보면 다음과 같다.

▶수학적 탐구를 위한 교사의 지도 및 역할

- 유아가 놀이와 일상경험을 기반으로 생활 속 구체적인 문제를 해결하는 과정에서 기초적인 수학적 개념과 기능을 학습하고 사용하는 것에 중점을 둔다.
- 자신의 수학적 생각을 다양한 방법으로 나타내고 다른 사람들과 의사소통을 하는 데 주안점을 둔다.

① 수와 연산의 기초 개념 알아보기

유아는 일상생활 속에서 다양하게 사용되는 수를 접하면서 어려서부터 수를 인식하고 수의 의미를 이해하게 된다. 즉, 전화기, 계산기, 핸드폰 번호, 생일, 나이 등 일상생활에서 자연스럽게 수를 사용하고 있다. 그러므로 유아들에게 수가 사용되는 다양한 상황을 경험하게 함으로써 직관적으로 수의 여러 가지 의미를 이해하도록 도와야 한다.

- 유아에게 블록의 수 세어 보기, 전화번호 등 일상생활에서 수가 사용되는 다양한 상황을 경험해 보게 하여 수의 의미를 알도록 한다.
- 블록을 쌓아 보고 위, 아래에서부터 세 번째 블록부터 세어 보는 등 기준점을 달리하여 수를 세어 보게 한다.
- 유아에게 숫자카드, 수 인식 교구, 수 이름, 숫자의 모양, 수량 등을 연결시켜 수활동을 할 수 있도록 제공한다.
- 만 3세 유아는 두 집단 간 차이가 큰 경우를 중심으로 '더 많음/더 적음'을 탐색하도록 기회를 제공한다.
- 만 4세부터는 점차적으로 차이가 적은 두 집합의 크기를 비교하게 한다.
- 만 5세는 10개 정도의 물체를 사용하여 특정 수량을 여러 방법으로 나누거나 모아 보도록 계획한다.
- 집합의 크기를 비교할 때에는 일대일 대응을 사용하거나 수 세기를 활용하도록 격려한다.
- 수 세기와 요구되는 놀이나 게임, 숫자 노래, 일상경험 등 수 세기를 할 수 있는 기회를 많이 제공한다.
- 더하기나 빼기가 요구되는 일상의 구체적인 상황이나 조작할 수 있는 구체물을 가지고 더하거나 빼기 상황을 연습할 기회를 제공해 준다. 예를 들어 시장놀이를 통해 물건값을 빼거나 더해 보기 등을 통해 더하고 빼는 경험을 할 수 있도록 한다.
- 구체물이 아닌 숫자와 기호를 사용하여 덧셈과 뺄셈을 반복하는 형식적인 활동이 되지 않도록 주의한다.

② 공간과 도형의 기초 개념 알아보기

유아는 태어나면서부터 방향과 위치 등 유아 자신을 중심으로 하여 방향을 탐색하기 시작하여 앞, 뒤, 위, 아래, 옆 그리고 근접성, 분리, 순서, 개폐 등 점차적으로 공간 개념을 이해하게 된다. 또한 유아는 모든 물체가 모양을 가지고 있음을 인식하고 도형과 도형 간의 상호 관계 및 도형의 변화를 이해하게 된다.

- 유아가 일상생활에서 사물의 위치, 방향, 거리 등에 관한 질문을 통해 공간 개념을 익히도록 돕는다.
- 유아가 자신에서 시작하여 점차 주변의 특정 지형지물을 기준으로 물체의 위치와 방향을 인식하고 이를 표현할 수 있는 기회를 제공한다.

  예 • "너의 앞/위/옆/아래에는 무엇이 있니?"

  • "언어 영역과 역할놀이 영역 사이에 의자를 놓아 주렴."
- 촉감을 이용한 감각 운동적 경험을 통해 유아가 도형에 대한 이미지와 감각을 형성하도록 도형 그리기, 도형 색칠하기 등의 경험을 제공한다.
- 주변 여러 물체들의 모양을 살펴보고 모양에 따른 특성을 인식할 수 있는 기회를 제공한다.
- 교사가 비교 용어 사용의 모델을 보이고 동일한 대상을 서로 다른 임의 단위를 사용해서 측정한 후 그 결과를 논의하도록 지도한다.
- 교사는 유아가 공, 둥근 기둥, 상자 모양의 기본 입체도형과 동그라미, 세모, 네모의 기본 평면도형을 모두 경험할 수 있도록 한다. 이때 원을 동그라미, 삼각형을 세모 등과 같이 유아가 알아듣기 쉬운 수학적 용어를 사용하도록 주의하여 지도한다.
- 지오보드와 고무줄, 칼라점토와 모양 찍기 도구 등을 이용한 교구를 활용하여 여러 가지 모양을 만들어 보고 여러 가지 기본 도형을 합쳐서 다른 도형을 구성해 보는 활동을 계획해 본다.
- 여러 방향에서 본 물체, 모양을 탐색하도록 돕는다. 즉, 대상이나 사물을 다

양한 관점에서 관찰하고 표현해 보도록 돕는다. 이를 위해 5세의 유아에게 블록으로 만든 구성물을 여러 각도에서 살펴보며 사진을 찍고, 찍은 사진을 보며 여러 방향에서 본 구성물의 모양에 대해 비교하며 이야기해 보는 활동을 계획해 본다.

③ 기초적인 측정하기

유아는 자신의 키를 재어 보거나, 물건의 크기를 비교해 보고 재어 보는 등 일상생활에서 자연스럽게 측정을 인식하게 된다. 사물을 측정할 수 있는 속성을 인식하게 되면 사물을 비교하고 순서 짓는 등 다양한 측정을 경험하게 된다.

- 놀이 및 일상에서 유아가 길이, 크기, 무게 등의 속성을 인식하고 '~보다 크다', '~보다 작다', '가장 크다, 작다' 등의 용어를 사용하며 비교해 보는 경험을 제공한다.
- 교사와 유아가 함께 사물의 길이를 손 뼘, 클립, 연필 등을 이용하여 임의 단위로 물체를 측정해 보는 경험을 제공하고 길이를 재는 방법에 따라 측정 결과가 다름을 알도록 한다.
- 길이, 무게, 둘레, 거리, 깊이 등 상황이나 대상에 따라 표준화된 측정도구와 단위가 다르다는 것을 이해하도록 돕는다.
- 유아가 일상생활 경험을 통해 자발적으로 수학에 대한 비형식적인 지식을 많이 구성해 나가도록 계획한다.
- 유아가 측정 과정에서 나타나는 문제점을 경험하고 해결하는 과정에서 측정할 속성에 적합한 단위를 선정하고 측정할 때 필요한 기술을 인식할 수 있도록 지도한다.
- 측정은 실생활에서 실제로 많이 접하는 경험이므로 교사는 유아가 필요에 의해 직접 측정을 하는 허용적인 분위기를 조성해 주어야 한다.

④ 규칙성 이해하기

규칙성은 영아기 때부터 발달하기 시작하며 영아들은 우유를 먹고 기저귀를 갈고 놀고 자는 일련의 순서를 예측할 수 있다(Chaleswoth & Lind, 2003). 유아들은 낮과 밤, 계절의 변화, 유치원의 하루 일과, 일요일 다음에 월요일이 오는 것 등 반복적인 일상과 자연현상 등 모두 규칙적으로 이루어지는 것을 인식하게 된다(정연희, 2009).

- 유아가 사물이나 일상적 상황에 나타난 규칙성을 발견하도록 한다. 점차 유아가 인식한 규칙성에 따라 다음에 올 것을 예측해 보는 기회를 제공한다.

  예 • "책상 위에 씌운 테이블보에 재미있는 무늬가 있어. 어떤 무늬들이 있는지 살펴보자."

  • "코끼리-생쥐-고양이-코끼리-생쥐-고양이 그림을 순서대로 붙였어. 고양이 다음에는 무엇이 와야 할까?"
- 유아가 청각적 패턴, 시각적 패턴, 운동적 패턴과 같은 다양한 패턴이 있음을 인식하고 한 가지 유형의 규칙성을 다른 유형으로 재구성해 보도록 지도한다.
- 유아가 자신의 신체를 이용하여 서기, 달리기, 율동 등과 같이 몸의 움직임의 반복을 통해 운동적 규칙성을 발견할 수 있는 기회를 제공한다.
- 손뼉치기, 리듬악기 연주 등을 통해 반복되는 청각적 규칙성을 발견할 수 있도록 돕는다.
- 교사는 패턴을 구성할 때 주어진 패턴을 그대로 모방해 보거나 다음에 올 패턴을 예측해 보도록 하는 활동을 구성해 보도록 돕는다.
- 교사가 제시해 준 규칙이 없어도 물체를 탐색하고 그 물체가 가지고 있는 반복적인 규칙성을 유아 스스로 발견할 수 있도록 돕는다.

⑤ 기초적인 자료 수집과 결과 나타내기

기초적인 자료 수집과 결과 나타내기는 유아가 유아 자신이 원하는 자료를 수집하고 수집한 사물의 속성을 다른 기준으로 분류해 보기도 하고 수집된 자료를 그림, 그래프 등을 사용하여 그 결과를 나타내는 것이다.

- 유아가 자료 수집을 유용하게 하기 위해서는 의견 조사하기, 정보 찾아보기, 실험하기 등의 다양한 방법을 적절하게 선택하여 자신에게 유용한 정보를 선택할 수 있는 능력을 기르도록 돕는다.
- 모양, 크기, 색깔, 재질 등과 같이 공통된 한 가지 속성에 따라 분류해 보는 경험을 통해 수집한 정보와 자료를 쉽게 분류할 수 있도록 돕는다.
- 유아가 수집한 자료를 그림, 사진, 기호, 숫자를 사용해 그래프로 나타내 보는 경험을 제공하고 유아가 표현한 그래프를 보고 어떤 내용을 알 수 있는지 이야기해 보도록 지도한다.
- 유아의 발달에 맞게 그림이나 기호를 사용하여 그래프를 만들어 볼 기회를 제공함으로써 자료의 특성을 쉽게 이해할 수 있도록 돕는다.
- 그래프의 작성방법과 해석과정을 경험하도록 돕는다. 유아는 탐구하고자 하는 문제가 어떻게 해결되었는지 자료수집과 결과 나타내기를 통해 확인할 수 있게 된다.

토의과제

1. 2007년 개정 유치원과정의 탐구생활 영역과 표준보육과정에서의 자연탐구 영역에서 제시하고 있는 유아 수학교육의 내용은 어떤 차이가 있는지 토의해 본다.

2. 3~5세 누리과정에서의 자연탐구 영역에서 제시하고 있는 수학교육의 내용을 연령별로 알아보고 이에 맞는 교사의 역할에 대해 토의해 본다.

6장 유아 수학교육

수학적 탐구의 개념 및 방법

"과연 유아에게도 수학적 능력이 있을까?" 이에 대해서는 아주 어린 영아도 태어나면서부터 간단한 수학적 개념 및 원리를 안다는 것으로 답을 할 수 있다. 다시 말해 현대에 들어와서 많은 연구들이 유아가 종전에 인식되어 왔던 것보다 훨씬 일찍부터 나름대로 수학적 지식을 구성할 수 있는 수학적 능력을 갖고 있으며, 유아기에 놀라운 수학적 능력이 발달되고 있다는 증거들을 보여주고 있다. 그러므로 보육교사는 유아의 수학적 능력에 대해 정확히 인지할 필요가 있다.

따라서 본 장에서는 유아가 알아야 하고 활용할 수 있는 수학적 탐구의 내용, 즉 수 개념, 공간과 도형, 측정, 규칙성, 자료 분석과 확률에 대한 내용과 각 개념의 발달과정에 대해 살펴봄으로써 유아의 수학적 능력에 대한 이해를 돕고자 하였다. 그리고 유아가 수학적 개념과 지식을 획득하고 이를 더 확장시켜서 사용하는 데 필요한 기술을 의미하는 수학적 과정의 요소인 문제해결하기, 추론하기, 의사소통하기, 연계하기, 표상하기에 대해 다루었다.

1. 수학적 탐구의 개념

최근 들어 이루어진 연구들은 아주 어린 영아도 간단하고 쉬운 수학적 지식을 나름대로 구성할 수 있는 수학적 능력을 갖고 있으며, 이러한 어린 영아의 수학적 능력은 연령이 높아질수록 더욱 세분화되고 유능해진다고 밝히고 있다. 그러므로 보육기관에서는 유아가 다양한 영역에서 수학적 능력을 발달시키고 확장시킬 수 있도록 수학 내용을 구성해야 할 것이다.

그러나 유아의 수학적 능력의 발달에 대한 연구는 대부분 수의 이해, 산술관계 등 매우 제한된 영역을 중심으로 다루어지고 있다(홍혜경, 2004). 이에 표준보육과정에는 자연탐구 영역의 '수학적 탐구하기' 내용 범주에 유아가 획득해야 할 수학 내용을 제안하고 있는데, 대략적으로 수와 연산, 공간과 도형, 측정, 규칙성, 자료 수집과 결과 나타내기를 수학 내용에 포함시키고 있다. 그리고 NCTM(2000)에서는 유치원부터 2학년까지 획득해야 할 수학적 개념을 수와 연산, 기하(공간과 기하), 측정, 규칙성과 관계(대수), 자료 분석과 확률로 구분하고 있다.

이를 종합해 볼 때, 수 개념, 공간과 도형, 측정, 규칙성, 자료 분석과 확률을 유아기에 다루어야 할 '수학적 탐구하기'의 내용으로 선정할 수 있다.

1) 수 개념

유아가 수 개념을 이해하고 획득하였다는 것은 수를 세는 능력이나 숫자를 인지하는 능력 이상을 포함한다. 최근에 많은 연구자가 유아를 위한 수학교육의 내용으로 수 세기뿐만 아니라 수 세기를 토대로 한 연산도 포함해야 한다고 강조하고 있다. 이렇듯 유아기에 다루어야 할 수 개념 학습 내용에 대한 주장이 학자마다 조금씩 다르지만 공통적으로 수 세기, 수 표상, 비형식적인 수 연산을 포함시키고 있다.

(1) 수 세기

수 세기는 기계적 수 세기와 합리적 수 세기로 구분된다. 기계적 수 세기는 기억에 의존하여 기계적으로 암송하듯이 수를 말하는 것으로 그 의미를 이해하는 것은 아니다. 즉, 수의 명칭을 단순히 순서대로 나열하는 식의 수 세기를 말한다. 예를 들어, 유아에게 구슬을 5개 주고, 이것을 소리 내면서 하나씩 짚어 가며 세어 보도록 했을 때 유아는 구슬 하나를 짚고 '하나', 또 다른 하나를 짚고 '둘'이라고 말하지 못하고 구슬 하나를 짚으면서 '하나, 둘, 셋'을 연달아 말하며 구슬을 세는 현상을 보인다. 이런 유아는 기계적 수 세기를 하는 단계에 있는 것이라 할 수 있다. 이렇듯 유아는 처음에 기계적인 수 세기를 통하여 수 단어를 획득한다.

이후 점차적으로 수 세기 기술을 발달시켜 가면서 합리적인 수 세기가 가능해지는데, 합리적 수 세기는 물체의 수량을 파악할 때, 각각의 물체와 이에 해당되는 수의 이름을 일대일 대응을 시켜 가면서 순서대로 셀 수 있는 것을 말한다. 예를 들어, 구슬 열 개를 주고 세어 보도록 했을 때 구슬을 하나씩 짚으면서 첫 번째 구슬부터 열 번째 구슬까지 하나씩 순서대로 짚으면서 수를 센다면 그 유아는 합리적 수 세기 단계에 있는 것이다.

이와 같은 유아의 수 세기 능력의 발달과정을 통해 알 수 있는 것은 유아가 정확히 수를 세기 위해서는 무엇보다 우선적으로 그 문화권에서 통용되는 수 단어를 배워야 하며, 수 단어 획득과 함께 유아는 사물을 세는 데 수 단어를 활용하는 것을 배우게 된다는 것이다.

우리나라 유아를 대상으로 한 조사에 의하면 2세가 되면 수 단어를 획득하기 시작하여 2세부터 4세까지 수 단어 학습에 완만한 증가를 보이다가 5세경에는 급속히 증가되는 경향을 보이는 것으로 나타났다(김경미, 2011). 이러한 유아의 수 세기 능력 발달과정을 영아기와 유아기로 나누어 살펴보면 다음과 같다.

① 영아기의 수 세기 능력 발달과정

대부분 2세경부터 수를 세기 시작한다. 이 시기에는 말로 수 세기, 즉 기억에 의해 수 단어를 순서대로 암송하는 기계적 수 세기를 한다. 특히 수 세기는 수 단어 획득과 함께 시작된다. 우리나라의 경우에는 고유 수 단어(하나, 둘, 셋 등)와 한자 수 단어(일, 이, 삼 등)의 이중적인 수 단어 체계를 갖고 있는데, 2세를 전후

하여 고유 수 단어를 먼저 획득하고 한자 수 단어는 2세 이후에 획득한다. 특히 2세 전후 영아는 고유 수 단어는 '넷'까지, 한자 수 단어는 '일'까지 셀 수 있다.

② 유아기의 수 세기 능력 발달과정

3세 유아에게는 물체 수 세기, 즉 각 숫자의 이름을 사물의 순서대로 짝지을 수 있는 합리적 수 세기가 어렵다. 그러나 눈, 손, 기억의 협응이 성숙하는 4~5세가 되면 합리적 수 세기가 기계적 수 세기를 따라잡게 된다(한유미, 2009). 구체적으로 3~5세 유아의 수 세기 능력을 살펴보면, 기계적 수 세기의 경우 3세 유아는 한자 수 단어로 12까지, 고유 수 단어는 5까지 셀 수 있으며, 4세 유아는 한자 수 단어는 18까지, 고유 수 단어는 11까지 셀 수 있다. 5세 유아의 경우에는 한자 수 단어는 54까지, 고유 수 단어는 26까지 말로 셀 수 있다. 한편 합리적 수 세기의 경우 3세 유아는 한자 수 단어 6까지, 고유 수 단어는 7까지 셀 수 있고, 4세 유아는 한자 수 단어는 15까지, 고유 수 단어는 14까지, 5세 유아는 한자 수 단어는 32까지, 고유 수 이름은 24까지 셀 수 있다(서동미 외, 2005; 황의명 외, 2012). 이렇듯 연령이 높아질수록 한자 수 단어 획득량이 더 많아진다.

[사진 6-1]
수 세기-꽃밭 가꾸기

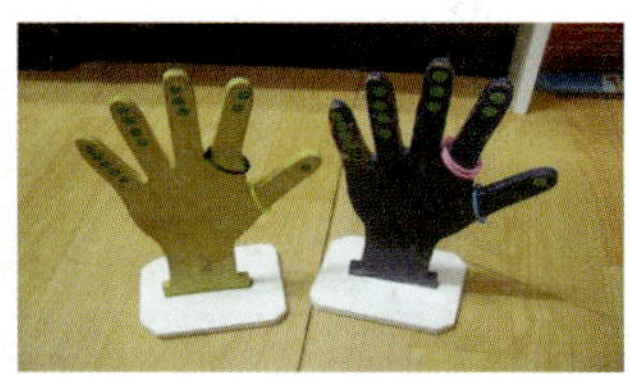

[사진 6-2]
수 세기-고리 끼우기

(2) 수 표상

유아는 수량 개념을 획득해 가면서 수량을 표시하는 방법을 인지하게 된다. 수 표상은 유아가 수 개념에 대한 이해를 구체적 물체로 표상하기, 손가락이나 그림으로 나타내기 또는 기호로 표상하기, 숫자를 언어로 표상하기나 숫자 쓰기로 나타내는 것을 의미한다. 유아가 수량을 표상할 수 있는 능력을 가지고 있다는 것은 이미 여러 연구에서 밝혀진 바 있다.

유아가 숫자를 보다 완전히 이해하기 위해서는 숫자의 모양과 이름을 인식하고, 숫자와 그에 해당하는 물체의 양을 연결할 수 있어야 하는데, 실제로 숫자마다 각기 다른 수량을 나타내며 그 양이 변하지 않는다는 사실을 이해하는 것은 4세 이후이다(Charlesworth, 2000). 즉, 4세 이전에는 숫자의 모양과 이름을 아는 것과 그 숫자가 의미하는 수량을 인식하는 것은 별개라는 것이다. 예를 들어, 4세 이전의 유아는 숫자의 이름을 말할 수 있고, 세 개의 물체를 셀 수 있을지라도 3이라는 숫자가 세 개의 물체를 나타낸다는 것은 이해하지 못할 수 있다(한유미, 2003). 그러므로 수량에 대한 개념을 획득해 감에 따라 유아는 숫자의 모양과 이름을 인식하고, 숫자와 그에 해당되는 수량을 연결할 수 있는 경험을 해야 한다(윤애희 외, 2002).

특히 유아가 수를 인식하기 위해서는 수를 식별할 수 있는 시각적 변별력이 있어야 한다. 예를 들면, 특정 수 5를 인식하기 위해서는 5를 다른 수들과 정확하게 구별할 수 있어야 한다. 하지만 유아는 시각적 변별력이 충분히 발달되지 않은 관계로 종종 숫자 6과 9, 1과 7, 2와 5, 3과 8 등을 서로 혼동한다.

유아가 수의 모양이 서로 다르다는 것을 확실히 인지하게 되면 다음 단계인 수를 직접 써 보는 과정으로 이행할 수 있다. 그러나 유아가 숫자를 바르게 쓰려면 눈과 손의 협응력, 소근육, 시각적 변별력, 개폐 개념과 공간 개념의 형성이 전제되어야 한다(김숙자·김현정, 2005). 그러므로 유아가 숫자의 모양이 서로 다르다는 것을 구분할 수 있게 된 이후에 숫자 쓰기 활동으로 가는 것이 바람직하다. 만약 유아가 숫자를 뒤집어서 쓸 경우에는 숫자를 쓰는 활동을 하기 전에 숫자의 모양을 구분하는 활동을 충분히 하는 것이 좋다. 이러한 유아의 수 표상 능력 발달과정을 영아기와 유아기로 나누어 살펴보면 다음과 같다.

① 영아기의 수 표상 능력 발달과정

아주 어린 영아는 수량적 관계를 그림, 언어, 숫자 등으로 표상하는 데 어려움이 있다. 그러므로 영아기 수 표상과 관련된 내용으로 수량을 표상하는 데 치중하는 것은 발달적으로 적합하지 않다. 따라서 영아기 수 표상 능력의 발달을 돕기 위해 '많다, 적다, 더 많다, 더 적다, 약간, 대부분, 조금, ~정도, 대략' 등과 같은 수량 관련 어휘를 영아가 자주 듣게 해 주고 이러한 어휘를 자주 사용하는 것이 좋다. 그리고 숫자를 쓰기 이전에 자연스럽게 나타나는 빗금 긋기와 같은 영아만의 수 표상 방법이 인정받게 될 때 영아의 수 표상 능력은 발달하게 된다(이정욱·유연화, 2012).

② 유아기의 수 표상 능력 발달과정

유아의 수 표상 능력을 조사한 홍혜경(2004)은 3세 유아는 그림 표상, 언어 표상, 숫자 표상 모두에 있어 수량적 관계를 표상할 수 없으나 이 시기에는 그림 표상이 숫자나 언어 표상보다 용이함을 발견하였다. 그에 비해 4세 유아는 그림 표상은 가능하나 숫자나 언어 표상은 매우 미흡하며, 5세 유아는 숫자나 언어 표상의 획득과정에 있다고 보고하였다. 이를 통해 유아에게 있어서는 수량적 관계를 그림으로 표상하는 것이 숫자나 언어로 표상하는 것보다 용이하다는 것을 알 수 있다.

이와 같이 유아 연령별로 수를 표상하는 능력이 다르게 발달한다는 것을 알 수 있는데, 구체적으로 3~4세경에는 그림 표상 능력의 획득, 4~6세경에는 언어적 표상 능력의 획득, 5~6세경에는 숫자나 기호의 표상 능력의 획득이 주요 발달과업이다. 다시 말해 유아의 수 표상 능력은 그림, 언어, 숫자나 기호 표상 순으로 발달한다.

[사진 6-3] 수 인식-숫자책

(3) 수 연산

일반적으로 유아가 수 세기에 익숙해지면 덧셈과 뺄셈 활동, 즉 연산활동으로 직접 연결시키는 경우가 대부분이다(이정욱·유연화, 2012). 연산이란 수를 더하기도 하고 빼기도 하는 것이다. 더하기란 사물을 합했을 때 수량이 몇 개가 되는지를 아는 것이고, 빼기는 사물을 뺐을 때 수량이 몇 개가 남았는가를 아는 것이다. 이를 수식으로 나타내면, '+', '−', '='과 같은 수학적 상징이나 기호로 표현하게 된다. 즉, 수의 연산을 위해서는 수학적 기호의 의미를 정확하게 이해해야 한다.

하지만 유아는 기호로 된 형식적인 수학교육을 이해하기 전에 사물을 더하거나 뺐을 때 그 양이 어떻게 변화했는가를 이해하는 비형식적인 연산 형식의 수학교육을 경험해야 한다. 왜냐하면 유아는 수학적 기호의 의미를 이해하는 데 어려움이 있을 뿐만 아니라 유아기에는 비형식적 수학교육 형식이 발달적으로 적합하기 때문이다. 그러므로 유아기에는 숫자와 기호가 사용된 덧셈과 뺄셈 형식보다는 사물의 수량을 더해 보고 빼 보는 구체적인 경험을 통하여 연산 개념을 형성하는 것이 바람직하다.

유아는 일상생활 속에서 비형식적인 연산 능력을 요구하는 문제 상황을 종종 경험하게 된다. 예를 들어, 블록이 1개 있었는데 다른 친구가 갖고 있던 블록을 2개 더 주었다면 내가 가진 블록은 모두 몇 개가 되는지, 실외놀이 시간에 자동차 놀잇감은 2개인데 4명의 친구가 서로 타겠다고 했을 때 몇 명의 친구가 자동차를 탈 수 없는지, 간식 시간에 도너츠가 6개 있는데, 한 친구에게 3개를 주고 나면 도너츠가 몇 개나 남는가와 같은 문제 상황이다.

이와 같이 일상생활에서 겪는 구체적 상황 속에서 더하거나 덜어내 보는 경험은 유아가 수의 더하기와 빼기와 관련된 학습을 이해하는 기초가 된다. 따라서 유아를 위한 더하기와 빼기활동은 숫자와 기호를 사용하여 만들어진 수학학습지 문제를 푸는 것이 아니라 일상생활 속에서 의미를 파악할 수 있는 구체적인 상황이나 문제를 통해 자연스럽게 이루어져야 한다. 이러한 유아의 수 연산 능력 발달과정을 영아기와 유아기로 나누어 살펴보면 다음과 같다.

① 영아기의 수 연산 능력 발달과정

최근의 연구들은 생후 4개월 영아도 사물 1개에 1개를 더하면 2개가 되어야 함을 안다고 보고하고 있다. 또한 사물 2개에서 1개를 빼면 1개가 되어야 함도 안다는 놀라운 결과들을 보여주고 있다. 이는 아주 적은 수에 있어서는 영아도 수량을 인식하는 능력뿐만 아니라 더하기, 빼기도 가능하다는 것을 시사한다. 그러나 이 시기의 영아는 더하기와 빼기 능력이 상당히 미숙한 상태에 있기 때문에 더하기와 빼기를 통한 실제적인 문제 해결은 거의 불가능하다(김영선, 2002).

② 유아기의 수 연산 능력 발달과정

유아기에는 비형식적인 더하기나 빼기 상황에서 계산을 하기 시작한다. 유아기의 더하기와 빼기 능력을 살펴보면, 3세 유아는 부분적인 '5' 이하의 더하기와 빼기, 4세 유아는 '5' 이하의 더하기와 빼기, 5세 유아는 '10'이하의 더하기와 빼기를 할 수 있다. 이는 유아의 발달수준에 따라 구체적인 상황이나 조작할 수 있는 사물을 사용하여 답을 5 이하 또는 10 이하로 제한해야 한다는 것을 의미한다. 그러므로 유아기 초기 과정에서는 합해서 '5' 이내가 되는 덧셈과 뺀 답이 '5' 이내가 되는 숫자로 셈하는 간단한 활동을 하는 것이 효과적이며, 점차 '10'까지로 확대시켜서 수를 더하거나 빼기를 해볼 수 있는 활동을 제공하는 것이 바람직하다.

2) 공간과 도형

유아는 태어나자마자 삼차원의 공간에서 움직이며 생활해야 하기 때문에 일상생활의 영위를 위해 공간과 기하에 대해 학습하는 것은 필수적이다. 일반적으로 공간관계를 다루는 '공간'과 모양의 형태를 다루는 '도형'을 일컬어 '기하'라는 용어로 통칭하여 왔다(Bredekamp & Rosegrant, 1995). 즉, 기하에는 공간 개념

(위상학)과 도형 개념(유클리드)이 포함된다는 것이다.

유아의 연령별 공간 개념 획득에 대한 연구 결과를 보면 위상학 개념은 6세, 유클리드 개념은 9~10세에 완전히 획득하는 것으로 나타났다. 여기에서 유아는 위상학적 개념을 먼저 이해하고 난 후에야 유클리드 개념을 습득한다는 것을 알 수 있다. 즉, 유아는 원, 삼각형, 사각형 등의 도형 개념을 습득하기 전에 사물들끼리의 거리(얼마나 가깝고 먼지), 서로 분리되어 있는지 또는 붙어 있는지, 선이 열려 있는지, 막혀 있는지 등의 공간 개념을 가장 먼저 이해한다는 것이다(이경우 외, 1997).

(1) 공간

공간이란 사물 간의 위치, 방향, 거리와 관련된 위상학적 공간 개념을 의미한다. 즉, 사물들이 '어디에 있느냐', '어느 쪽에 있느냐', '얼마나 가까이 있느냐'에 대한 개념으로 유아기에 다루어야 할 위상학적 개념에는 근접성, 분리, 순서, 개폐가 있다.

근접성은 거리와 관련된 것으로, 유아가 사물 간의 거리가 가깝고 먼 것에 대해 인식하고 구별하는 것이다. 유아는 먼저 자신의 관점에서 거리를 인식하기 시작하고(예를 들면, "나는 냉장고에는 가까이 있지만, 식탁에서는 멀리 있다."), 그 후에는 상대방의 관점에서 거리의 가까운 것과 먼 것에 대한 인식(예를 들면, "선생님은 피아노 가까이에 있다.")을 한다. 마지막 단계에서 제3자의 관점에서 거리 비교 인식(예를 들면, "영희는 인형과는 가까이 있지만, 장난감 자동차와는 멀리 있다.")이 가능하게 된다.

분리는 사물끼리 붙어 있는지, 떨어져 있는지의 의미이다. 또한 사물의 한 부분이나 부분의 조합으로 구성된 전체로서의 사물을 보는 능력과 같은 공간적 연관성을 인식하는 것도 포함한다. 이렇듯 유아는 사물 간의 관계를 인식하게 됨으로써 자신의 주변 세계를 올바르게 인식할 수 있게 된다.

순서는 근접, 분리에 대한 이해를 전제로 하며 사물이나 사건의 서열을 의미하는 앞과 뒤, 옆, 다음, 사이 등의 공간적 관계를 이해한다.

개폐는 '열려 있다', '닫혀 있다'와 관련된 개념이다. 유아가 도형을 인식하기 위해서는 먼저 그 모양이 열렸는지 닫혔는지를 인식하는 것이 필요하다. 모양이 닫혀 있을 때 생기는 안과 밖은 닫혀 있는 곡선의 개념과 관련된 것으로, 넓이나 둘레에 대한 개념 학습의 기초가 된다. 그러므로 유아는 '안과 밖'의 개념을 알기 전에 앞서 '열려 있다/닫혀 있다'의 개념을 이해해야 한다.

이와 같은 유아의 사물 간의 위치, 방향, 거리와 관련된 위상학적 공간 능력 발달과정을 영아기와 유아기로 나누어 살펴보면 다음과 같다.

① 영아기의 공간 능력 발달과정

삼차원적 공간 속에서 살고 있는 영아는 태어나면서부터 직관적으로 공간에 대해 이해하기 시작하며, 이러한 공간 속에서 영아가 자신의 몸을 직접 움직여 보고 사물을 구체적으로 조작해 봄으로써 공간 개념을 획득하게 된다(문연심, 2009).

이에 대해 구체적으로 살펴보면, 8개월 이전의 영아는 자신의 시야 안에 들어오는 사물만 인식할 뿐이지 자신과 사물과의 관계에 대해서는 인식하지 못한다. 그러나 8~12개월이 되면 영아는 자신이 공간 속에서 존재한다는 것을 알게 되어 사물과 자신의 관계를 인지할 수 있다. 즉, 이 시기의 영아는 공간 속에서 사물을 조작할 수 있기 때문에 공을 가지고 놀다가 책상 밑으로 공이 들어가면 자신의 몸을 움직여 책상으로 직접 가서 시야 밖에 있는 공을 찾으려고 시도한다. 18~24개월의 영아는 정신적으로 공간을 표상하는 능력을 가지게 됨으로써 공이 굴러가서 맨 마지막으로 도달한 곳에 곧바로 가서 공을 찾으려고 한다. 위의 예에서 공이 책상 밑을 지나 소파 밑으로 들어가면 책상 밑에서가 아니라 소파 밑에서 공을 찾으려고 시도한다는 것이다. 즉, 이 시기의 영아는 가지고 놀던 사물이 시야에서 사라졌을 때 없어진 경로를 정신적으로 그려서 위치를 추적할 수 있게 된다.

② 유아기의 공간 능력 발달과정

3~4세의 유아는 모양과 크기, 형태, 방향에 대한 개념은 발달하지 않았으나, 근접, 개폐, 안과 밖, 분리, 순서 등의 위상학적 개념을 습득하기 시작한다. 이러한 예는 3~4세 유아가 그린 그림에서 확인해 볼 수 있는데, 이 시기의 유아는 사람의 형태를 완전하게 그리지 못할지라도 얼굴 안에 눈·코·입을 그려 넣고 얼굴 밖에 목과 몸통을 그리고 팔과 다리는 몸통에 붙어 있게 그린다. 이를 통해 유아가 위상학적 개념을 먼저 획득한다는 것을 알 수 있다.

4세 이후의 유아는 한 사물을 다른 사물과 연관 지어 사고할 수 있게 된다. 하지만 처음부터 객관적인 시각과 위치에서 바라보지는 못한다. 즉, 유아는 사물들 간의 관계를 이해하지 못하고 사물을 임의적으로 지각한다. 예를 들면, 식탁에 놓인 각종 과일과 채소를 보며, "사과가 있고, 바나나가 있고, 고구마가 있어요."와 같이 사물끼리의 공간적 관계나 사물끼리의 관계성을 배제하고 지각한다. 그러다가 점차적으로 공간에도 순서와 구조가 있다는 것을 인식하게 되는데, 위의 예에서 "사과는 땅 위의 나무에 달려요. 사과 옆에 있는 바나나도 땅 위의 나무에 달려요. 그런데 고구마는 땅속에서 자라요." 등과 같이 공간 내에서의 사물 간의 연관성을 바탕으로 사고할 수 있게 된다. 즉, 여러 지표물을 활용할 수 있게 되며, 자신의 위치에 덜 의존적이 된다(홍혜경 외, 2004).

[사진 6-4] 위상학적 개념-병원에 왔어요

(2) 도형

유클리드 기하 개념은 한 사물을 공간 내에서 돌리거나 뒤집거나 혹은 공간을 이동하였을 경우에 그 사물의 위치는 변하지만 위상학적 특성 외에 크기, 모양, 각도 등의 특성은 변하지 않고 그대로 보존된다는 것을 의미한다(윤애희 외, 2002). 즉 사물의 크기나 모양, 방향의 항상성을 이해하게 된다는 것으로, 특히 수학에서 말하는 유클리드 기하 개념은 '도형'의 모양, 크기 등의 형태를 다루는 것을 의미한다(나귀옥·김경희, 2004).

유아가 유클리드 개념을 획득하기 위해서는 다음의 세 가지 수준을 거치게 된다(Clements & Sarama, 2000; Van Hiele, 1999).

첫째, 전인식적 수준으로 이는 유아가 형태를 지각하긴 하지만 여러 도형들 중에서 그 형태를 정확히 인식하여 변별해 내지 못하는 수준을 의미한다. 둘째, 시각적 수준으로, 이는 도형을 인식함에 있어 그 도형의 일반적인 특성을 바탕으로 다른 도형으로부터 구별해 내는 것이 아니라 단지 시각적·총체적으로 도형을 인식하는 수준을 말한다. 셋째, 기술적 수준으로 유아는 도형을 구성하는 각각의 요소와 구체적 속성에 대해 인식하게 되고 그에 따라 도형을 인지하는 수준을 의미한다. 즉, 기술적 수준은 세 변과 세 각을 특성으로 하는 도형이 삼각형이라는 것을 정확히 인지하게 되는 것이다. 따라서 이 수준의 유아는 도형의 속성을 정확히 파악하여 이를 바탕으로 같은 종류의 도형을 분류할 수 있다.

이와 같은 유아의 도형 개념은 위상학적 공간 개념을 획득한 이후에 점차적으로 발달하게 된다. 도형 개념은 대개 4~7세경의 유아기에 발달하기 시작하여 9~10세에 완전하게 획득하게 된다. 이러한 유아기의 도형 능력 발달과정을 영아기와 유아기로 나누어 살펴보면 다음과 같다.

① 영아기의 도형 능력 발달과정

도형에 관한 이해가 공간에 관한 이해보다 늦게 발달한다고는 하나 도형 역시 영아의 생활과 밀접한 관련을 맺고 있다. 왜냐하면 감각운동기의 영아의 주된

놀이와 활동은 대부분 모양에 관한 학습과 관련이 있기 때문이다. 즉, 다양한 탐색과 놀이활동을 하면서 영아는 어떤 모양의 사물이 더 쥐기 쉽고 어떤 모양의 사물이 잘 굴러가는지 알게 된다는 것이다(김경미, 2011; Charlesworth, 2000). 이를 통해 영아는 자신이 처한 환경에서 모양과 구조를 탐색한다는 것을 알 수 있다.

2세 6개월의 영아는 삼각형과 같은 유클리드 기하학적 모형이 아니라 숟가락 등 친숙한 사물을 인식한다. 물론 이 시기에도 형태의 추상이 시작되지만 유클리드 기하학적이라기보다는 위상기하학적으로 인식된다. 예를 들어, 원과 사각형은 폐곡선일 뿐 서로 구분하는 능력은 아직 없다. 그러므로 3세 이전에는 아무런 목적도 없이 낙서하는 형태의 모양을 그린다. 그런 다음에 원, 사각형, 삼각형을 그리려고 시도하나 도형의 변의 길이와 각도, 변의 수 등을 완전히 무시하고 모두 똑같은 불규칙한 폐곡선으로 그린다(김영선, 2002).

② 유아기의 도형 능력 발달과정

3~5세 시기에는 나름대로 도형에 대한 개념을 획득하게 된다. 3세 정도의 유아는 이전에 아무렇게나 낙서하고 목적 없이 그리는 것에서 발전하여 확실한 모양을 잡기 시작한다. 그러나 여전히 변의 길이나 변의 수는 고려하지 못하기 때문에 도형 간의 차이를 명확하게 구별하지 못한다고 볼 수 있다. 이후 4세경부터 도형 개념이 발달하기 시작한다. 4세 유아는 원, 사각형, 삼각형 등과 같은 일반적인 형태를 인식하는 것을 학습한다. 그러나 이 시기의 유아는 원과 타원을 구분하지 못하고 정사각형과 직사각형을 구별하지 못한다. 5세에 이르면 다각형에 따라 각의 수와 변의 수가 다르다는 것을 인식하게 되며, 원이나 타원을 구별하고 정사각형과 직사각형의 차이를 알게 된다. 하지만 이 시기의 유아는 삼각형에서 한 변이 더 첨가되면 사각형이 된다거나 원을 둘로 나누면 반원이 된다는 것은 인식하지 못한다.

3) 측정

측정은 수학에서 가장 넓게 사용되는 개념 중의 하나로 수·양과 공간·기하에 대한 개념을 의미 있게 해 줄 수 있는 방법이다. 즉, 단위를 사용하여 사물의 크기나 길이를 재거나 공간에서의 거리를 측정하거나 사물의 연속적인 수와 양이 얼마나 되는가를 정하는 과정이다.

이러한 측정은 길이, 무게, 면적 등과 같은 사물의 속성을 탐색하고 이를 준거로 물체를 직접적으로 비교해 보고, 순서 짓는 과정이 필수적으로 수반되는 활동이다. 그러므로 유아가 사물이 지닌 속성의 크기를 양적으로 파악하는 측정활동을 하려면 먼저 물체의 속성을 비교하여 순서 짓는 것에서부터 시작해야 한다. 그 이후에 이들 속성의 정도나 양을 나타내기 위해 임의 단위를 사용하여 측정할 수 있다. 따라서 측정에 대한 개념을 다루기 위해서는 먼저 비교하기와 순서 짓기에 대해 알아야 한다.

(1) 비교하기와 순서 짓기

유아는 놀이나 일상생활 속에서 자연스럽게 특정 속성의 정도나 양을 나타내는 용어를 배우고 두 물체를 직접적으로 비교하여 같거나 다른 것을 인식하게 되는데, '~보다 크다, ~보다 작다'의 비교는 유아가 일찍부터 접하는 경험이다. 비교하기는 시각적 비교, 직접적 비교, 간접적 비교로 실시될 수 있는데, 크기 차이가 두드러진 사물을 비교할 때 시각적인 비교가 가능한 반면 사물의 크기가 두드러지지 않을 때 차이를 알아보기 위해 두 사물을 나란히 놓거나 한 사물을 다른 사물 위에 겹쳐 놓고 그 차이를 직접적으로 비교하게 된다. 그리고 간접적인 비교는 직접적인 비교가 가능하지 않을 경우 제3의 사물을 사용하여 비교하는 것이다.

순서 짓기는 사물들의 어떤 공통된 특성을 파악하고 그 속성을 준거로 사물간의 차이점을 변별하여 순서화할 수 있는 능력을 말한다. 즉, 순서 짓기는 사물들의 공통된 속성 내 차이점을 인식하는 과정이라 할 수 있다. 예를 들어, 허리띠를 3개를 주고 순서 짓기를 하려면 먼저 3개의 허리띠에서 공통된 속성인 길이라든지 두께라든지 넓이를 파악해 내야 한다. 그 후에 3개의 허리띠에서 찾아낸 공통적 속성 중 한 가지(길이)를 비교준거로 삼고 3개의 사물 간의 차이점을 변별하고 이를 순서화(가장 긴 것, 중간 것, 가장 짧은 것)할 수 있어야 한다는 것이다. 그러므로 유아가 순서 짓기를 하기 위해서는 반복적으로 사물들 간에 비교해 보는 과정이 이루어져야 하므로 비교하기 능력이 필수적으로 요구된다.

이와 같은 유아의 비교하기와 순서 짓기 능력의 발달과정을 영아기와 유아기로 나누어 살펴보면 다음과 같다.

① 영아기의 비교하기와 순서 짓기 능력 발달과정

비교하기와 순서 짓기 능력은 아주 일찍부터 발달하기 시작한다. 특히 감각운동기에 해당하는 1~2세 영아는 강도가 다른 행동을 구별하고 스스로 강도가 다른 행동을 하기도 한다. 예를 들면, 큰 소리와 작은 소리에 각각 다르게 반응하기도 하며 발을 쿵쿵 세게 구르거나 작게 구를 수도 있다. 또한 이 시기의 영아는 쌓기놀이를 할 때 큰 블록과 작은 블록의 차이를 인식할 수 있으므로 탑의 형태로 쌓을 수도 있고, 속이 빈 상자의 크기를 인식하여 포개어 나갈 수도 있다. 그러나 그 차이가 작아 유사하게 보일 때에는 제대로 순서 짓기를 하지 못하는 경우가 대부분이다.

② 유아기의 비교하기와 순서 짓기 능력 발달과정

3~4세 유아는 사물 간의 차이를 비교할 수 있어 세 개의 사물(대·중·소)은 여러 번의 시행착오를 거쳐 순서 짓기를 할 수 있지만, 길이가 다른 막대를 여러 개 주면 순서 짓기 하는 데 어려움을 보여 아무렇게나 놓는다.

5~6세 유아는 세 개 이상의 막대기를 길이 순서대로 놓을 수 있다. 그러나 한두 개를 빼 놓고 배열하기도 한다. 이럴 경우 빠뜨린 막대를 적절한 위치에 놓으라고 하면 다시 처음부터 순서 짓기를 하는 경향이 있다. 그리고 이 시기의 유아

는 순서 짓기의 능력이 완전하게 개발되지 못하였으므로 길이가 다른 사물을 가지고 순서 짓기를 할 경우에는 사물의 한쪽 끝만을 고려하는 경향이 있다.

[사진 6-5] 순서 짓기-아기공룡 목걸이

(2) 측정

앞에서 밝힌 바와 같이 측정은 단위를 사용하여 사물의 크기나 길이를 재거나 공간에서의 거리를 측정하거나 사물의 연속적인 수와 양이 얼마나 되는가를 정하는 과정이다. 유아는 일상생활 속에서 자연스럽게 측정과 관련된 경험을 하고 있다. 누구의 발이 제일 큰지 작은지를 비교해 본다든지, 지금 있는 자리에서 교실 문까지 누가 더 가까운지 재어 본다든지, 견학 가는 날이 얼마 남았는지 세어 본다든지 하는 등이 그 예이다.

유아가 측정을 이해하기 위해서는 다음의 다섯 가지 기본단계를 거치게 된다.

첫째, 놀이와 모방의 단계로 유아가 자신보다 나이가 더 많은 아동이나 성인의 하는 것을 보고 따라 하면서 사물이 측정될 수 있는 속성을 가지고 있다는 것을 발견하게 된다.

둘째, 비교하는 단계로 유아는 일상생활 속에서 크고 작고, 길고 짧고, 무겁고 가볍고 등과 같은 비교를 한다. 하지만 아직 보존 개념이 형성되어 있지 않기 때문에 사물을 비교할 때 지각에 의존하여 측정한다.

셋째, 비표준 측정 단위를 사용하는 단계로 유아는 표준적 측정 단위가 아닌 비

표준(임의)적 단위를 사용하여 측정하는 것을 배운다. 유아가 임의적 단위를 사용해 보는 직접적인 측정 활동을 통해 표준적 단위의 필요성을 깨닫게 된다.

넷째, 표준 단위의 필요성을 인식하는 단계로 전 단계에서 경험한 비표준적 단위로는 다른 사람과 의사소통하는 것이 불편하다는 것을 경험함으로써 자신과 다른 사람들이 동일한 단위를 사용해야 함을 발견하게 된다.

다섯째, 표준적 단위를 사용하는 단계로 수 세기 단위를 도울 수 있는 공식을 만들어 사용한다. 즉, cm, m, ℓ, g 등의 표준적 측정 단위를 이해하여 사용하기 시작한다.

이와 같은 유아의 측정 능력 발달과정을 영아기와 유아기로 나누어 살펴보면 다음과 같다.

① 영아기의 측정 능력 발달과정

영아는 놀이와 모방을 통해 측정 능력을 발달시켜 간다. 예컨대 다른 사람들이 하는 것을 보고 숟가락이나 자 또는 저울을 갖고 측정하는 시늉을 하면서 놀거나 장난감을 정리하거나 모래나 물을 한쪽 그릇에서 다른 쪽 그릇으로 옮겨 부으면서 사물의 무게나 부피의 속성을 자연스럽게 경험하고 탐색하게 된다. 그러므로 측정과 관련된 다양한 놀이를 경험케 하거나 교사가 측정 행동을 보여주는 것이 필요하다. 이러한 놀이와 모방을 통한 측정활동은 출생 후 시작하여 감각운동기를 지나 전조작기 유아들에게 걸쳐 나타난다.

② 유아기의 측정 능력 발달과정

3~4세 유아는 사물의 길고 짧음, 크고 작음, 무겁고 가벼움 등과 같은 속성을 중심으로 비교하게 된다. 그러나 이 시기는 직관적인 수준에서 비교하는 정도이다. 예를 들면, 길이가 같은 2개의 막대기를 비교할 때 막대기 양쪽 끝의 관계를 생각하지 못하고 한쪽 끝만 보고 판단한다.

5세 유아는 비교 단계에서 비표준 측정단위를 사용하는 단계로 발달하는 시기에 있다. 이 시기의 유아는 표준적 측정단위가 아닌 클립이나 이쑤시개 같은 비표준적 임의단위로 사물을 측정하는 것을 학습한다. 예를 들면, 유아가 교실에 있는 책상 길이를 재기 위해 손과 발 등 자신의 신체 일부를 사용하거나 수수깡 길이를 재기 위해 클립, 이쑤시개, 빨대, 나무젓가락 등을 사용한다. 이와 같은 비표준적 임의단위를 사용해 보는 다양한 측정활동을 직접 경험함으로써 유아는 표준적 단위의 필요성을 인식하게 된다. 즉, 손이라는 비표준 단위를 이용해 책상의 길이를 측정하는 경우, 유아가 자신의 손을 사용하여 책상의 길이를 재었을 때와 교사의 손으로 재어본 결과가 다르다는 것을 발견하게 됨으로써 사물을 측정하기 위해서는 보다 더 객관적이며 여러 사람이 동의할 수 있는 표준 단위를 사용해야 한다는 것을 알게 된다는 것이다.

[사진 6-6] 측정-나무의 나이테 재기

[사진 6-7] 측정-열두 띠 동물 키 재기

4) 규칙성

규칙성(패턴)은 사물의 모양이나 형태가 반복되는데, 그 양상이 일정한 규칙성을 나타내는 것을 말한다. 유아가 규칙성을 이해하려면 사물 간, 사건 간의 관계를 알아보고 그 관계 속에서 발견한 규칙을 일반화하고 예측할 수 있어야 한다. 따라서 유아는 다양한 규칙성을 파악하는 활동을 통해 사물 간의 관계를 파악하여 일정한 규칙에 따라 직접 구성해 봄으로써 문제해결력과 논리·수학적 사고 능력을 신장시킨다.

특히 규칙성은 대수적 사고의 초석이 된다. 왜냐하면 유아의 대수적 사고는 패턴, 관계성, 함수 등에 대한 이해를 포함하고 있기 때문이다. 즉, 대수적 사고는 유아가 일상생활에서 규칙을 찾고 규칙을 적용해 보고 현상들의 관계를 찾아보는 활동이나 경험을 통해 발달하게 된다는 것이다. 그러므로 규칙성은 유아기부터 많은 관심을 가지고 지도할 필요가 있다.

이러한 유아의 규칙성 능력 발달과정을 영아기와 유아기로 나누어 살펴보면 다음과 같다.

① 영아기의 규칙성 능력 발달과정

아주 어린 영아도 일상생활에서 반복적인 경험을 통해 기저귀를 갈고 난 다음에 우유를 먹는다는 것과 같은 것을 예측할 수 있으며, 낮과 밤의 순서를 예측할 수 있다. 그리고 영아는 반복되는 리듬과 노래를 인식하고 있으므로 다음에 나올 리듬도 예측할 수 있다.

② 유아기의 규칙성 능력 발달과정

3세경의 유아는 규칙성에 관심을 보이고 활용하기 시작하는데, 관찰과 모방행동에 의해 규칙성을 배우고 즐기게 된다. 좋아하는 단순한 노래와 말놀이의 규칙성을 발견한 유아는 스스로 그 패턴을 만들고 연결하기도 한다. 자신이 패턴의 일부분이 되는 것을 좋아하며 자신이 좋아하는 음악에 어울리는 패턴을 만들고 연결해 보기도 하며, 노래 속에 반복되는 리듬과 몸 움직임, 동물 소리 등을 통해 자연스럽게 패턴을 따라하고 이해하게 된다.

4세경에는 AB와 AABB 유형과 같은 단순한 패턴을 인식하고 그대로 따라해 보고 순서대로 이어가는 활동이 가능해진다. 즉, '빨강-노랑-빨강-노랑-빨강'의 색깔 순서에 따라 다음에 '노랑'이 오고 그다음에 오는 것을 이어 보며, 제시된 규칙을 말로 표현한다.

5세 정도가 되면 주변에서 흔히 볼 수 있는 벽지나 포장지의 그림의 배열이 '큰 삼각형, 작은 삼각형, 큰 사각형, 작은 사각형……'의 규칙성을 가지고 있다고 인식하고 말로 설명하거나 스스로 구성해 볼 수 있다. 또한 제시된 규칙 중간에 빠진 것을 파악해 낼 수도 있으며, 이에 규칙을 더하거나 자신만의 다른 유형으로 바꾸어 새로운 규칙을 창조할 수도 있다.

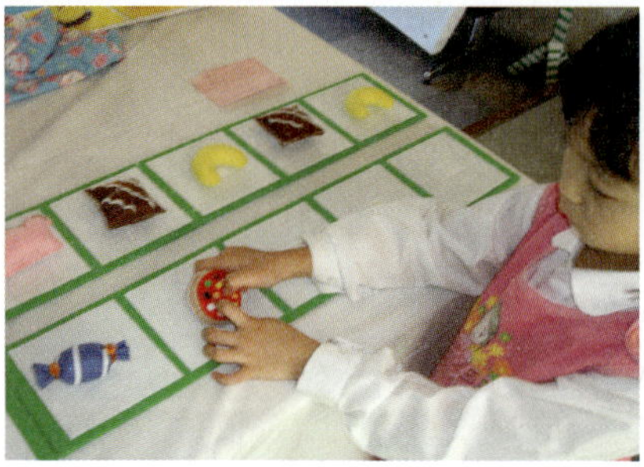

[사진 6-8] 패턴-규칙 만들어 보기

[사진 6-9] 패턴-AB/AAB 패턴 만들기

TIP

패턴 유형과 표현되는 양상

1. 패턴의 유형

● 반복 패턴

두 사물 혹은 상징이 순서대로 반복하여 나타나는 것이다. 반복 패턴에는 AB 패턴, ABC 패턴, ABB 패턴 등이 있다.

- AB 패턴 : ○-□, ○-□
- ABC 패턴 : 노-빨-파, 노-빨-파
- ABB 패턴 : 1-2-2, 1-2-2

● 성장 패턴

패턴의 핵심이 계속 성장하는 형태이다.

- 손뼉-발, 손뼉-손뼉-발
- 노-빨, 노-노-빨, 노-노-노-빨
- 1-2, 1-1-2, 1-1-1-2

● 관계 패턴(문연심·이화영, 2005)

두 개의 세트 사이에 어떤 연결이 이루어지는 것이다.

- 젓가락 : 1-2, 2-4, 3-6

- 무지개 : 1–7, 2–14, 3–21
- 손가락 : 1–10, 2–20, 3–30

2. 표현되는 양상(Burton, 1982; 문연심·이화영, 2005).

- 운동적 유형

신체를 이용하여 패턴을 만드는 것이다. 예를 들면, 앉고–서고–뛰고, 앉고–서고–뛰고를 반복하는 것이다.

- 시각적 유형

물체나 그림 같은 시각적으로 알 수 있는 것을 이용하여 패턴을 만드는 것이다. 예를 들어, 그림카드를 이용하여 규칙적인 순서로 반복하여 패턴을 구성하는 것이다.

- 청각적 유형

여러 가지 소리를 이용하여 패턴을 만드는 것이다. 예를 들어, 손뼉–음악–동물 소리, 손뼉–음악–동물 소리를 반복하여 패턴을 구성하는 것이다

5) 자료 분석과 확률

21세기 정보화 사회에서는 정보를 효율적으로 분석하고 종합할 수 있는 정보처리능력이 요구되는데, 이러한 정보처리능력의 핵심이 바로 자료 분석과 확률이라 할 수 있다. 왜냐하면 자료 분석과 확률은 자료를 수집하고 일정한 준거에 따라 분류하는 것과 이를 조직하여 제시하고 해석하는 것과 이러한 정보에 기초하여 의사결정을 하고 예측하는 과정을 포함하기 때문이다. 다시 말해 자료 분석과 확률은 유아가 다양한 정보를 체계적으로 다룰 수 있게 해 줄 뿐만 아니라 수집한 자료를 그래프로 조직하여 현상에 대한 이해와 예측을 바탕으로 확률적 사고를 길러 줄 수 있다는 것이다. 그러므로 보육기관에서는 다양한 자료 분석과 확률 활동을 경험할 수 있도록 계획함으로써 유아가 정보처리능력을 길러서 정보화 사회에 능동적으로 대처할 수 있게 도와야 할 것이다. 따라서 여기에서는 자료 분석과 확률의 교육 내용에 포함되는 분류하기, 그래프 활동, 확률에 대

해 살펴보고자 한다.

(1) 분류

분류는 사물을 공통된 속성에 따라 나누거나 모으는 과정을 말한다. 그러므로 유아가 사물을 분류하기 위해서는 한 사물이 다른 사물과 공통성을 보이는 어떤 특성을 가지고 있는지를 판별할 수 있어야 한다. 이러한 분류 능력은 한 사물이 다양한 속성을 가지고 있다는 것을 인식해야 할 뿐만 아니라 사물 간 속성의 공통성이나 관계성을 연관 지어 이해하는 능력을 전제로 하는 것이므로 논리·수학적 사고의 기초가 된다.

분류 개념은 단순분류, 복합분류, 유목포함관계로 발달하게 된다. 단순분류란 색이나 모양, 크기 등과 같이 확연하게 구분되는 한 가지 준거에 따라 사물을 분류하는 것이다. 복합분류는 한 번에 두 가지 이상의 속성을 동시에 고려하여 사물을 분류하는 것으로, 한 사물이 여러 가지 속성을 가질 수 있다는 것을 이해해야 가능하다. 유목포함은 사물을 부분 유목에 따라 분류할 수 있고, 부분 유목은 더 큰 유목에 포함됨을 이해하는 것이다. 이러한 유아의 분류 능력 발달과정을 영아기와 유아기로 나누어 살펴보면 다음과 같다.

① 영아기의 분류 능력 발달과정

영아는 자신의 감각을 이용하여 사물을 보고 만지고 빨면서 주변 세계를 탐색하는 과정을 통해 분류에 대한 기초 능력을 형성한다. 예를 들면, 아주 어린 영아도 딸랑이를 쥐어 주면 흔들어 보고, 공을 쥐어 주면 굴려 보고, 젖병을 주면 빨아 보는 등의 직접적인 탐색활동을 통해 각 사물들은 서로 같은 속성이 있거나 다른 속성이 있다는 것을 알게 되고, 사물에 따라 요구되는 행동이 다르다는 것을 알게 된다. 물론 이 시기의 탐색활동이 수학적인 진정한 분류활동은 아닐지라도 아주 어린 영아는 이러한 과정을 반복적으로 경험함으로써 주변 세계에 있는 다양한 사물에는 공통된 속성이 있다는 것을 이해하게 되는 수학적 분류능력의 기초를 형성하게 된다.

이러한 다양한 탐색활동을 통해 영아의 분류능력은 점차 발달하게 된다. 영아는 2세가 되면 물체의 유사성에 따라 분류하는 활동을 한다. 그러나 2세경의 유아는 아직 분류에 대한 준거가 명확하지 않다. 즉, 사물의 공통성을 준거로 분류하는 것이 아니라 자신만의 논리로 분류하기도 한다는 것이다. 예를 들어, "왜 그것들을 모았니?"라고 물으면 "이건 점이 있고, 이건 노란색이고, 이건 이뻐요." 하며 사물의 각각 다른 특성을 말한다.

② 유아기의 분류 능력 발달과정

3~4세경의 유아는 사물의 같고 다름을 살펴보고 비슷한 것을 가려내기 시작한다. 즉, 이 시기의 유아는 외형상으로 파악되는 사물 간의 공통된 특성인 '모양이 같다' 혹은 '색이 같다' 등과 같은 한 가지 특성에 의해 분류하는 단순분류를 할 수 있다.

5세경의 유아는 복합분류, 즉 두 가지 이상의 속성에 따라 사물을 분류하기 시작한다. 예를 들면, 사물의 색과 모양(빨간색이면서 동그란 것), 모양과 크기(네모면서 큰 것) 등의 두 가지 속성을 준거로 복합분류를 하기 시작한다. 그러나 이 시기에 이루어지는 분류는 단순한 1차원적인 분류가 대부분이다. 즉, 유아는 사물의 내적 속성보다는 외적 속성을 준거로 분류하는 것이지 부분과 전체의 관계가 포함되는 이해나 위계적인 분류 등은 완전하게 이해하지 못한다(안경숙·김소향, 2009)는 것이다.

[사진 6-10] 분류-색, 모양 고리 끼우기

[사진 6-11] 분류-직업과 복장

(2) 그래프

유아가 자료를 체계적으로 조직하고 전체적인 성향을 알아보는 것으로 그래프 활동이 있다. 그래프 활동은 다양한 정보를 조직하고 기록하는 하나의 방법이며 문제해결의 도구로 사용된다(윤애희 외, 2002).

유아는 일상생활 속에서 자신이 수집한 정보를 표상하는 활동을 하게 되는데, 유아의 그래프 능력은 실물그래프, 그림그래프, 상징물그래프 단계로 발달한다(Charlesworth, 2000). 실물그래프 단계는 유아가 실물을 활용하여 그래프를 표현하는 것이다. 그림그래프 단계는 유아가 실물 대신 실물의 그림을 활용하여 그래프를 만드는 것이다. 상징물그래프 단계는 실물이나 그림을 필요로 하지 않고, 어떤 사물을 의미하기 위해 추상적인 표현방식을 활용하여 그래프로 나타내는 것이다.

이와 같은 유아의 그래프 능력 발달과정을 영아기와 유아기로 나누어 살펴보면 다음과 같다.

① 영아기의 그래프 능력 발달과정

영아기에 적합한 그래프 활동은 바로 실물그래프이다. 위에서 설명한 대로 실물그래프는 영아가 실물을 활용하여 그래프를 표현하는 것을 말한다. 즉, 2세 영아의 경우는 직접 해당 사물을 놓으면서 비교하는 실물그래프를 활용하여 그래프를 표현할 수 있다. 이때 영아는 실물그래프에 있는 실물을 일대일 대응을 하거나 높이 또는 길이를 시각적으로 보고 비교한다. 예를 들어, 오후 간식으로 사과와 바나나 중 어떤 과일을 먹고 싶어 하는 친구가 더 많은지 알기 위해 교실 바닥에 그래프 판을 놓고 반 아이들 한 명씩 돌아가면서 자신이 오후 간식으로 먹고 싶은 과일을 선택하여 그래프 판 위에 올려 놓게 한다. 이처럼 영아는 구체적인 실물을 가지고 학습할 때 효과적이므로 영아기에는 무엇보다 다양한 실물그래프 경험을 통해 그래프 능력을 발달시켜야 한다.

② 유아기의 그래프 능력 발달과정

[사진 6-12] 상징물그래프-친구들이 귀가하는 시간 조사

유아기에는 실물 대신 실물의 그림을 활용한 그림그래프 활동을 이해할 수 있다. 예를 들면, 어린이집에 올 때 타고 오는 교통수단에 대해 조사하려고 할 때 각종 교통수단의 실물을 이용하기는 불가능하므로 교통수단을 그림으로 그린다거나 교통수단 사진을 붙임으로써 그림그래프 활동을 할 수 있다. 또한 실물이나 그림을 필요로 하지 않고, 어떤 사물을 의미하기 위해 추상적인 표현방식을 활용하여 그래프로 나타내는 상징물그래프를 활용할 수 있다. 예를 들면, 오후 간식으로 사과를 먹고 싶은 친구는 그래프 판에 ○, 바나나를 먹고 싶은 친구는 ×표로 나타내는 것이다. 이외에 그래프 판에 나타내지 않고, 블록을 쌓아 올려 그래프를 표현하는 것도 가능하다.

(3) 확률

유아는 일상생활 속에서 확률과 접하여 생활하고 있으며 이를 생활에 이용하기도 한다. 예를 들어, 아침 자유선택활동 시 수 영역에 있는 친구들이 우리 반 친구들이 가장 많이 이용하는 교통수단에 대해 조사하는 활동을 했는데, 결과를 그래프로 표현하고 분석했더니 반 전체 20명 중 어린이집 차를 타고 오는 친구가 15명, 아빠 차나 걸어오는 친구가 5명인 것으로 나타났다. 이후 늦게 등원한 한 친구가 있을 때 "너 어린이집 차 타고 왔지?"라고 묻는 것은 이미 유아가 확률을 이해하고 있다는 것을 의미한다. 이렇듯 확률은 유아가 자료 분석을 통해 얻은 결과를 바탕으로 예측해 보는 활동이다. 이러한 유아의 확률 능력 발달과정을 영아기와 유아기로 나누어 살펴보면 다음과 같다.

① 영아기의 확률 능력 발달과정

영아도 일상생활 속에 확률을 활용한다. 예를 들어, 슈퍼마켓에서 울면서 드러누우면 엄마가 항상 과자를 사주신다는 것을 아는 영아는 이러한 확률을 이용하여 과자가 먹고 싶을 때면 울면서 드러눕게 된다. 즉, 영아기는 일상생활 속에서 자신이 경험한 것에 근거하여 어느 정도의 가능성이 있는지를 인지함으로써 확률에 대한 판단이 이루어진다는 것이다.

② 유아기의 확률 능력 발달과정

확률 개념은 영아보다는 유아를 대상으로 실제 보육시설에서 자주 사용되고 있다. 예를 들어, "간식은 이야기 나누기가 끝나고 먹을 거지요?"라고 유아는 확률적 예측을 할 수 있다. 이같이 유아는 기본적으로 수집된 정보를 이용하여 확률적으로 사고할 수 있는 능력을 가지고 있다(문연심·이화영, 2005). 그러므로 유아의 발달수준에 적합한 다양한 확률활동을 경험할 수 있어야 한다.

특히 NCTM(2000)에서는 일반적으로 유아 단계에서는 확률에 대한 아이디어는 비형식적이어야 한다고 강조하고 있는데, 유아 수준에서 맞는 비형식적인 확률활동에는 주사위놀이, 예측하기 등이 포함된다. 예를 들어, "주사위를 던졌을 때 1이 몇 번이나 나올 수 있을 것 같니?, "왜 그런 생각을 했니?" 등의 주사위놀이는 유아의 확률적 사고 발달을 도울 수 좋은 활동이다. 이와 같이 유아기에는 복잡하고 어려운 확률활동보다는 아주 간단하고 쉬운 활동을 경험해야 한다(권영례, 2011).

2. 수학적 탐구의 방법

미국수학교육교사협의회(NCTM, 2000)는 수학교육에 있어서 다루어야 할 내용과 수학적 내용을 통해 습득하는 수학적 과정에 대한 기준을 제시하였다. 수학적 과정은 수학적 개념과 지식을 형성하고 이를 더 확장시키는 데 필요한 기술을 의미하는 것으로 문제해결하기, 추론하기, 의사소통하기, 연계하기, 표상하기로 구성된다.

1) 문제해결하기

유아 수학교육이 추구하는 목적 중 하나가 바로 문제해결력의 신장이다. 문제해결은 일상생활 중에 문제 상황이 발생하거나 문제가 주어졌을 때 자기 나름대로 문제를 정의하고 이해하여 자신의 기존 지식을 총동원해 문제의 답을 찾아내는 행위로, 유아가 수학적 개념과 지식을 형성해 가는 데 중요한 수단이 된다.

문제해결능력은 아주 어렸을 때부터 요구된다. 가령 젖먹이 영아가 엄마의 젖꼭지를 빨 때, 자신이 입이 말라서 젖을 빠는 데 불편함이 느껴지면 자신의 입술을 침으로 살짝 바른 후 젖을 빠는 것 역시 문제해결하기와 관련이 있는 활동이다. 또한 침대에 있는 영아에게 끈이 달려 있는 인형을 멀리 놓아두고 어떻게 하는지 관찰해 보면 손을 뻗어 보거나 인형보고 오라고 손을 흔드는 등 자신만의 전략을 활용해 문제해결을 하려는 행동을 보인다. 그러다가 무심코 끈을 당겼더니 인형이 침대 가까이로 끌려오는 것을 알게 되고, 결국 영아는 그 인형을 갖게 된다. 이러한 과정에서 영아는 인형을 얻기 위해 자신이 알고 있는 기초적인 지식을 기반으로 그 지식을 적극 활용하고 확산시켜 문제를 해결해 나가는 것을 알 수 있다. 물론 이러한 상황이 수학적 지식을 획득하는 것과는 무관할 수 있지만, 영아가 성장하면서 자신의 선천적인 문제해결능력을 점차 심화하고 그 적용 영역을 확대시켜 수학과 관련된 경험에서도 문제해결능력을 발휘하게 된다.

이에 비해 유아는 문제 상황에 직면했을 때 호기심을 보이며 유아마다 각기 다른 방법들을 활용하여 그 문제 상황을 해결한다. 그 예를 살펴보면 다음과 같다.

문제해결하기에 사용하는 유아의 전략 예시

예 1) "빵 하나를 가지고 두 명이 나누어 먹으려면 어떻게 해야 할까?"

유아 1 : "나 한 번, 친구 한 번 이렇게 번갈아 가며 먹어요."

유아 2 : "나는 많이 친구는 조금 먹어요."

유아 3 : "칼로 반으로 나눠요."

예 2) "여기 배가 한 척 있어. 이 배에는 모두 네 명만 탈 수 있어. 그런데 8명의 사람이 강을 건너가려면 어떻게 해야 할까?"

유아 1 : (배에다 4명을 태우고 강 건너편에 내려두고 다시 와서 4명을 태우고는) 이렇게요. 4명씩, 4명씩 태워요.

유아 2 : 4 더하기 4가 8이잖아요. 그러니까 4명씩 태우면 돼죠.

유아 3 : 8은 4와 4로 나눠지니까 4명씩 태워서 두 번 왔다 갔다 해요.

이와 같이 유아는 일상생활 속에서 다양한 경험을 하게 되고 많은 문제 상황에 직면하게 된다. 이때 교사가 유아에게 답이나 해결방법을 직접적으로 제공하기보다는 유아가 자신의 문제를 다양한 전략을 활용하여 해결해 볼 수 있도록 격려해야 한다. 유아가 자신이 부딪친 문제를 해결해 볼 수 있는 기회를 많이 가질수록 유아의 문제해결력은 증진될 수 있다. 그 예시가 아래에 제시되어 있다.

문제해결능력을 신장하기 위한 활동의 예시

- 길이를 재어 보는 측정활동을 할 때 측정도구에 길이의 변화가 없는 자, 끈, 종이 등과 함께 탄력성이 있는 고무줄을 제공하기
- 무게를 측정하는 활동에서는 크기는 작지만 무거운 골프공과 크지만 가벼운 스티로폼공을 제공해 주기

2) 추론하기

추론하기는 유아가 주어진 문제를 해결하려고 할 때 자신이 가지고 있는 모든 정보와 지식을 활용하여 두 사물이나 정보 간의 관계성이나 규칙성을 찾아내고 이를 자신의 문제해결에 응용하고 활용하는 사고과정이다. 일반적으로 추론능력에는 귀납, 연역, 유추가 포함되는데, 이 중에서 유아 수학교육에서 가장 많이 활용되고 사용되는 추론 방법은 유추능력이 요구되는 분류활동과 패턴활동이다.

(1) 분류활동

아무리 어린 영아일지라도 자신의 일상 경험으로부터 추론을 할 수 있다. 즉, 영아기에는 양말은 양말대로 옷은 옷대로 사물함에 정리하기, 쓰레기를 휴지통에 버리기, 교구를 종류별로 선반에 정리하기 등과 같은 간단한 활동으로 추론능력을 키울 수 있다. 한 예로 교사가 영아가 가지고 놀던 조작영역 교구를 정리하라고 건네면 영아는 이 교구를 어떤 속성을 가진 집단으로 소속시킬 것인가를 결정하는 데 있어 추론을 이용하여 분류하게 된다.

또한 유아기에는 구멍과 색이 다양한 단추를 한 바구니에 담은 후 교사가 색이나 구멍 수가 같은 것끼리 모아두고 “선생님이 왜 이것들을 같은 바구니에 담았을까?”라고 질문을 하면, 유아들은 각자 바구니에 담긴 것들의 공통점 혹은 다른 바구니에 담긴 것들과의 차이점을 추론해 보게 된다. 이후 자신의 추론을 증명하기 위해 교사에게 자신의 생각을 논리적으로 답을 할 것이다. 이러한 과정이 유아의 추론 능력을 향상시킨다.

(2) 패턴활동

영아기에는 구체물을 스스로 조작하면서 경험하기보다는 주변 세계에 패턴형식을 띠고 있는 다양한 사물들을 관찰하면서 추론 능력이 형성된다. 예컨대, 별

하나, 달 하나, 별 하나, 달 하나 형식으로 이루어진 모빌과 같은 것이 이에 해당된다. 즉, 이 패턴에서 다음에는 어떤 모양이 와야 논리적으로 옳은지를 인식하고 추론해 보는 경험을 통해 추론 능력이 발달한다.

반면 유아기에는 관찰 형식보다는 실제 활동을 경험함으로써 패턴 개념을 형성하고 확장시킨다. 예를 들면, 유아에게 모양은 같지만, 색깔이 다른 멋진 머리띠를 만들어 보자면서 교사가 빨강, 노랑, 파랑, 빨강, 노랑, 파랑 스티커를 붙인 후에 유아에게 "다음엔 어떤 색깔이 와야 할까? 라고 물으면, 유아는 앞에 나열된 색깔들의 규칙성이나 관계성을 추론하고 자신의 논리적인 추론을 입증하기 위해 다음에 오게 될 스티커 색을 붙이는 직접적인 활동으로 표현하거나 언어로 설명하거나 표현한다.

이상과 같이 추론하기에서 가장 많이 사용하는 전략은 유아가 자연스럽게 일상생활에서 직면하게 되는 구체적인 예들로부터 일반화를 하고 이를 근거로 추론하는 것이다. 따라서 교사는 유아의 일반화가 적절한지를 테스트하기 위해 여러 가지 예와 반증을 사용하여야 한다. 또한 유아가 자신의 추론과 다른 친구의 추론이 적절한지를 알아보기 위해 반증을 사용해야 하는 태도를 가지도록 격려해야 한다(나귀옥·김경희, 2004).

3) 의사소통하기

의사소통은 생명체들 사이에서 사실, 신념, 생각, 감정, 태도 등을 전달하는 과정이다(김원형 외, 2003). 즉 의사소통의 개념에는 자신 외에 타인의 존재와 일방통행이 아닌 쌍방 간의 교류적인 측면도 내포하고 있다.

이러한 의사소통의 일반적 정의를 수학과정에서의 의사소통하기에 적용하면, 의사소통하기는 수학적 문제 상황이 발생했을 경우 유아가 자신의 생각을 명확하게 설명하고 교사나 또래 친구들과 생각을 교류하는 것을 말한다. 수학적 상황에서 유아가 의사소통하는 과정은 다음과 같다.

- 자신의 생각을 다른 사람에게 분명하게 전달하면서 자신의 내적 사고를 구체화시키고 명료하게 하기
- 다른 사람들의 의견과 생각을 듣고 생각하는 시간을 통해 자신이 모르고 있던 새로운 수학적 지식을 획득하기
- 자신이 기존에 잘못 알고 있던 수학적 지식이나 자신이 문제 상황에 대한 해결책으로 선택한 전략의 오류를 깨달아 수정하고, 다른 사람의 의견을 수렴하고 확장시켜 자신의 수학적 지식을 재구성하기

이와 같은 의사소통 과정을 통해 새로운 수학적 지식과 기능을 형성하게 되어 수학적 사고 발달이 촉진된다. 특히 수학적 사고에 대한 의사소통은 단순히 말하기, 듣기, 읽기, 쓰기보다는 수학적 문제 상황을 듣고, 읽고, 이에 대한 자신의 생각을 말로 표현하는 과정을 의미한다(이정욱·유연화, 2012). 따라서 교사는 수학활동 시 학습지 중심의 단답형 수업 형태를 지양하고 유아가 다양한 아이디어를 창출할 수 있는 문제 상황을 제공하여 유아의 의사소통하기를 장려해야 한다.

유아의 수학적 의사소통 지도방법

- 유아가 다양한 수학활동에서 수학적 언어를 사용하여 의사소통할 수 있도록 먼저 교사가 유아가 이해할 수 있는 수학적 언어 사용하기
- 유아가 자신의 생각을 정리하거나, 확장할 수 있도록 돕는 질문을 사용하기(황의명·조형숙·서동미, 2012).
  "너는 그것을 어떻게 알 수 있었니? 친구에게 들려줄 수 있니?"
  "네 생각을 다른 사람도 알 수 있을까?"
  "다른 사람이 쉽게 알 수 있는 방법이 있니? 어떻게 설명하면 쉽게 알 수 있을까?"
- 유아가 자기 혼자서만 문제를 해결해 보도록 하기보다는 집단의 유형이나 크기를 다양화해서 친구들과 함께 수학활동을 하게 함으로써 자연스럽게 수학적 의사소통이 발생할 수 있는 환경을 마련해 주기

4) 연계하기

수학적 과정 중 연계하기에는 일상생활에서의 경험을 수학적 지식으로 연계하기와 수학 내용적 지식 간의 연계가 포함된다.

(1) 수학적인 지식으로 연계하기

유아가 자연스럽게 일상생활에서 경험하는 모든 것을 수학적 지식으로 연계하는 것을 의미한다. 예를 들어, 주변에 있는 다양한 사물을 통해 모양을 인식한다거나, 자신의 옷에 있는 반복되는 줄무늬를 통해 패턴을 이해하거나, 핸드폰을 사용하면서 수를 인식하게 되는 것들이 이에 해당된다.

수학적 지식으로의 연계를 돕는 교사의 질문

"이건 무슨 모양이니?", "과자가 두 개 있었는데 하나를 먹었더니 이제 몇 개가 남았니?", "블록이 하나 있었는데, 그 위에 다시 하나를 올리면 블록은 몇 층이 될까?", "두 팀의 수가 똑같은지 어떻게 하면 알 수 있을까?", "우리 분단 친구들이 모두 간식을 먹으려면 접시와 포크가 몇 개씩 필요할까", "누가 첫 번째로 도착했니?", "누구의 간식이 제일 많니?", "친구 중에 누가 키가 제일 크니?" 등

(2) 수학 내용적 지식 간의 연계

한 가지 수학적 개념을 획득할 때 다른 수학적 개념도 함께 경험할 수 있는 기회를 제공하여야 한다. 왜냐하면 유아가 수학 개념을 습득할 때 각각의 개념을 분리시켜 경험하는 것이 아니라 한 가지 활동 속에 다양한 수학적 개념들이 통합되어 이루어지기 때문이다. 따라서 교사는 유아가 수학활동을 할 때 유아가

그 활동 속에서 경험할 수 있는 또 다른 수학적 개념이 있는지 잘 파악해야 하고, 이를 유아가 효율적으로 획득할 수 있도록 적극적으로 격려해야 한다.

수학 내용적 지식 간의 연계를 돕는 활동의 예시

예 1) 미술시간에 꽃잎, 빨대, 수수깡의 순서로 꽃목걸이 만들기

주 개념 : 패턴
연계된 개념 : 합리적 수 세기
연계를 위한 질문방법 : "꽃목걸이에 수수깡이 모두 몇 개나 사용되었는지 세어 볼까?", "꽃잎이 몇 장이니?" 등

예 2) 장난감을 종류대로 정리하기

주 개념 : 분류
연계된 개념 : 수 개념(곱하기, 나누기)
연계를 위한 질문방법 : "이 많은 장난감을 빨리 정리하려면 어떻게 해야 할까? 만약 한 번에 두 개씩 정리한다면 장난감 12개를 정리하는 데 모두 몇 번 정리를 해야 할까? 이번엔 3개씩 정리하면 모두 몇 번 정리하면 될까?" 등

5) 표상하기

표상이라는 용어는 과정과 결과 모두를 포함하는 용어로, 수학적 개념과 관계를 파악하기 위한 행위 그 자체를 의미하기도 하고, 그 행위의 결과로서 나타나는 외적인 결과물을 가리키기도 한다(홍혜경, 2004). 이를 종합해 볼 때, 수학에서의 표상하기는 수학적 개념과 관계를 파악하기 위해 다양한 매개물로 자신의 내적 사고를 나타내는 수학적 과정이다(나귀옥·김경희, 2004).

유아도 자신의 생각을 표현하고 수학적 문제 상황을 해결하기 위해 다양한 표

상을 사용한다. 즉, 자신의 손가락이나 언어, 그림, 그래프, 벤다이어그램, 기호나 부호, 상징 등과 같은 표상을 활용한다. 따라서 교사는 수학적 문제 상황을 제공하고 유아에게 "너의 생각을 그림이나 다른 것으로 표현해 볼 수 있겠니?"라고 유도함으로써 유아가 자신이 이해한 수학적 개념을 창의적인 표상하기를 통해 표현해 볼 수 있도록 해야 한다.

표상하기의 예시

예 1) 신체를 활용한 표상

교사 : "사탕 두 개가 있었는데, 선생님이 사탕 두 개를 더 주시면 넌 사탕을 모두 몇 개 가지고 있는 거니?"

유아 : (자신의 손가락을 이용하여 덧셈을 하며) 4개요.

예 2) 벤다이어그램을 통한 표상

교사 : (동물들을 땅에 사는 동물, 물에 사는 동물로 분류하는 활동을 할 때)
"개구리나 악어는 땅에서도 살고 물에서도 사는데 어디에 포함시키면 좋을까? 이런 동물들을 어떻게 나타내 주면 다른 사람들이 이 동물은 물에서도 살고 육지에서도 산다는 것을 알아볼 수 있을까?"

유아 : 벤다이어그램을 통해 서식처가 두 곳인 동물 표현하기

토의과제

1. 유아의 수학적 탐구 내용, 즉 수 개념, 공간 및 도형, 측정, 규칙성, 자료 분석과 확률에 대해 영아, 유아에게 발달적으로 적합한 수학활동을 계획해 본다.

2. 유아에게 적합한 그래프 유형을 각각의 활동 예를 들어서 제시해 본다.

7장 유아 수학교육

유아 수학교육을 위한 통합적 접근방법

이 장은 유아 수학교육을 어떻게 해야 하는지에 대한 안내이다. 유아 수학교육의 구체적인 교수-학습방법을 제시함으로써 예비교사들에게는 수학교육의 교수-학습방법을 체계적으로 이해할 수 있도록 하였다. 그리고 유아교육 현장에서 교사가 보다 쉽고 자연스럽게 수학교육을 실시할 수 있도록 도움을 주고자 한다.

일상생활을 통한 접근, 게임을 통한 접근, 미술활동을 통한 접근, 문학활동을 통한 접근, 음악 및 동작활동을 통한 접근, 요리활동을 통한 접근을 소개하고 있는데 각 접근방법은 기본적인 개요와 구체적인 교수학습 단계, 실제 활동으로 구성되어 있다.

1. 수학교육을 위한 통합적 접근

인간의 삶은 통합적이다. 유아가 삶을 살아가고, 무엇을 경험하는 데 인지·언어·정서·신체가 각각 분리되어 이루어지지 않는다. 예를 들어, 유아가 놀이터에서 또래와 시소를 탈 때 신체는 시소의 움직임에 따라 발을 구르며 위·아래로 움직이게 되고, 움직임을 통한 즐거움과 또래와의 정서교감을 통해 기쁨을 느낄 것이다. 그리고 언어로 또래와 상호작용을 하면서 무게가 무거우면 아래로 내려가고, 가벼우면 위로 올라간다는 인지적 지식을 습득하게 된다. 이렇듯 전인적·

통합적인 유기체인 인간을 교과 영역별로 분절화해 지도하는 것은 교육의 본질적 성격이나 목적에 어긋나게 된다(방인옥 외, 1999).

수학교육에 대한 접근방법 역시 통합적으로 이루어져야 한다. 수학의 개념적 지식은 다른 수학적 아이디어나 개념들과의 관계 혹은 다른 교육과정 영역과의 관계에 근거하여 구성되기 때문이다(나귀옥·김경희, 2004). 또한 유아들이 자연스럽게 수학적 개념을 습득하고 수학적 사고를 발달시키기 위해서는 수학 영역 내의 개념들과 타 교과와 수학 영역 간의 개념들을 서로 연결시킬 수 있어야 한다(김선미, 2006).

유아에게 더 의미 있는 교육과정을 실시하는 데 유아교육과정의 통합이 필요하며, 통합이란 유아의 학습에 하나 또는 더 많은 교과나 학습 목표를 연계하여 유아들이 탐색·해석·몰입할 수 있도록 주제나 개념을 조직하는 것이라고 할 수 있다(Bredekamp & Rosegrant, 1995). 교육과정 통합은 교육과정의 분리되어 있는 다양한 요소들을 관련지어 통합하고, 그것을 의미 있는 체계로 만들어 가는 과정이다(민용성, 2005).

통합적 접근을 실시하는 방식은 학자마다 다양하다(Forgaty, 1991; Huntly, 1998; 이경섭, 1991; 이영만, 2001). 그중 대표적인 방법은 교과 내 통합과 교과 간 통합이다. 교과 내 통합은 하나의 교과 영역 내의 여러 영역을 통합하여 수업활동을 하는 것이고, 교과 간 통합은 하나의 교과와 다른 교과 영역을 통합하는 것을 의미한다.

수학교과를 중심으로 다시 설명하면 교과 내 통합은 수학의 여러 영역, 즉 수개념, 측정, 공간과 도형, 규칙성, 자료 분석과 확률의 개념을 교육활동의 특성에 따라 둘 또는 그 이상의 개념을 통합하여 수업을 진행하는 것이다. 예를 들어, 과일의 무게를 양팔저울로 재보는 측정활동을 할 때 유아들은 사과의 무게를 알기 위해 추를 하나씩 올려놓으며 몇 개인지 수개념에 속하는 수 세기를 하며, 사과, 귤, 키위의 무게를 재고 무거운 순서대로 서열하며 서수의 개념을 이해할 수 있다. 내가 좋아하는 색깔 그래프 활동을 할 때 빨간색, 노란색, 파란색, 초록색을 좋아하는 유아가 몇 명인지 수 세기를 해야 하며, 각각의 색을 좋아하는 친구들을 분류하는 것이 가능하다. 동그라미, 세모, 네모 도형으로 패턴 만들기 활동을 할 경우 각 도형의 형태적 특성을 이해하며 패턴의 규칙성을 이해한다.

수학을 중심으로 한 교과 간 통합은 수학과 타 교과, 즉 조형, 언어, 과학, 음률, 동작 등의 교과를 통합하여 수업활동을 진행하는 것이다. 예를 들어, 수학과 음악 영역을 통합할 경우 유아들과 '숫자 노래'를 부르며 숫자 일, 이, 삼 등과 같은 수 이름과 숫자의 형태에 관심을 갖도록 활동한다. 수학과 조형 영역을 통합할 경우 유아들은 칸딘스키의 미술작품을 감상하며, 그 작품에 어떤 도형들이 어떻게 배치되어 아름다운 작품으로 완성되었는지를 탐색하고, 유아들이 모양을 이용해 미술작품을 만드는 것이 가능하다. 수학과 과학 영역을 통합할 경우 어느 가을 날 산책을 하면서 다양한 나뭇잎을 관찰하고 그것을 여러 가지 특성에 따라 분류할 수 있다. 수학과 타 교과 간의 통합은 다음 절에서 자세하게 소개하도록 하겠다.

2. 일상생활을 통한 접근

1) 일상생활을 통한 접근의 교육적 의의

교육은 시대적 요구와 개인적 요구를 반영한다. 첨단 기술이 발전하고 정보의 홍수 속에서 살아가는 현대인들에게 수학은 우리의 삶 가까이에 존재하는 실용적인 것이다. 우리는 옷을 사기 위해 사이즈와 가격을 비교하고, 방의 커튼을 구입하기 위해 창문의 가로와 세로의 길이를 재고, 친구와의 약속 장소까지 가기 위해 시간과 거리를 어림해 본다. 이와 같이 하루 종일 빈번하게 수학을 활용할 정도로 수학은 우리의 삶 깊숙이 자리 잡고 있으며, 점차 그 활용의 폭을 넓혀 가고 있다.

수학은 단지 우리의 지적 능력을 키우기 위해 반복적으로 익혀야 하는 지식체계가 아니라 일상생활능력을 키워주는 아주 실용적인 것이며(조형숙, 2002), 수학은 학문의 상아탑에서만 연구하는 것이 아니라, 일상생활에서 수학을 직접 하는(doing) 것이라 할 수 있다(Thompson, 1998; NCTM, 2000).

최근 유아의 수학적 능력에 대한 관점이 변화하였다. 피아제(Piaget, J.)의 인지적 구성주의에 의하면 유아의 수학적 능력은 보존 개념의 획득 유무에 의해 결정되는데, 이 시기는 아직 수에 대한 보존 개념이 성립되지 않았기 때문에 분류, 일대일 대응, 서열과 같은 수 이전 개념에 한정해서만 교육할 수 있다. 그러나 비고츠키(Vygotsky)의 사회적 구성주의와 문화심리학적 관점이 대두되면서 유아들은 형식적인 수학교육을 받기 이전부터 이미 실제 생활 속에서 비형식적으로 다양하게 수학적 경험을 하고 있으며, 이러한 과정을 통해 자연스럽게 수학적 개념을 학습하고 수학적 사고를 증진시켜 나가는 적극적인 수학자임을 밝히고 있다(Aubrey, 1997). 따라서 유아들은 얼마든지 일상생활 속에서 수학적 개념과 기술을 배울 수 있는 능력을 지니고 있으며, 수 이전 활동뿐만 아니라 패턴, 측정, 도형, 통계 등과 같은 다양한 영역의 수학활동을 하는 것이 가능하다.

시대적 흐름과 유아의 능력에 대한 재고로 유아 수학교육의 개념에서 강조하고 있는 측면을 살펴보면 다음과 같다. 최근 유아 수학교육의 동향은 유아가 수학을 일상생활에서 유용하게 사용될 수 있는 것이라는 유용성을 깨닫고, 수학에 대하여 긍정적인 태도를 지니도록 하는 것(나귀옥·김경희, 2004)을 강조하고 있으며, 우리나라 유치원 교육과정과 개정된 표준교육과정에서도 일상생활 속에서 다양한 활동을 통하여 수학에 대한 탐구하는 태도를 기르고 그 과정을 즐길 것을 강조하고 있다.

위의 내용을 종합해 보면 '일상을 통한 접근방법'은 유아의 발달적 측면과 사회적인 요구를 모두 충족시킬 수 있는 수학의 교수방법이라 할 수 있다. 이러한 일상을 통한 접근에 대한 논의와 연구는 최근 이루어지고 있으며(백소영, 2005; 이은형, 2006; 조형숙·황의명·김현주, 2005; 서동미, 2007), 이에 대한 교육적 의의는 다음과 같다.

① 유아의 발달적 특성에 적합하다

유아들은 비형식적이고 직관적인 수학적 능력을 지니고 있으며(Geary, 1994; Renick, 1989), 이러한 비형식적 지식은 수 개념 발달에 중요한 역할을 한다(NCTM, 1998). 형식적 교육을 받기 이전에 유아들은 이미 일상생활을 통해 자신만의 방식으로 수학적 학습을 하고 있기 때문에 일상을 통한 접근은 유아의 발달적 특성에 적합한 교수-학습방법이다.

따라서 유아들에게 익숙한 일상생활 속에서 발생하는 상황과 교사의 의도적인 수학교육이 연결된다면 효과적인 교육의 결과를 얻을 수 있다. 왜냐하면 일상생활을 통한 접근은 유아가 직접적으로 겪고 있는 경험을 토대로 이루어지기 때문에 학습에 대한 동기 유발이 자연스럽게 이루어지며, 보다 쉽게 수학 개념을 이해할 수 있기 때문이다.

② 현대사회적 요구에 부합한다

과거와 달리 혁명적으로 변화하고 있는 현대 산업기술사회를 살아가기 위해서는 모든 분야에서 수학적 지식과 기술이 필요하게 되었으므로 수학교육은 비단 수학자, 과학자, 건축자 등의 전문가들을 양성하기 위한 목적에서뿐 아니라 일반 시민이 기본적인 수학적 소양을 갖출 수 있도록 해야 한다는 사회적인 필요도 높아지게 되었다(김창복 외, 2005).

이와 같이 현대사회는 수학의 전문가뿐만 아니라 일반 시민도 수학적 소양을 지닐 것을 요구하고 있다. 삶에 필요한 수학적 소양을 기르기 위해서는 영유아기부터 교육이 이루어져야 한다. 따라서 일상을 통한 접근은 유아의 수학적 힘의 토대를 마련할 것이며 사회적 요구에도 부합한다.

③ 수학에 쉽게 다가갈 수 있다

일상생활 속에서의 수학교육은 교사에게 풍부한 아이디어와 주변 환경에 대한 민감성이 있다면 언제 어디서나 쉽게 이루어질 수 있다. 예를 들어, 자유선택활동이 끝난 후 정리하는 상황을 수학의 분류활동과 연결하는 것이 가능하다. 유아들은 가지고 놀았던 놀잇감을 흥미 영역별로 정리해야 한다.

블록은 쌓기 영역에, 인형은 역할 영역에, 동화책은 언어 영역에 정리한다. 쌓기 영역 내에서도 적목은 적목 칸에, 벽돌 블록은 벽돌 블록 칸에 정리한다. 교사의 제안으로 분류활동을 더 활성화시킬 수 있다. "파란 블록만 정리해 보자", "빨간 블록만 정리해 보자"와 같이 색깔별로 분류하거나, "네모 모양을 찾아보자", "세모 모양을 찾아보자"와 같이 형태로 분류하도록 유도할 수 있다. 이렇게 정리할 때 유아들은 즐겁게 활동하며 일상생활 속에서 분류의 필요성과 편리성을 이해하게 된다.

④ 다양한 교재·교구의 활용이 가능하다

일상을 통한 접근은 말 그대로 우리가 살고 있는 주변 환경에서 수학적 소재를 찾아 교육으로 확장시킨 교수방법이다. 따라서 우리 주변에 있는 모든 사물이 유아를 위한 교구와 교재가 될 수 있기 때문에 교사가 어떻게 접근하느냐에 따라 풍부한 교구와 교재를 다양하게 활용할 수 있다.

예를 들어, 유아들은 등원하며 신발을 정리하기 위해 신발장에 있는 이름을 찾고, 이름이 적혀 있는 칸에 신발을 정리하면서 일대일 대응시킨다. 또 신발을 신기 위해서는 왼쪽 신발에 왼쪽 발을 오른쪽 신발에 오른쪽 발을 넣어야 한다. 좀 더 연령이 높은 아이들은 신발의 치수에 관심을 가질 수 있다. 신발에 있는 숫자는 무엇을 의미하는지 알아보고 신발의 길이를 재 보면서 측정에 대한 개념과 기술을 익힌다. 또한 용도에 따른 다양한 신발을 탐색함으로써 비슷한 점과 다른 점을 분석할 수 있다. 쉽게 접할 수 있는 '신발'이라는 소재가 이렇게 다양한 활동을 가능하게 할 수 있는 것이다.

교사가 직접 제작하거나 구입한 교재·교구도 교육의 질을 높일 수 있지만, 이와 같이 우리 주변에 있는 사물이나 도구도 어떻게 활용하느냐에 따라 훌륭한 교재·교구가 될 수 있다.

⑤ 유아의 적극적인 의사소통을 촉진한다

수학은 일상생활에 토대를 둔 의사소통의 힘을 지닌 분야이다(NCTM, 1998). 수학 분야에서 수학적 개념을 탐색하고, 과정기술을 증진시키는 데 의사소통할 것을 제안하고 있다(NCTM, 2000; 황의명·조형숙, 2001). 유아들은 또래와 교사와 의사소통하면서 새로운 지식을 얻고, 자신이 지닌 개념과 기술을 확장한다.

일상생활 속에서 유아가 의사소통하고 있는 상황을 수학과 연결할 수 있으며, 흔히 경험할 수 있는 사물을 탐색하고 실험하며 의사소통하면서 수학으로 이끌 수 있다. 교사가 유아에게 생소한 사물을 소개할 때 유아들은 그와 관련된 경험과 지식이 없기 때문에 일방적으로 설명을 듣거나, 궁금한 점을 질문하는 정도로 의사소통에 참여한다. 그러나 유아들이 쉽게 접할 수 있는 사물로 수학활동을 할 때 유아들은 그것에 관한 지식을 어느 정도 지니고 있으며, 그와 관련된 경험을 가지고 있기 때문에 적극적으로 의사소통에 참여하며 이해의 세계를 넓혀간다.

⑥ 수학의 실용적 측면을 이해하여 긍정적인 수학적 태도를 기른다

수학에 대한 부정적인 태도를 지니게 되는 이유 중 하나는 수학이 나의 삶과 관련이 없다고 느끼기 때문이다. 중·고등학교 시절을 보낸 성인들에게서 숫자를 알고 계산하는 것 이외에 함수, 방정식 등과 같은 어려운 수학을 왜 공부하는지 이해할 수 없다는 이야기를 흔히 들을 수 있다. 나의 삶에 필요하고 중요하다고 느껴지는 것이 있을 때 우리는 더욱 열심히 배우려고 하는 경향을 보이곤 한다.

유아들이 수학에 대한 편견을 지니게 되어 부정적인 태도를 지니지 않도록 배려해야 한다. 그런데 일상생활을 통한 수학적 접근은 유아들로 하여금 수학의 실용적 측면을 이해하게 한다. 자신의 삶 속에서 수학이 어떻게 활용되어지는지를 실질적으로 경험한 유아들은 수학에 대한 긍정적인 태도를 형성하게 된다.

7 가정과의 연계가 용이하다

일상생활을 통한 접근은 우리 주변에서 일어나는 자연스러운 상황과 사물을 가지고 수학교육을 하는 것이기 때문에 부모교육을 통해 부모들도 가정에서 자연스러운 방식으로 수학교육을 할 수 있다. 예를 들어, 빨래를 정리할 때 엄마 옷, 아빠 옷, 언니 옷, 내 옷으로 정리하면서 분류에 대한 개념을 익힌다. 우리 가족이 좋아하는 색깔을 조사해 그래프로 만들 수도 있다.

유아교육기관과 가정에서 일관된 수학교육을 하게 될 때 교육적 효과를 높일 수 있다. 일상을 통한 수학적 접근 방법은 부모들이 유아교육기관에서 하는 교육활동에 관심을 기울이게 하고, 유아의 흥미와 발달 수준을 고려한 바람직한 수학교육을 하는 데 도움이 될 수 있다.

2) 일상생활을 통한 접근 과정

일상생활을 통한 접근은 언제 어디서나 수학교육이 이루어질 수 있다는 의미이다. 우연한 즉흥적인 상황에 의해 또는 교사가 의도적으로 계획하여 수학활동을 할 수 있다.

즉흥적인 상황에서 수학활동을 하게 될 경우는 유아의 예상치 못한 질문이나 궁금해하는 것에 의해 또는 교사의 제안이나 질문에 의해 이루어질 수 있다. 교사가 의도적으로 계획할 경우 유아의 일상생활을 세심하게 관찰하고, 유아의 흥미를 고려하여 활동을 제시하는 것이 바람직하다. 그 구체적인 내용은 다음과 같다.

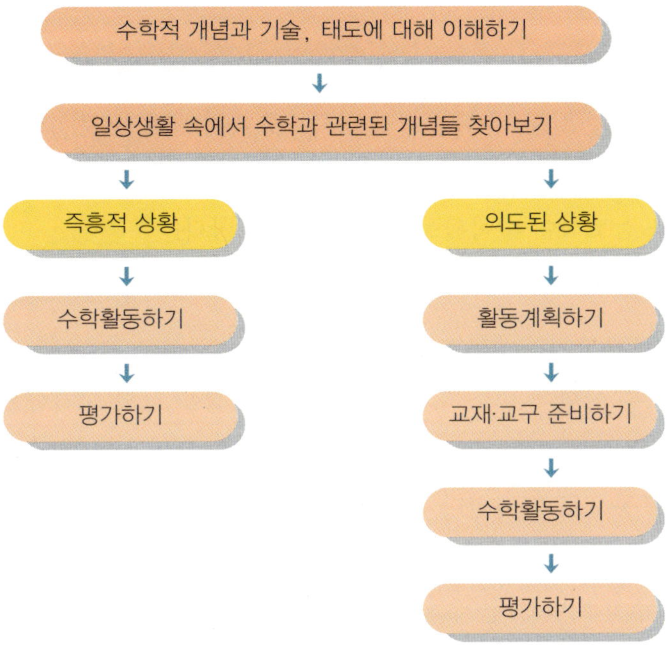

[그림 7-1] 일상을 통한 접근의 교수학습 단계

① 수학적 개념과 기술, 태도에 대해 이해하기

일상생활을 통한 접근을 하기 위해 교사는 먼저 수학의 기본 개념(수와 연산, 측정, 공간과 도형, 확률과 통계, 분류 및 서열, 패턴), 과정기술(의사소통하기, 측정하기, 문제해결하기, 추론하기, 표상하기 등), 태도의 요소(열정, 끈기, 자신감, 유용성 인식 등)에 대하여 철저하게 이해하고 있어야 한다. 왜냐하면 이러한 토대가 있어야 일상생활 속에서 수학적 상황을 발견하고 확장할 수 있는 교육적 안목이 생기기 때문이다. 그리고 수학에 대한 철저한 이해는 교사에게 또 다른 힘으로 작용하여 자신감과 열정을 지니고 적극적으로 수학활동을 이끌 수 있게 만든다.

② 일상생활 속에서 수학과 관련된 개념들 찾아보기

유아들이 실내·외 놀이 영역에서 놀이하는 모습을 세심하게 관찰하면서 유아들이 교사에게 하는 질문, 유아들끼리 의사소통하는 내용을 분석하여 수학 영역과 연결될 수 있는 요소들을 찾아본다. 그리고 일상생활 속에서 흔히 접하는 활동이나 사물을 검토하여 수학활동으로 심화·확장한다.

③ 즉흥적 상황

① 수학활동하기

어떤 흥미로운 상황이 벌어지거나 유아가 호기심을 갖고 교사에게 질문을 했는데, 그 내용이 수학과 연결하여 심화하는 것이 교육적 의의가 있다고 판단되는 경우 수학활동으로 연계한다. 생일잔치에서 과자가 나왔는데 같은 테이블에 있는 유아가 과자를 똑같이 나누어 먹으려면 어떻게 해야 하는지 질문을 할 경우, 부분과 전체의 개념과 연계하여 과자를 나누어 먹을 수 있다.

그리고 의미 있는 수학적 상황이 발생했는데, 유아들이 그냥 지나쳐 갈 때 교사의 질문이나 제안으로 유아의 호기심을 유발할 수 있다. 놀이터에서 시소를 타고 있는 유아가 무거운 친구와 탈 때는 뒤쪽에, 가벼운 친구와 탈 때는 앞쪽에 탄다면 교사가 왜 그렇게 시소를 탔는지 질문하고 다른 친구에게 소개하도록 한다. 이러한 과정을 통해 무게에 관한 개념을 이해하고, 심화하여 교실에서 양팔저울로 다양한 사물의 무게를 재며 무게에 대해 탐색할 수 있다.

② 평가하기

활동을 한 후 어떤 점이 좋았고 어떤 것이 나빴는지, 왜 그렇게 생각하는지, 새로 알게 된 것과 재미있었던 점은 무엇인지 이야기를 나눈다. 유아가 지속적으로 흥미를 보일 경우 또 다른 확장활동으로 계획한다.

④ 의도된 상황

① 활동 계획하기

매일 경험하는 활동이나 자주 접하는 사물들 중에 유아의 발달수준과 흥미를 고려하여 수학활동으로 확장할 수 있는 새로운 활동을 계획함으로써 교사가 의도적으로 수학적 상황을 유아에게 제시한다. 이와 관련된 활동은 다음과 같다.

〈표 7-1〉 일상생활과 관련된 개념별 수학활동

수학 개념	일상생활과 관련된 활동
수와 연산	• 등원한 친구와 그렇지 않은 친구 수 세기 • 우리 반 남자 친구와 여자 친구 수 세기 • 간식 나누어 먹기 • 달력을 이해하고 읽기 • 우리 집 전화번호 알아보기 • 내 생일 알아보기 • 물건을 직접 사며 계산해 보기 • 양말과 신발을 짝지어 신어 보기
공간과 도형	• 교실에서 ○△□ 모양 찾아보기 • 내 몸에 있는 모양 찾아보기 • 놀이터에서 모양 찾아보기 • 유아교육기관 흥미 영역 배치도 그려 보기 • 유아교육기관에서 우리 집까지의 지도 만들어 보기
측정	• 키 재기 • 몸무게 재기 • 줄자로 신체 부분별로 재기 • 교실에 있는 물건 길이 재기 • 신발 크기 알아보기 • 옷의 크기 알아보기 • 교실에 있는 물건 무게 재기 • 시소 놀이하기
분류와 서열, 패턴	• 등원하여 신발, 옷, 가방을 분류하여 정리하기 • 자유선택활동 후에 영역별 놀잇감 정리하기 • 옷장 정리하기 • 쌓기 영역에서 형태별로 블록 정리하기 • 교실에서 패턴 찾아보기 • 패턴이 있는 의상을 착용하고 친구들에게 소개하기(옷, 모자, 가방 등)
통계와 확률	• 내일의 날씨 예측하기 • 우리 반 친구들이 태어난 달 조사하기 • 우리 가족의 나이 조사하기 • 좋아하는 음식 그래프 만들기

② 교재·교구 준비하기

수학활동을 선정한 후 필요한 교재·교구를 준비한다. 일상생활을 통한 접근은 다른 수학적 접근방법에 비해 교사가 교재·교구를 제작하는 데 수월할 수 있다. 왜냐하면 우리가 흔히 접하는 사물을 활용하는 경우가 많기 때문에 주변에서 쉽게 구할 수 있는 경우가 많기 때문이다.

③ 수학활동하기

자연스러운 일상생활 속에서 교사가 준비한 교재·교구를 활용하여 수학활동을 한다. 교사는 유아가 활동에 직접 참여하고, 조작할 수 있도록 배려한다. 그리고 유아가 또래끼리 또는 교사와 의사소통하는 것을 촉진하여 수학적 어휘를 사용하면서 개념과 과정기술을 익히도록 돕는다.

④ 평가하기

활동을 하며 어떠했는지, 어떤 점이 재미있었는지, 어떤 점이 힘들었는지, 왜 그렇게 생각하는지 등에 대해 이야기를 나눈다.

3. 게임활동을 통한 접근

1) 게임활동을 통한 접근의 교육적 의의

게임은 두 명 이상의 놀이자가 사전에 규칙을 정하여 이기려고 진행하는 놀이 형태이다(이숙재, 2006). 게임은 누구나 즐겨할 수 있는 활동이기 때문에 유아교육기관에서 흔히 실행되고 있는데, 주로 자유선택활동 시간에 흥미 영역별로 이루어지거나, 교사와 유아들이 실내나 실외에서 대그룹 또는 소그룹으로 이루어지기도 한다. 특히 교실 내에 있는 흥미 영역 중 수학 영역에서의 활동은 게임을 통해 이루어지는 경우가 많다. 유아들은 게임활동에 즐겁게 참여하며 수학적 개념을 습득하고 확장시켜 나갈 수 있는 경험을 하게 된다.

다양한 게임활동을 함으로써 유아들은 분류, 서열화, 수 개념, 측정, 공간, 도형 등에 대한 기본 개념을 습득하고 기초적인 사고력이 증진된다(최기영, 2000). 그룹게임은 구성주의에 토대를 둔 것으로 카미(Kamii)와 드브리스(DeVries, 1979)가 제시한 것인데, 이는 더하기, 빼기, 모양, 비교급과 최상급에 관련된 어휘 등 여러 가지 수학적 개념을 습득하고 적용해 봄으로써 논리·수학적 지식을 발달시키는 데 효과가 있다고 한다(이경우 외, 1997).

유아들은 게임을 통해 수학적 개념을 이해할 뿐만 아니라 게임하는 과정에서 또래와 의사소통을 하고 주도적으로 게임에 참여하며 상호작용 능력과 문제해결력, 예측하고 추론하는 능력을 증진시킴으로써 수학적 과정기술을 증진시킬 수 있다. 또한 유아들이 운동 능력을 발달시키고 자제력이나 자신감을 기르며 올바른 운동 정신을 가지게 하며, 생활 속에서 생기는 억압이나 갈등을 해소하고 정서적으로 만족감을 가질 수 있게 됨으로써(교육부, 2000) 수학에 대한 긍정적인 태도를 기르는 데에도 도움이 된다. 이에 대한 구체적인 교육적 의의는 다음과 같다.

① 수학적 문제해결능력을 기른다

유아들은 게임을 하면서 목적을 달성하기 위해 끊임없이 게임의 진행 상황을 이해하고 자신의 행동을 결정해야 하는 순간에 부딪히게 된다. 이러한 과정에서 유아들은 주어진 문제를 혼자서 또는 또래와 의사소통하며 판단하고 해결하면서 수학적 문제해결능력을 증진시킨다.

예를 들어, 윷놀이를 할 때 상대 팀의 말과 자기 팀의 말이 어느 위치에 있는지, 각 말들 사이에 몇 칸이 있는지, 윷을 던지는 순서에 따라 어떤 변수가 있는지를 검토하여 네 개의 말 중에 어떤 말을 움직이는 것이 팀의 승리에 기여할지 결정해야 한다. 투호놀이를 할 경우 화살을 던지며 화살의 어떤 부분을 잡아야 하며, 팔은 어떤 각도로 움직이고, 어느 정도로 세게 움직일지 결정하게 될 것이다.

② 추론 및 예측하는 능력을 기른다

게임을 하면서 유아들은 게임의 목적을 성취하기 위해 다양한 전략을 사용하게 된다. 이러한 전략을 사용하기 위해 유아들은 예측하고 추론하기를 반복한다. 예를 들어, 삼목놀이를 하게 될 때 상대방이 다음 순서에 어디에 말을 놓을지 예측하여 상대방이 세 개의 말을 일렬로 놓지 못하도록 나의 말을 게임판에 놓으면서 방어한다. 동시에 나의 말이 놓여 있는 위치를 고려하여 일렬로 세 개의 말을 놓을 수 있는 자리를 찾아 말을 놓아야 한다. 이와 같이 유아들은 게임을 하면서 자연스럽게 수학적 기술인 추론 및 예측하는 능력을 발달시킬 수 있다.

③ 자연스럽게 수학적 어휘를 사용하도록 한다

게임을 하면서 유아들은 수학적 어휘를 사용할 수밖에 없는 상황에 놓이게 된다. 예를 들어, 주사위를 던져 나온 수만큼 과일나무에 있는 과일을 따서 모으는 게임을 할 경우 유아는 주사위 숫자를 세어야 하고, 다시 나무의 열매를 따면서 수 세기를 하게 된다. 상대방의 친구가 주사위의 숫자보다 과일을 많이 따는 것은 아닌지 친구의 과일도 수 세기를 한다.

팥주머니 던지기 게임을 할 때 빨간 원을 맞히면 3점, 파란 원을 맞히면 2점, 노란 원을 맞히면 1점이라고 규칙을 정했을 경우 유아들은 팥주머니를 목표가 되는 지점에 던지며 자연스럽게 '더한다', '합한다'와 같은 셈하기와 관련된 어휘를 사용한다.

④ 유아의 능동적 참여를 유도한다

대체로 유아교육기관에서 유아들은 게임을 선호하기 때문에 게임활동에 능동적이고 적극적인 태도를 지니며 참여하게 된다. 유아들이 유아교육기관에 등원을 하고 교사가 계획한 활동과 함께 일과에 대해 소개할 때, 게임이 포함될 경우 신나하고, 게임할 시간을 기다리는 모습을 쉽게 볼 수 있다.

자유선택활동 시간에 각 흥미 영역에서 제공되는 게임 형식의 활동이 있다. 유아들은 자신의 선택에 의해 게임에 참여하고, 게임할 또래가 없을 경우 또래에게 게임 제안을 하기도 한다. 또한 자유선택활동 시간에 이루어지는 게임은 시작에서 마무리에 이르기까지 유아 주도로 이루어지는 경우가 많기 때문에 유아의 능동성 및 주도성, 자발성이 발휘될 수 있는 기회를 제공한다. 이러한 능동적 참여는 학습에 대한 긍정적인 태도를 형성하는 데 도움이 된다.

⑤ 또래 간 상호작용을 증진시킨다

게임은 나와 상대방 두 명 이상이 있어야 이루어진다. 최소한 게임의 순서, 규칙과 목적을 결정하기 위해 또래 간에 의사소통이 이루어진다. 게임을 진행하면서도 게임의 규칙을 제대로 지키고 있는지, 반칙을 하지는 않았는지, 누구의 순서인지, 누가 이기고 졌는지에 대해 끊임없이 이야기를 나누게 된다.

그리고 게임은 교사가 진행하고 유아가 참여하는 형식으로 이루어질 수도 있지만, 게임의 규칙과 방법만 알고 있다면 교사가 개입하지 않더라도 유아들 또래끼리 게임하는 것이 가능하기 때문에 이러할 경우 또래 간 상호작용은 깊이와 폭을 더해 더욱 빈번하게 이루어진다. 또래 간에 의견을 조율하는 과정 속에서 유아들은 자신의 의견을 전달하는 방법과 갈등해결 방법을 자연스럽게 터득하며 자신의 감정을 조절할 수 있는 능력과 의사소통능력을 발달시킬 수 있다. 의사소통능력은 수학적 과정기술 중 하나인데 게임을 통해 이러한 수학적 기술을 증진시켜 나갈 수 있다.

⑥ 유아에게 흥미, 도전감, 즐거움을 제공한다

게임을 취미로 하고 있는 성인들이 있는 것과 마찬가지로 게임은 유아에게도 즐거움과 기쁨을 제공하며, 흥미를 유발한다. 유아들은 게임의 목적을 달성하거나 상대방을 이기기 위해 열중하면서 정서적 만족감을 느끼고, 그 목적을 이루었을 경우 자신감, 성취감, 자존감을 느끼게 된다. 이러한 성공감은 유아들을 새로운 세계로 나아가 도전할 수 있는 힘을 형성시킨다.

유아들은 도전하고자 하는 의욕과 힘을 지니고 다시 한번 게임에 도전하게 하고, 때로는 게임의 규칙을 바꾸어 새로운 방법으로 게임을 하기도 한다. 연령이 높은 유아일 경우 완전히 새로운 게임을 창안하여 제작하고 또래와 직접 실행할 수도 있다. 이러한 게임에 대한 긍정적인 감정과 태도는 게임을 통해 수학적 접근을 할 경우 수학 영역에도 연결되어 수학에 대한 긍정적인 태도를 형성하는 데에 도움이 될 수 있다.

2) 게임활동을 통한 접근 과정

게임을 통한 접근방법은 게임을 하는 데 필요한 도구를 준비하고 게임 순서에 의해 활동을 진행하게 된다. 교사가 계획하여 유아교육기관의 실내나 실외에서 소그룹이나 대그룹으로 게임을 하는 방법이 있다. 또 다른 방법은 교사가 게임 도구와 방법을 소개하고 유아들이 자유선택활동 시간에 게임을 선택하여 활동하는 방법이 있다. 연령이 높은 유아일 경우 유아 스스로 게임을 만들어 실행하는 것도 가능하다.

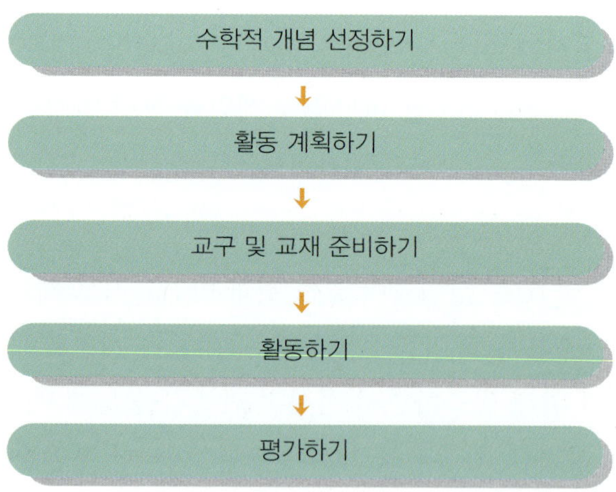

[그림 7-2] 게임활동을 통한 접근의 교수학습 단계

① 수학적 개념 선정하기

게임을 통한 수학교육을 하기 위해 교사는 먼저 수학의 기본 개념(수와 연산, 측정, 공간과 도형, 확률과 통계, 분류 및 서열, 패턴) 중 어떤 개념이나 영역을 다룰 것인지 결정해야 한다. 유아의 발달수준과 흥미, 생활주제 등을 고려하여 수학적 개념을 선정하도록 한다.

② 활동 계획하기

수학적 개념을 선정한 후 그 개념을 게임을 통해 유아들에게 어떻게 전달할 수 있을지 활동을 계획해야 한다. 게임을 선정할 때 유아의 발달과 수준, 연령 및 흥미를 고려해야 한다. 연령이 어린 유아일 경우 복잡한 순서나 규칙이 있는 게임은 이해하기 어려우므로 비교적 간단하고 단순하며 친근한 도구를 사용할 수 있는 게임을 선정한다. 또한 실시하고 있는 생활주제와 관련된 게임을 선정하면 유아에게 일관성 있는 교육을 제공할 수 있게 된다. 가능한 한 모든 유아들이 참여할 수 있는 게임을 선정해야 하며, 시간과 공간을 고려해야 한다.

학기 초에는 경쟁심을 자극하는 편 게임보다는 서로 협력하여 목적을 이룰 수 있는 게임을 하는 것이 좋다. 여름에 신체를 많이 움직여야 하는 게임을 해야 할 경우 무더운 오후 시간보다는 오전에 하는 것이 좋으며, 정적인 활동과 균형을 맞추어 계획한다. 게임을 하기 위해 넓은 공간이 필요한 경우 유아교육기관에서 그러한 장소가 있는지 확인해 보아야 하며, 게임을 할 때 응원하는 소리나 게임에 참여하는 소리에 다른 반 수업이 방해가 되는지 고려해야 한다. 그리고 게임을 실내 또는 실외 중 어디에서 하는 것이 교육적 효과를 높일 수 있을지도 검토하여 게임 장소를 결정한다(이숙재, 2006).

이와 같은 요소들에 의해 유아에게 적절한 게임을 선정한 후 필요한 도구와 의사소통 방법을 연구하여 교육계획안을 작성한다.

다음은 게임의 유형별(Kamii & DeVries, 1979)로 어떤 게임의 종류가 있는지, 김창복·황정숙·김경철(2005)과 한유미(2005)의 연구를 참고로 수정·보완하여 수학 관련 요소를 제시하였다.

〈표 7-2〉 게임의 유형과 종류에 따른 수학 관련 요소

유형	종류	수학 관련 요소
목적물 맞추기 게임	구슬치기, 고리 던지기, 팥주머니 던지기, 눈싸움, 과녁 맞추기, 비석치기, 투호 놀이, 제기차기, 자치기	공간, 셈하기, 수 세기, 일대일 대응
경주 게임	주걱으로 공 나르기, 다리 묶고 달리기, 의자 뺏기, 콩 나르기, 공 나르기, 가마 타기, 머리에 책 얹고 가기	공간, 서열, 분류, 셈하기, 수 세기, 일대일 대응
알아맞히기 게임	비밀 주머니, 물건 찾기, 숫자 알아맞히기, 듣고 알아맞히기, 보고 알아맞히기, 경찰놀이	분류, 공간, 예측하기
쫓기 게임	수건돌리기, 고양이와 쥐, 꼬리치기, 앉은뱅이 치기, 술래잡기, 얼음 땡	공간, 분류
숨기기 게임	숨바꼭질, 보물찾기	공간, 예측하기, 추론하기
지시 게임	코코코, 가라사대, 다리 세기, 줄넘기, 무궁화 꽃이 피었습니다	예측하기, 추론하기, 수 세기
카드 게임	합해서 5 만들기, 도둑잡기, 낚시 게임, 도미노 게임, 짝 맞추기, 메모리 게임	공간, 도형, 수 세기, 셈하기, 일대일 대응, 분류
판 게임	윷놀이, 집 찾아가기, 트랙경기, 고누놀이, 삼목놀이, 도형 맞추기	분류, 셈하기, 수 세기, 도형, 예측하기, 추론하기

3 교구 및 교재 준비하기

게임을 통한 접근을 위해 교육계획안을 작성한 후 필요한 교구 및 교재를 준비한다. 기존에 있는 것을 그대로 또는 수정·보완하여 활용할 수도 있고, 적절한 게임이 유아교육기관에 없을 경우 교사가 직접 제작할 수도 있다. 그리고 일상생활에서 쉽게 접할 수 있는 물건을 활용하는 것도 가능하다. 게임을 위한 교구 및 교재는 유아들이 직접 조작하여 사용하기 때문에 크기가 적절해야 하고, 안정성 및 견고성, 매력적인 측면을 고려하여 준비하도록 한다.

4 활동하기

① 게임 소개하기

교사가 진행하는 활동이든 유아가 주도적으로 하는 활동이든 유아들이 처음

게임을 접하게 될 경우 교사는 게임을 소개해야 한다. 게임을 하기 위해 무엇이 필요한지, 게임의 목적과 방법은 무엇인지, 승패는 어떻게 가리는지를 유아들이 쉽게 이해할 수 있도록 단계적으로 소개한다.

② 시범 보이기

교사가 게임 소개를 했다고 해서 모든 유아가 처음 접한 게임에 대해 완전하게 이해하기는 어렵다. 유아들 중에 몇 명이 나와 게임을 직접 하면서 시범을 보이면 유아들이 제대로 이해하고 있는지 알 수 있다. 앞에 나온 유아가 잘못된 방법으로 게임을 했을 경우 교사가 일방적으로 지적해 주기보다 토의를 통해 유아들이 스스로 알아가도록 한다.

③ 활동하기

시범을 보인 후 게임의 규칙에 따라 게임을 실행한다. 게임을 실행하면서 규칙을 잊어버릴 경우 다시 한 번 회상하도록 배려한다. 의도적으로 게임의 규칙을 지키지 않을 경우 유아들과 토의하여 어떻게 할지 결정하도록 한다.

⑤ 평가하기

게임을 한 후 어떠했는지, 재미있었던 점과 어려웠던 점에 대해 평가한다. 구체적으로 게임의 목적을 제대로 성취했는지, 규칙을 제대로 지켰는지, 승패가 있는 게임을 했을 경우 어떻게 되었는지 이야기를 나누어 본다. 이때 게임에서 졌다고 하여 지나치게 좌절하지 않도록 배려해야 한다.

4. 미술활동을 통한 접근

1) 미술활동을 통한 접근의 교육적 의의

유아들은 자신의 생각, 느낌, 감정을 자유롭게 표현할 수 있는 미술활동을 좋아한다. 유아들은 자신의 생각과 느낌을 논리적인 언어로 표현하는 것에 대해 어려움을 느끼는데, 미술은 이를 가능하게 하기 때문이다. 미술적 표현을 통해 유아들은 자신의 생각을 명료화할 수 있으며, 표현의 욕구를 충족시키고 정서적 안정감을 느끼게 된다. 따라서 미술은 유아에게 친숙하고, 자연스러운 동기유발을 가능하게 하며, 즐겁게 활동할 수 있는 영역이다.

미술 경험은 모든 감각을 예민하게 하며 시각적인 힘을 증진시킴으로써 유아들로 하여금 세상을 바라보는 섬세한 눈을 지니게 한다. 섬세한 시각적 관찰은 색·모양·공간에 대한 감수성을 발달시키는데(오종숙, 2003), 이것은 수학적 개념을 발달시키는 데에도 도움이 된다. 왜냐하면 미술과 수학은 모두 시·공간적 능력의 활용을 포함하는 학문으로서 일상생활에서 수·양·모양 등의 관계나 사고를 상징으로 나타내는 의사소통의 도구이며 표상적 수단이라는 공통점이 있기 때문이다(한유미, 2005). 또한 미술과 수학은 원래 같은 개념을 다루고 있는데, 미술은 조형적인 언어로, 수학은 수와 같은 상징적인 언어로 표현한 것이라고 한다(Bickley-Green, 1995).

이와 같이 미술과 수학은 공통적인 특성을 지니고 있으므로 미술활동을 통해 유아의 수학적 개념을 증진시킬 수 있으며, 무엇보다 미술은 표면적으로는 미술활동을 하지만 그 내용 면에 있어서 수학적 개념을 학습하도록 달콤하게 위장시키는 수단이 될 수 있는 장점이 있다(고은아, 1995). 따라서 유아들은 자신이 좋아하는 미술활동을 하면서 은연중에 수학적 개념을 이해하고 확장해 나갈 수 있다.

최근 미술활동을 통한 수학적 접근에 대한 논의가 이루어지고 있으며, 그에 대한 연구(채현주, 2006; 최정경, 2002; 한유미, 2002 등)도 활발히 진행되고 있다. 미술활동을 통한 접근의 교육적 의의는 다음과 같다.

① 유아의 발달에 적합하다

유아들은 추상적 사고가 가능하지 않으므로 감각기관과 운동기관을 통해 세상을 인식한다(정옥분, 2006). 다시 말해 유아들은 직접적으로 오감을 통해 경험한 것에 의하여 인지적인 개념을 기억하고 이해한다는 의미이다. 이러한 발달적 특징을 고려한 유아 교수학습의 원리 중 구체성의 원리는 유아의 학습을 위해 제공되는 활동 및 자료를 직접 경험하고 조작할 수 있는 실물이어야 교육적 효과가 크다고 밝히고 있다(윤희경 외, 2005).

따라서 수학 역시 영유아가 직접적으로 참여하며 모든 감각을 활용하여 학습할 수 있는 환경을 제공해야 하는데, 미술을 통한 수학적 접근을 할 경우 유아들은 직접적으로 미술 도구와 재료를 조작하면서 감각을 활용하여 수학적 개념을 이해하고 확장시킬 수 있다. 그리고 유아들은 미술을 통해 자신의 생각과 느낌을 표현하는 것에 대해 친숙함을 느끼기 때문에 미술을 통한 수학적 활동을 할 경우 동기 유발이 용이하며 자연스럽게 수학적 개념을 확장시킬 수 있다.

② 유아가 주도성을 가지고 창의적으로 수학활동을 할 수 있다

유아들의 학습을 위한 준비는 항상 스스로 참여할 수 있으며, 유아 스스로 선택하고 결정할 수 있는 환경이 준비되었을 때 그 효력이 발생한다(김현자·한성심, 2007). 유아에게 외재적인 압력이 없이 스스로 선택하고 결정할 수 있는 교육 분위기가 마련될 경우 유아들은 그 활동에 더 적극적으로 참여하며 책임감을 느끼고 끝까지 완수하려는 의지를 지니게 된다.

그런데 미술활동은 교사가 활동을 계획하고 도구와 재료를 제공하는 데까지는 어느 정도 교사 주도로 이루어진다고 한다면 그다음 단계, 즉 미술 도구와 재료가 유아에게 주어지고 난 이후로는 유아들이 주도성을 가지고 활동하게 된다. 따라서 미술을 통한 수학활동을 함으로써 유아들은 창의적으로 수학적 개념과 과정을 시도하고 적용해 보면서 수학적 능력을 키워 나갈 수 있다.

③ 다양한 감각을 자극하여 수학적 개념과 과정 발달에 도움이 된다

유아들은 창의적이고 시각적인 미술 표현을 통하여 추상적인 수학적 개념을 보다 쉽게 이해할 수 있다고 한다(이정욱, 2003). 눈에 보이지 않는 추상적인 개념이 눈에 보이는 구체적인 개념으로 변환되면서 그 관련성을 이해하고 나아가 추상적인 수학적 개념을 이해할 수 있게 되는 것이다.

수학적 개념 중 패턴은 시각적 유형, 청각적 유형, 운동적 유형이 있다. 그중 시각적 유형은 미술과 밀접한 관련이 있다고 볼 수 있다. 패턴을 이용한 다양한 디자인 창안이 가능하기 때문이다. 실제로 수학과 미술의 통합활동이 유아의 패턴 이해 능력을 향상시킬 수 있었다고 한다(채현주, 2006). 그리고 수학적 개념 중 공간과 도형 개념은 선과 형을 기본으로 하기 때문에 이 또한 미술과의 관련성이 높다. 수학활동을 통합한 찰흙놀이가 유아의 공간 능력에 긍정적인 영향을 미쳤으며(유경숙, 2004), 수학과 미술의 통합활동이 유아의 공간과 기하 능력 및 수학적 태도를 향상시켰다는 보고도 있다(김명숙, 2011). 그 밖에 미술활동은 지각적인 힘과 정신운동적 기민성을 발달시킴으로써 셈하기 등의 수학 영역에 긍정적인 영향을 미친다고 하였다(이수경, 1995).

④ 유아가 수학에 대한 개념을 스스로 명확히 인식하고 수정할 수 있다

유아가 이해한 수학적 개념을 미술로 표상할 경우 자신의 사고를 시각화함으로써 유아는 자신이 알고 있는 것과 모르는 것을 스스로 발견하게 된다. 이로 인해 유아는 그 주제에 더 관심을 갖게 되고 자료를 조사하거나 관찰 또는 탐색하면서 수학적 개념을 명확하게 인식할 수 있다. 예를 들어, 과자로 집을 만든다고 하자. 과자로 집을 만들기 위해서는 평면이 아닌 입체로 만들어야 하기 때문에 좀 더 많은 요소를 고려해야 한다. 집의 벽을 만들기 위해서는 위와 아래의 길이 그리고 왼쪽과 오른쪽의 길이가 같아야 하고 네 벽의 높이 또한 같아야 한다. 벽을 만든 후 그 위에 지붕을 올리기 위해서는 다양한 시도를 하게 될 것이다. 이러한 과정 속에서 유아들은 자신이 알고 있는 공간과 도형에 대한 개념을 적용해 보면서 분명히 이해하게 될 것이다.

그리고 유아가 표상한 작품이 구체적인 자료로 남게 되는데, 이는 수학적 개념에 대한 유아의 반성적 사고와 메타인지적 사고 증진에 도움이 된다. 이러한 반성적 사고와 메타인지적 사고는 유아가 이해하고 있는 수학적 개념을 1차 표상한 후 재방문(revisit)하여 2차 표상, 3차 표상을 해 나가면서 기존의 지식과 새로운 지식을 비교·검토하면서 더욱 촉진될 수 있다(김정규 외, 2004).

⑤ 유아의 미술작품을 분석하여 유아의 수학에 대한 수준을 이해하고 평가할 수 있다

미술작품은 유아의 현재 상태 및 문제를 드러내기 때문에 진단 또는 평가하기 위한 도구로 사용할 수 있다(신민섭, 2007). 유아들은 자신이 생각하고 알고 있는 것을 분명하게 언어로 표현하는 데 한계가 있기 때문이다. 실제로 그림검사는 치료적인 목적을 위해 널리 사용되고 있으며, 교육학 분야에 있어서도 유아의 수학적 개념이나 태도를 평가하기 위한 도구로 사용되고 있다.

유아 미술의 인지적 이론은 유아의 미술 표현에 인지적 발달 수준이 반영되며 동시에 이에 의존한다는 입장으로, 유아들은 자신이 알지 못하거나 개념화할 수 없는 것을 그림으로 표현할 수 없다고 한다(이영자·이기숙·이정숙, 2005). 물론 유아의 미술 표현은 여러 가지 변인에 의해 영향을 받을 수 있으므로 신뢰도와 타당도에 대한 고려가 필요하지만 유아의 수학적 개념과 태도를 평가하기 위한 참고자료로 활용 가능하다.

⑥ 긍정적인 정서 발달에 도움이 된다

미술활동은 유아의 심미감을 발달시켜 정서를 풍요롭게 하며, 감정을 순화시켜 긍정적인 정서 발달에 도움이 된다. 유아들은 예술작품을 감상하며 미적 감각을 키워 나가고, 창의적인 표현활동을 통해 기쁨과 만족감을 느끼고, 자신만의 작품을 완성하였을 때 성취감과 자신감이 생기며 나아가 긍정적인 자아 개념을 형성하는 데에도 도움이 된다.

또한 미술은 유아에게 매우 친숙한 영역이므로 교육활동에 대한 자연스러운 동기 유발이 가능하며, 미술 재료를 유아 스스로 조작하고 탐색하면서 주도적으로 표현활동을 함으로써 교육활동에 대한 적극성과 열정을 불러일으킬 수 있다.

따라서 미술활동을 통해 수학적 접근을 할 경우 미술에 대한 기쁨과 만족, 자신감, 열정 등이 수학으로 연결되어 수학에 대한 긍정적인 태도 형성과 정서 발달을 가능하게 한다.

2) 미술활동을 통한 접근 과정

미술활동을 통한 접근의 교수-학습방법은 두 가지 측면으로 살펴볼 수 있다. 첫 번째는 유아가 이해한 수학적 개념을 미술로 표상하는 방법과 미술과 수학을 통합하여 수학적 개념을 이해·확장하는 방법이다.

(1) 유아가 이해한 수학적 개념을 미술로 표상하는 방법

유아가 이해한 수학적 개념을 미술로 표상하는 방법은 유아들이 이해한 수학적 개념을 더 명확하게 인식할 수 있도록 미술활동을 매개로 표상하는 방법이다. 유아들은 미술활동을 하면서 수학적 개념을 회상하고, 자신이 어느 정도 이해하고 있는지 스스로 깨달을 수 있다. 교사의 입장에서는 유아의 수학적 개념의 이해 정도를 미술작품을 통해 평가할 수 있다. 따라서 이 접근방법은 유아의 미술적 기법보다는 미술작품의 내용에 더 중점을 둔다.

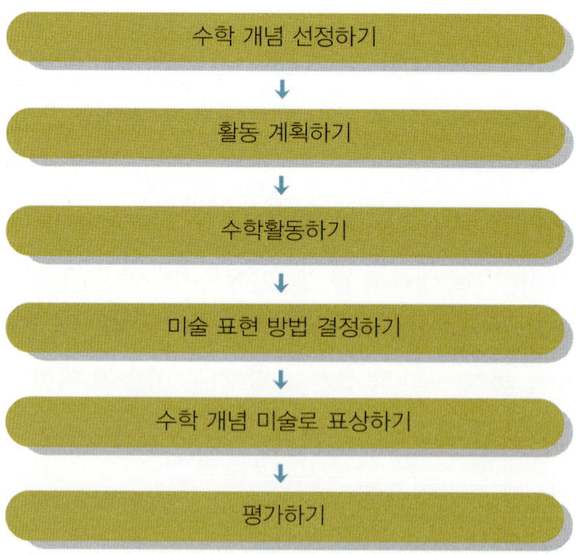

[그림 7-3] 유아가 이해한 수학적 개념을 미술로 표상하는 방법의 교수학습 단계

① 수학 개념 선정하기

수학 개념(수와 연산, 공간과 도형, 측정, 분류와 서열, 패턴, 통계와 확률) 중 어떤 개념을 교육활동으로 구성할지 결정한다. 주간 교육계획안이나 월간 교육계획안의 수학 영역을 검토해 보고 그동안 어떤 개념을 다루었는지 고려하여 유아들이 다양한 수학 개념을 경험할 수 있도록 선정한다.

② 활동 계획하기

선정된 수학 개념을 유아에게 효과적으로 전달할 수 있는 방법을 결정한다. 유아교육기관에서 실시하고 있는 주제와 시기적 특성(계절, 날씨 등), 유아의 흥미와 발달수준을 고려하여 활동을 결정하고, 교육계획안을 작성한다.

③ 수학활동하기

준비된 교재·교구를 활용하여 수학활동을 실시한다.

④ 미술 표현 방법 결정하기

유아가 학습한 수학적 개념을 미술로 표현하기 위해 다시 한번 활동을 계획한다. 평면으로 표현하는 방법과 입체로 표현하는 방법이 있다. 수학적 개념의 특성에 따라 적절한 미술 표현 방법을 결정하고, 필요한 미술 재료를 준비한다.

⑤ 수학 개념 미술로 표상하기

수학 개념을 미술로 표상해 본다. 예를 들어, 우리 주변에 있는 물건 중 동그라미 모양으로 된 것을 찾아보는 활동을 했다고 하자. 이러한 수학활동을 한 후, 유아들은 동그라미가 그려진 도화지에 그림을 확장시켜 시계, 과자, 사과, 얼굴 등의 그림으로 완성할 수 있다. 이러한 과정에서 유아들은 자신이 습득한 수학적 개념을 적용하여 다시 한 번 확인하게 된다.

⑥ 평가하기

수학 개념을 미술로 표상함으로써 어떠했는지, 무엇을 알게 되었는지, 궁금한 점은 있는지 등에 관해 이야기를 나누어 본다. 유아가 더 관찰하거나 탐색하고 싶은 주제가 있다면 다음 활동으로 연결할 수 있다. 연계활동은 더 깊이 있는 탐구활동을 유도하여 유아가 습득한 수학적 지식의 깊이와 폭을 더하게 된다. 그리고 연계활동을 한 후 다시 한 번 같은 주제를 미술로 표상해 봄으로써 유아들은 자신의 수학적 지식이 어떻게 변하였는지 스스로 비교 검토하면서 반성적 사고와 메타인지적 사고를 증진시킬 수 있다.

(2) 미술과 수학을 통합하여 수학적 개념을 이해·확장시키는 방법

미술과 수학을 통합하여 수학적 개념을 이해·확장하는 방법은 수학적 목적뿐만 아니라 동시에 미술적 목적을 이룰 수 있도록 지도하는 것이다. 미술활동을 하면서 유아들은 창의적으로 자신의 생각과 느낌을 표현하면서 자연스럽게 수학적 개념을 이해하고 확장시켜 나갈 수 있다.

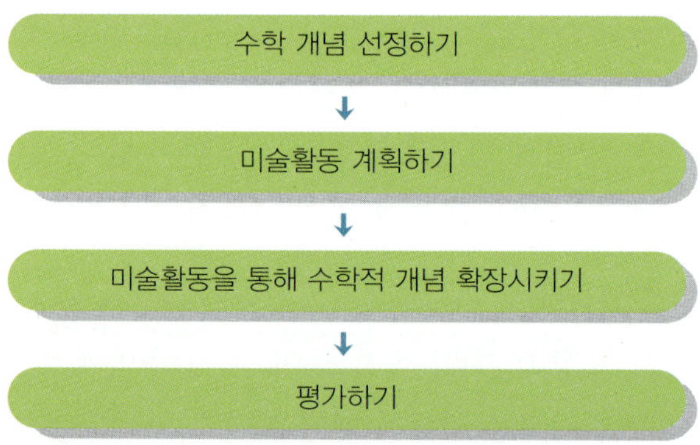

[그림 7-4] 미술과 수학을 통합하여 수학적 개념을 이해·확장시키는 방법

① 수학 개념 선정하기

수학 개념(수와 연산, 공간과 도형, 측정, 분류와 서열, 패턴, 통계와 확률) 중 어떤 개념을 교육활동으로 구성할지 결정한다. 주간 교육계획안이나 월간 교육계획안의 수학 영역을 검토해 보고 그동안 어떤 개념을 다루었는지 고려하여 유아들이 다양한 수학 개념을 경험할 수 있도록 선정한다.

② 미술활동 계획하기

수학 개념을 선정한 후 그것을 자연스럽게 연결할 수 있는 미술활동을 결정한다. 다음은 수학 개념과 미술활동을 연결한 예시이다.

〈표 7-3〉 수학 개념과 관련된 미술활동

수학 개념	미술활동
수와 연산	• 열 손가락 지문 찍기 • 과자로 숫자 만들기 • 숫자 집 꾸미기 • 숫자 판화 찍기 • 밀가루 풀로 숫자 그리기
공간과 도형	• 모양 모자이크 • ○△□ 모양 종이로 구성하기(사람, 나무, 집, 산 등) • 폐품 이용해 마을 꾸미기 • 정물화 그리기 • 모양 책 만들기
측정	• 점토 과일 만들어 무게 재기 • 나의 몸 그려서 손바닥 도장으로 길이 재기 • 머리 둘레 측정하여 왕관 만들기 • 사계절 그림 그리기
분류와 서열, 패턴	• 도장 찍어 패턴 만들기 • 색종이 고리로 패턴 목걸이 만들기 • 크기별로 지점토 쿠키 만들기
통계와 확률	• 좋아하는 동물 그래프 만들기 • 내일의 날씨 표 만들기

③ 미술활동을 통해 수학적 개념 확장시키기

유아들은 다양한 미술 재료로 자유롭게 표현하고 교사는 이 과정 속에서 유아들이 수학적 개념을 이해하고 확장할 수 있도록 유도해야 한다. 예를 들어, 패턴 목걸이 만들기를 할 경우, AB 패턴(예 빨간 구슬-파란 구슬 패턴)으로만 만드는 것이 아니라, AAB(예 꽃-꽃-나비 패턴), ABC(예 리본-하트-별 패턴) 등 다양한 색깔과 모양의 패턴을 만들도록 유도할 수 있다. 이러한 과정에서 유아들은 패턴의 다양한 형식에 관심을 갖게 되면서 더 깊이 있는 지식을 얻게 된다.

④ 평가하기

활동이 끝난 후 느낌이 어떠했는지, 즐거웠는지, 새로 알게 된 것과 또 궁금한 것이 있는지 등에 대해 이야기를 나눈다.

5. 문학활동을 통한 접근

1) 문학활동을 통한 접근의 교육적 의의

문학이란 언어와 문자를 통해 자연과 인간, 사회와 인간, 인간과 인간의 여러 가지 갈등을 허구적으로 묘사하고 그것을 통해 독자를 감동시키며 “인간이란 무엇인가?”, “인생은 어떻게 살아가는가?”라는 문제를 진지하게 탐구하도록 하는 예술이다(김세희, 2001). 이렇듯 문학은 누구나 경험할 만한 인간의 다양한 삶을 때로는 심도 있게 때로는 흥미롭게 다루고 있기 때문에 문학 그 자체로서 유아의 관심과 흥미를 끌어들이는 강력한 힘을 지니고 있다. 우리는 어수선하고 산만했던 유아교육기관의 한 교실에서 문학의 한 종류인 동화 감상시간이 되면 언제 그랬냐는 듯 선생님의 말 한마디 한마디에 귀 기울이면서 몰입하고 있는 아이들의 모습을 쉽게 상상해 볼 수 있다. 그리고 교사의 입장에서도 문학 그 자체로 유아들에게 동기 유발이 되기 때문에 다른 교육활동보다 문학활동에 대한 부담이 덜할 것이다. 따라서 유아의 열렬한 관심과 지지를 받고 있으며, 교사에게도 보다 쉽게 접근할 수 있는 문학을 활용하여 수학활동을 한다면 그 교육적 효과도 크리라고 기대할 수 있다.

문학활동을 통한 수학적 접근방법은 수학에 대한 내용을 다루면서 문학적 가치를 지닌 문학작품을 활용하여 수학교육활동을 실행하는 교수방법이다. 이 접근방법은 듀이의 경험 중심 교육 사상에 근간을 두고 있으며, 유아에게 수학교육을 하는 데 있어 수학 개념을 분리하여 단순히 반복 전달하는 것이 아니라, 유아의 발달과 흥미를 반영하고, 그들과 관련된 맥락적 상황에서 진정한 교수학습이 이루어지도록 하는 데 문학을 활용하자는 것으로 관심이 모아지면서 1990년대 이래로 활발히 활용되고 있는 추세이다(이경우, 1997; 황의명·조형숙, 2001). 문학활동을 통한 수학교육의 의의를 구체적으로 살펴보면 다음과 같다.

① 유아의 발달에 적합하다

유아는 성인과 같은 방식으로 수학적 개념을 이해하지 않는다. 유아들은 어떤 개념을 분리하고 세분화하여 이해하는 것이 아니므로 이런 방식으로 수학 개념을 소개한다면 어려움을 겪게 된다. 또한 유아들은 수학적 사실이나 개념을 설명적인 지식 형태보다는 이야기식의 지식 형태로 제시하는 것이 더 효과적이다(이경우, 1997). 문학작품은 수학적 개념이나 과정을 포함한 하나의 총체적인 상황으로 이야기해 준다. 따라서 유아들은 문학작품을 통해 자신의 발달에 적합한 방식으로 수학적 개념을 자연스럽게 받아들일 수 있다. 예를 들어, 어느 한 유아에게 "3 더하기 2는 무엇이니?"라는 질문에는 답하지 못할 수 있지만, 같은 문제를 문학작품을 활용하여 이야기식으로 질문하면 다른 결과를 얻을 수 있다. 동화『윷놀이 이야기』(이은화 저/한림출판사)에서 말, 소, 양, 개, 돼지가 달리기 경주를 하여 순위대로 사과를 받는다. 개는 사과 2개, 양은 사과 3개를 받은 상황을 활용하여 한 유아에게 "개는 사과 두 개를 받았고, 양은 사과 세 개를 받았는데 모두 합하면 몇 개일까?"라는 질문에 유아들은 "다섯 개."라고 답할 수 있다.

② 유아의 흥미와 호기심을 유발한다

유아를 대상으로 하는 문학작품은 유아의 인지적·사회적·정서적 측면을 고려하여 그들의 삶과 관련된 내용을 다루고 있으므로 유아의 흥미와 호기심을 자극한다. 유아의 삶과 관련이 없는 것은 유아에게 무의미하기 때문에 그들의 관심을 이끌어 낼 수 없다. 특히 그림책의 아름답고 때로는 재미있으며 유아의 무한한 상상력과 창의력을 자극하는 삽화들은 유아의 눈길을 끌기에 충분하다.

유아의 흥미와 호기심은 탐구하려는 성향의 발판이 될 수 있는데, 이는 수학에 대한 긍정적인 태도를 길러주는 데 중요한 역할을 한다(홍혜경, 2005). 문학에 대한 흥미와 즐거움이 수학으로 연결되어 유아들은 수학에 대해 딱딱하고 지루한 부정적인 정서가 아닌 신나고 재미있는 긍정적인 정서를 지닐 수 있게 되고, 이는 나아가 수학적 문제해결능력을 향상시키는 데에도 도움이 된다(장영숙·이미옥, 2006).

③ 일상생활의 의미 있는 맥락 속에서 수학을 경험할 수 있다

문학작품은 현실에서 일어날 수 있을 만한 상황으로 수학적 개념이나 과정을 전달하고 있기 때문에 유아들은 간접적이기는 하나 실질적인 것으로 수학을 경험하게 된다. 유아들은 수학과 관련된 문학작품을 통해 수학적 지식이 일상생활 속에서 어떤 맥락에서 어떠한 방식으로 활용되는지 자연스럽게 배울 수 있다. 아울러 유아들은 수학적인 문제 상황을 더 잘 이해하게 되고 지금까지 유아가 가지고 있던 비형식적인 지식과 전략을 사용하도록 유도하기 때문에 수학교육을 훨씬 용이하게 할 수 있다(나귀옥·김경희, 2004). Jennings 등(1992)에 의하면 문학을 통한 수학교육은 수학적 문제를 일상생활과 자연스럽게 연결시킴으로써 유아의 어휘 사용, 학습 성취도, 흥미를 증진시킬 수 있다고 한다. 다시 말해 유아들은 수학을 교과서를 통해 배우는 학문적인 것이 아니라 우리가 살아가는 데 필요한 실용적인 것으로 인식하게 되고, 이는 수학에 대한 긍정적인 태도를 형성하는 데에도 영향을 미칠 것이다. 왜냐하면 우리는 어떤 지식이 나의 삶에 직접적으로 도움이 된다고 할 때 그 지식을 더 잘 습득하려는 경향이 있기 때문이다.

④ 수학적 어휘를 자연스럽게 익힐 수 있다

문학작품은 수학적 어휘가 사용되는 구체적인 상황을 제시하고 있으므로 유아들에게 단순히 어휘만을 소개하여 반복적으로 익히게 하는 것보다 문학작품을 통해 유아들은 더 쉽고 자연스럽게 수학적 어휘를 습득할 수 있다.

글을 읽지 못하는 유아들이라 할지라도 유아를 대상으로 하고 있는 대부분의 동화책이나 동시집은 본문의 내용과 관련된 삽화가 함께 수록되어 있기 때문에 유아가 어휘의 의미를 이해하는 데 도움이 된다. 수학적 어휘를 이해함으로써 유아의 수학적 개념은 더 확장되고 심화되므로 풍부한 수학적 어휘를 자연스럽게 제공할 수 있는 문학작품을 통한 수학교육은 의미 있는 교수방법이라 할 수 있다.

⑤ 다른 영역 활동으로의 전이가 용이하다

유아들과 함께 문학작품을 감상하는 것은 단순히 유아에게 문학적 경험만을 제공하는 것이 아니라 그와 관련된 수학 영역의 아이디어를 제공하며, 언어, 조형, 동작, 음악 등과 같은 다른 교과 영역의 활동으로 안내하기도 한다.

문학작품 속의 세계는 우리의 실질적인 삶이 그러하듯 수학, 과학, 언어 등이 분리되어 있는 것이 아니라 모든 영역이 통합된 경험의 형태를 띠고 있다. 따라서 문학작품은 수학의 내용을 주제로 했을지라도 얼마든지 다른 영역으로 확장하여 교육활동을 할 수 있는 풍부한 소재를 지닌 매체라고 할 수 있다. 문학작품을 활용하여 수학과 다른 교과 영역을 통합하여 교육할 때 유아들은 연결된 지식을 갖게 되고, 통합적 사고를 하게 됨으로써 수학적 개념과 과정을 이해하는 데 도움이 된다.

2) 문학활동을 통한 접근 과정

(1) 수학교육을 위한 문학작품의 선정 기준

문학활동을 통한 접근은 문학작품이 중심이 되고 토대가 되어 수학교육이 이루어지므로 문학작품의 선정은 교육의 효과를 좌우할 만큼 중요하다. 유아에게 수학과 관련된 적절한 문학작품의 선정 기준은 다음과 같다. 이는 나귀옥, 김경희(2004)와 이경우(1997)의 내용을 토대로 제시한 것이다.

① 유아의 호기심, 흥미, 탐구심을 유발해야 한다

수학교육을 하는 데 문학작품을 활용하는 가장 큰 이유 중 하나는 그 자체로서 유아의 호기심과 흥미를 자극하여 교육을 위한 자연스러운 동기 유발이 된다는 점이다. 따라서 문학작품은 유아에게 흥미로운 수학적 문제 상황을 제공하여 의문을 갖게 하고 추론하고 조사·확인해 보게 할 수 있는 내용을 담고 있으면 좋다.

② 유아에게 의미 있는 수학적 경험을 제공해야 한다

유아에게 의미 있는 것은 그들의 삶과 관련되어 있는 것이다. 문학작품이 유아에게 발생할 수 있을 만한 수학 문제 상황을 제시하고 있을 때 유아들은 수학을 더 의미있는 실질적인 것으로 받아들이게 된다. 또한 유아에게 친숙한 대상(예를 들어, 가족이나 친구, 동물 등)이 등장하는 문학작품으로 수학활동을 할 때 유아들의 삶에 한 걸음 더 다가가는 데 도움이 될 것이다.

③ 유아의 다양한 창의적 사고를 가능하게 해야 한다

수학교육의 목적 중 하나는 유아가 수학 문제를 다양한 창의적 사고를 통해 해결하면서 수학적 개념을 확장시키는 것이다. 문학작품에서 제시하고 있는 수학적 문제 상황이 하나의 해결방법만으로 가능하다면 유아의 창의적 사고를 증진시킬 수 없으며, 오히려 수학에 대한 유아의 흥미를 떨어뜨릴 수 있는 부정적인 요소가 될 수 있다. 따라서 수학과 관련된 문학작품을 선정할 때 유아가 무한한 상상력과 다양한 창의적 사고를 가능하게 하는 작품을 선정해야 한다.

④ 수학과 자연스럽게 연결되어야 한다

문학을 활용한 수학교육의 긍정적인 효과에 대한 연구가 많이 실행됨에 따라(신인숙·이순주, 2003; 장영숙·이미옥, 2006) 수학 개념 및 과정을 전달하기 위한 것을 목적으로 하는 수학 동화 시리즈가 출판되기도 하였다. 그러나 이러한 동화 중에는 수학적 지식 전달을 지나치게 강조하다 보니 동화 속 이야기와 수학이 부자연스럽게 연결되어 문학작품이라기보다 교재라는 느낌을 주는 것도 있으므로 주의해야 한다.

⑤ 제시하고 있는 정보가 정확해야 한다

수학과 관련된 문학작품의 내용과 삽화는 정확한 정보를 제시하고 있어야 한다. 정보가 정확하지 않을 경우 유아들은 잘못된 수학 개념을 익히게 되고 이것은 유아에게 잘못된 개념을 정립시켜 수학에 대한 편견으로 작용할 수 있으며, 앞으로 수학교육을 하는 데에 걸림돌이 될 수 있다. 따라서 교사 자신이 먼저 정확한 수학 개념과 지식을 갖춰 잘못된 정보를 분별할 수 있는 능력을 길러야 한다.

⑥ 다른 교과 영역과의 다양한 통합활동이 가능해야 한다

문학작품을 활용하여 수학교육을 할 때 수학활동만 하는 것이 아니라 언어, 조형, 동작 등 다른 교과 영역과 통합하는 것이 교육적 효과가 더 크기 때문에(김창복 외, 2005) 수학 또는 과학만 분리하여 하나의 교육활동만 할 수 있는 문학작품보다는 다양한 수학활동이 가능한 문학작품을 선정하는 것이 좋다.

⑦ 문학적으로 가치로워야 한다

수학교육을 위해 활용되는 문학작품일지라도 문학적 가치를 지녀야 한다. 수학교육을 하는 것은 궁극적으로 유아의 전인교육이라는 이념을 지향하고 있기 때문에 수학교육을 위해 조악한 삽화나 언어적 표현이 수록되어 있는 문학작품을 유아에게 제시해서는 안 된다. 유아를 위한 문학작품은 문학성과 심미적 가치를 지니고 있으면서 수학적 개념이나 과정이 적절히 드러난 것이어야 한다.

(2) 문학활동을 통한 접근의 교수-학습방법

문학활동을 통한 접근방법은 수학 개념을 먼저 선정하는 경우와 생활주제와 관련된 문학작품을 먼저 선정하는 경우로 두 가지 측면으로 고려해 볼 수 있다.

수학교육을 할 때 수학교육의 개념(수와 연산, 공간과 기하, 측정, 규칙성, 자료 분석) 중 어느 한 개념에 편중됨이 없어 골고루 다루어져야 한다. 따라서 교사는 문학을 통한 수학교육을 실행함에 있어 유아에게 전달할 수학 개념을 먼저 결정하고 그 개념을 다루고 있는 문학작품을 선정하여 수학활동을 구성할 수 있다. 그러나 때때로 교사가 제시하고자 하는 수학 개념을 다루고 있는 문학작품을 찾기 어려울 때도 있다. 그런 경우 유아교육기관 교실에서 실시하고 있는 주제와 관련된 문학작품을 먼저 선정하고 그 안에서 수학적 개념을 이끌어 내어 교육활동을 구성할 수 있다.

❖ 수학 개념을 먼저 선정하는 경우

수학 개념 선정하기

↓

선정된 수학 개념을 다루는 문학작품 찾아보기

↓

활동 계획하기

↓

문학작품 감상하기

↓

활동 실행 및 평가하기

↓

확장활동하기

[그림 7-5] 수학 개념을 먼저 선정하는 경우의 교수학습 단계

1 수학 개념 선정하기

수학 개념(수와 연산, 공간과 기하, 측정, 분류와 서열, 패턴, 확률과 통계)과 과학 개념(생명과학, 물리과학, 지구과학) 중 어떤 개념을 교육활동으로 구성할지 결정한다. 주간 교육계획안이나 월간 교육계획안의 수학 영역을 검토해 보고 그동안 어떤 개념을 다루었는지 고려하여 유아들이 다양한 수학 개념을 경험할 수 있도록 한다.

2 선정된 수학 개념을 다루는 문학작품 찾아보기

① 수학 개념을 직접적으로 다루고 있는 작품 찾아보기

예 공간 개념 : 『알록달록 동물원』(로이스 엘러트 글·그림/시공주니어)

수 개념 : 『한 조각, 두 조각, 세 조각』(김혜환 글·그림/초방책방)

② 수학적 상황이 명확하게 드러나는 작품 찾아보기

예 부분과 전체 개념 : 『자꾸자꾸 초인종이 울리네』(팻 허친스 글·그림/보물창고)

수 개념 : 『윷놀이 이야기』(이은화 글, 한유민 그림/한림출판사)

수 개념 : 『노랑 버스가 부릉부릉』(신순재 글, 오정택 그림/웅진주니어)

③ 수학적 어휘가 빈번히 사용된 작품 찾아보기

예 수 개념 : 『10까지 셀 줄 아는 아기 염소』(알프 프로이센 글, 하야시 아키코 그림/한림)

공간 개념 : 『달님이 본 것은』(브라이언 와일드스미스 글·그림/보림)

④ 수학에 관한 기원이나 역사를 다루고 있는 작품 찾아보기

예 숫자의 유래 : 『숫자랑 놀자』(마생 글·그림/마루벌)

3 활동 계획하기

먼저 대상 유아의 연령과 그룹의 형태(소그룹, 대그룹)를 고려하고, 문학작품을 어떤 매체(융판, OHP, 프로젝터, 비디오, 자석판 등)를 활용하여 제시할지 결정한다. 문학작품을 감상한 후 수학활동 방법을 계획한다. 이야기 나누기, 노래, 동작, 게임, 조형활동 등 어떤 교과 영역과 통합하여 제시할지, 어떤 교재·교구를 활용할지 결정한다. 수학활동을 위한 교육계획안을 작성한 후 필요한 교재·교구를 제작·준비한다.

4 문학작품 감상하기

준비된 자료로 문학작품을 감상한다. 동화일 경우 교사가 들려주고, 동시나 선래동요일 경우 감상활동에 유아를 참여시킨다. 동시나 전래동요 감상은 다양한 방식이 가능한데, 가령 처음에는 교사가 먼저 동시나 전래동요를 읽어 주고 한 행씩 유아들이 따라 읽게 한 다음 한 행씩 교사와 유아가 교대로 읽을 수도 있고, 유아가 앞에 나와 친구들에게 들려줄 수 있다. 그리고 언어뿐만 아니라 동작으로 동시나 전래동요의 내용을 표현하는 방법도 있다.

⑤ 활동 실행 및 평가하기

준비된 교재·교구로 수학활동을 실행하고, 그 후 교육활동에 대한 평가를 해 본다. 평가는 대체로 유아들과 이야기 나누기를 하는데, 글과 그림 등으로 표현할 수도 있다.

⑥ 확장활동하기

수학활동을 하면서 유아들의 또 다른 궁금증을 중심으로 연계활동을 할 수 있다. 그리고 교사가 판단하여 중요한 교육활동이라고 인식될 경우 연계활동을 계획하여 유아들에게 제시한다. 예를 들어, 『자꾸자꾸 초인종이 울리네』(팻 허친스 글·그림/보물창고)를 감상하고 같은 반 친구들이 간식 시간에 같은 종류의 과자를 같은 개수로 나누어 먹으려면 어떻게 해야 하는지 문제해결활동을 한 후, 한 유아가 과자의 종류가 다르면 어떻게 해야 하는지 의문을 제기한다면 두세 종류의 과자를 가지고 유아들과 확장활동을 해 보도록 한다.

❖ 생활주제와 관련된 문학작품을 먼저 선정하는 경우

생활주제와 관련된 문학작품 선정

↓

수학 개념 찾기

↓

활동 계획하기

↓

문학작품 감상하기

↓

활동 실행 및 평가하기

↓

확장활동하기

[그림 7-6] 생활주제와 관련된 문학작품을 먼저 선정하는 경우의 교수학습 단계

① 생활주제와 관련된 문학작품 선정

이는 유아교육기관 교실에서 실시하고 있는 생활주제를 중심으로 문학작품을 선정하는 것이다. 예를 들어, '동물'이 주제라고 한다면 동물이 등장하는 문학작품을 선정한다.

② 수학 개념 찾기

선정된 문학작품을 읽으며 수학 개념과 관련된 활동을 모두 찾아본다.

예를 들어, 생활주제가 '겨울'이고 『장갑』(우크라이나 민화, 에우게니 M. 라쵸프 그림/한림)이라는 동화를 선정했다. 이 동화는 할아버지가 길을 가다 장갑을 눈길에 떨어뜨렸는데 쥐, 개구리, 토끼, 여우, 이리, 멧돼지, 곰이 지나가다 추위를 피하기 위해 한 마리씩 장갑 속에 들어갔다가 할아버지가 다시 장갑을 줍기 위해 오는 바람에 모두 도망가게 된다는 내용이다. 『장갑』을 감상하고 교사는 다음과 같이 수학활동을 계획할 수 있다.

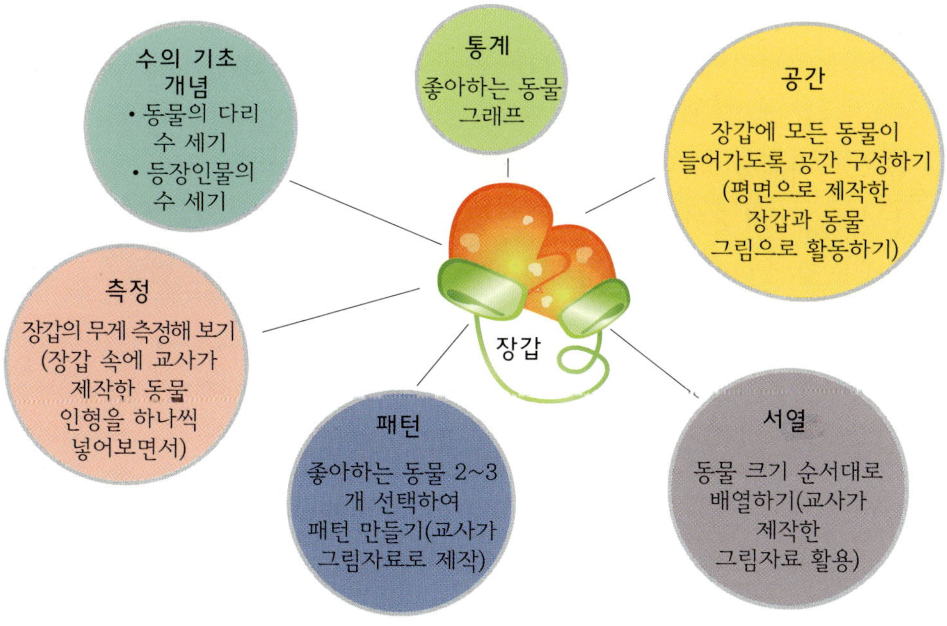

[그림 7-7] 동화 『장갑』을 활용한 개념별 수학활동의 예

③ 활동 계획하기

수학 개념과 관련된 활동을 찾은 후 현재 학급에서 운영하고 있는 활동의 흐름, 유아의 흥미와 발달 정도를 고려하여 수학활동을 선정한다. 선정된 활동을 위한 교육계획안을 작성하고 교재·교구를 제작한다.

④ 문학작품 감상하기

준비된 자료로 문학작품을 감상한다. 동화일 경우 교사가 들려주고, 동시나 전래동요일 경우 감상활동에 유아를 참여시킨다. 다양한 방식으로 동시나 전래동요를 감상한다.

⑤ 활동 실행 및 평가하기

준비된 교재·교구로 수학활동을 실행하고, 그 후 교육활동에 대한 평가를 해 본다. 평가는 대체로 유아들과 이야기 나누기를 하는데, 글과 그림으로 표현할 수도 있다.

⑥ 확장활동하기

수학활동을 하면서 유아들의 또 다른 궁금증을 중심으로 연계활동을 할 수 있다.

예를 들어, 생활주제가 '봄'이고, 봄과 관련된 『걸어 보아요』(안나 클라라 티돌름 글·그림/사계절)라는 그림책을 유아에게 들려주었다. 이 책에는 다양한 길 모양이 나와 있어서 유아와 다양한 길 모양을 걸어 보는 활동을 했다. 유아들이 선에 관심을 갖게 되어 이를 확장시켜 여러 가지 모양을 탐색하는 활동으로 연계할 수 있다.

6. 음악 및 동작활동을 통한 접근

1) 음악 및 동작활동을 통한 접근의 교육적 의의

모든 인간은 정도의 차이는 있으나 음악성을 지니고 태어난다(조효임 외, 1999). 그리고 인간의 정서적 상태를 동작으로 표현하는 양상 역시 이미 태내에 있을 때부터 시작되며, 출생 후에는 내면적·외면적 자극에 의해 일어나고 보다 다양한 동작을 통해 발산된다(홍용희 외, 2001). 이러한 음악과 동작에 대한 능력은 어린 영아들에게서도 발견된다. 신생아들도 태내에 있을 때 들었던 음악을 기억할 수 있으며, 영아들에게 음악을 들려주면 자연스럽게 음악에 반응하여 몸을 흔드는 모습을 볼 수 있다.

유아들은 동작으로 자신의 느낌과 생각을 표현하며 행복해한다. 특히 유아기는 청감각이 가장 민감한 시기로 유아에게 음악은 그 자체로 즐거움이 된다(안재신, 1997). 음악 및 동작에 대한 감각은 인간의 본연적인 것이기 때문에 인간의 감각을 자극하고 감정과 정서를 불러일으키며, 생리적·정서적 반응을 유발하고 몸과 마음에 활력을 북돋우는 역할을 하기 때문에(김춘경, 2005) 음악 및 동작을 통해 수학활동을 한다면 유아들의 동기를 유발하는 데에 도움이 될 것이다. 또한 정서와 사고는 서로 영향을 주고받기 때문에 유아들의 정서와 물리적인 세계에 대한 느낌은 유아들이 생각하고 배울 수 있는 능력에 영향을 미친다(Harlan & Rivikin, 2000). 따라서 음악 및 동작활동을 통해 유아들은 긍정적인 정서를 경험하게 되고 이것은 사고에 영향을 미쳐 유아들이 수학에 대한 개념을 더 잘 학습할 수 있도록 하는 데 도움이 될 것이다.

또한 음악과 수학은 겉으로 보기에는 많이 달라 보이지만 많은 공통점을 지니고 있으며(Nisbet, 1991), 음악에 재능이 있는 사람은 수학에도 재능을 보이곤 한다(Vaughn, 2000). 유아의 음악활동은 처음에는 음악을 탐색·모방·실험해 보는 것으로 시작하여 음악을 식별·조직화·창조하고 나아가서는 그것을 재조직·생산·

개념화해 보는 활동으로 발전해 나가는데(이영·유애열, 1985), 이러한 과정은 수학을 하는 방법적 측면과 닮아 있다. 동작활동 역시 수학과 공통된 요소를 지니고 있는데, 유아는 동작을 통해 사람들 간의 차이점과 유사점을 인식하며, 아이디어와 생각과 느낌을 명료화하고, 지각·관찰·주의집중의 기술을 향상시킨다는 점이다(Purcell, 1994). 예를 들어, 유아들은 수학적 개념 중 패턴을 동작으로 표현하면서 동작의 차이점과 유사점을 인식하며 유아들은 패턴의 개념을 더 명확하게 학습할 수 있게 된다.

이와 같이 음악 및 동작과 수학은 많은 공통점을 지니고 있으며, 긍정적인 정서를 유발하기 때문에 수학활동을 하는 데 동기 유발이 용이하고, 수학적으로 사고하는 데에도 도움이 된다. 최근 음악 및 동작과 수학을 연결하여 교육하려는 시도가 이루어지고 있으며(이인원·김숙자, 2006; 박경난, 2007), 이에 대한 교육적 의의는 다음과 같다.

① 유아에게 즐거움과 기쁨을 선사한다

유아들은 음악을 듣고, 노래를 부르고, 악기를 연주하며 그리고 자신의 생각과 느낌을 동작으로 표현하면서 만족감, 안정감, 즐거움을 느끼며 정서적으로 충만해진다. 수학교육을 하는 데 음악을 사용하면 유아의 환경을 풍부하게 함으로써 과도한 중압감과 스트레스에서 벗어나게 할 수 있으며 만족감과 학습에 대한 흥미를 느낄 수 있게 한다(Diamond & Hobson, 1998). 또한 유아들은 표현과 의사소통의 수단인 움직임을 통해 자유로운 자기표현을 할 수 있는 개방적 경험을 갖게 됨으로써 안정감을 느낄 수 있게 되는 것이다(홍용희 외, 2001).

따라서 음악 및 동작으로 수학활동을 할 경우 이러한 긍정적인 정서가 수학으로 연결되어 유아들은 수학에 대해 흥미와 즐거움을 느낄 수 있다.

② 감각적 인식능력을 증진시켜 활동에 몰입하게 한다

리듬감을 갖고 음을 흡수하는 음악적 활동은 활발한 감각적 경험과 활동을 요하는 예술학습으로 높은 수준의 지각력 발달을 가져온다(안재신, 1997). 음악 및 동작활동은 정서와 지각을 일깨워 감각적 인식능력을 발달시키고, 주의를 환시시켜 활동에 몰입하게 하는 효과가 있다(김춘경, 2005). 졸음이 몰려오는 나른한 오후에 음악을 듣거나, 노래를 부르거나, 악기를 연주하면 각성되면서 정신이 맑아지는 경험을 해 보았을 것이다. 동작활동 역시 스스로 생각하며 몸을 움직여야 하기 때문에 몸의 감각에 민감해지고 활동에 집중하게 된다.

따라서 유아들은 추상적이고 어렵게 느껴져 활동에 몰입하기 어려울 수도 있는 수학 시간에 감각적 인식력을 불러일으켜 수업에 적극적으로 참여하며 의미 있는 시간으로 구성해 나갈 것이다.

③ 수학적 개념을 더 잘 기억하게 한다

긍정적인 교실 환경은 기분 좋은 정서를 유도해서 기억을 촉진시키는 물질인 엔돌핀의 수치를 상승시킬 수 있으며, 정서적으로 중요한 사건들이 의미 없는 사건들보다 훨씬 더 강력하게 기억 속에 간직된다는 것은 일반적으로 알고있는 사실이다(Harlan & Rivikin, 2000). 음악 및 동작활동을 하게 되면 그 자체로도 긍정적인 정서를 유발하고 즐겁고 생동감 있는 교실 분위기를 조성한다. 따라서 음악 및 동작활동을 통해 수학 개념을 전달할 경우 유아들은 마음속에 더 오래 간직할 것이다.

그리고 인간은 읽은 것의 10%, 들은 것의 20%, 본 것의 30%, 동시에 보고 들은 것의 50%, 듣고 보고, 그리고 말한 것의 70%, 듣고, 보고, 말하고 행동한 것의 90%를 기억한다고 한다(Fauth, 1990). 이 말은 공자의 말처럼 "나는 들은 것을 잊어버린다. 본 것을 기억한다. 한 것은 안다."를 의미하는 것이며, 결국 유아들은 자신이 직접 한 것을 앞으로도 계속 알게 될 것이다(Pica, 2000). 이는 수학적 개념을 교사가 이야기 나누기 하면서 전달하거나 책을 통해 알게 되는 것보다 행함(doing)을 통해 개념을 습득할 때 가장 효과적인 교육적 성과를 이룰 수 있다는 의미이다.

④ 창의적 문제해결능력을 향상시킨다

다양한 음악활동은 유아의 생각과 느낌을 탐색하고 실험하며 자유롭고 독창적으로 표현하게 함으로써 유아의 상상력과 표현력을 신장시키고 창조적 희열을 느끼게 하여 창의적 사고력과 표현력의 신장을 도와준다(전인옥·이숙희, 2003). 그리고 유아들은 창의적인 동작 표현을 통해 수렴적 기술과 발산적 기술을 사용하여 문제를 해결하는 것을 학습하고, 자기표현을 통해 자아존중감을 기름(김은심, 2004)으로써 문제해결에 대한 자신감을 증진시킨다.

따라서 음악 및 동작을 통해 수학활동을 하게 되면 유아들은 수학적 문제를 해결하는 데 있어서 자신감과 열의를 보이고, 문제를 해결하기 위해 다양한 방법으로 시도해 봄으로써 융통성과 유창성을 기르며, 문제를 스스로 해결한 후에 성취감과 만족감을 느끼게 된다.

⑤ 다양한 표상능력을 기른다

음악은 유아 자신의 감정을 자연스럽게 표현하게 하고 타인의 감정을 민감하게 인식하도록 함으로써 보다 성숙한 감정표현 및 통제력을 발달시키는 데 도움이 된다(심성경 외, 2000). 예를 들어, 유아들이 친구들과 합주를 할 경우 다른 친구의 악기 소리를 민감하게 들어야 하며 조화롭게 자신의 악기로 소리를 내는 경험을 통해 표현력과 조절력을 기를 수 있는 것이다.

또한 유아들은 말과 글로 자신의 생각과 느낌을 표현하기 훨씬 전부터 몸의 움직임으로 의사를 전달하고 감정의 변화를 나타내 왔기 때문에 신체 표현은 유아들에게 있어 가장 손쉬운 의사전달의 수단이 된다(홍용희 외, 2001). 유아들은 이러한 과정 속에서 언어뿐 아니라 다른 방법으로도 자신의 생각과 느낌을 표현할 수 있다는 것을 깨닫게 된다.

따라서 유아들은 음악 및 동작으로 자신이 이해한 세계를 다양하게 표현하는 능력을 기르면서 수학적 개념을 자신만의 방법으로 더 잘 습득하고 확장해 나갈 수 있다.

2) 음악 및 동작활동을 통한 접근 과정

음악 및 동작활동을 통한 접근의 교수-학습방법은 두 가지 측면으로 살펴볼 수 있다. 첫 번째는 유아가 이해한 수학적 개념을 음악 및 동작으로 표상하는 방법과 음악 및 동작과 수학을 통합하여 수학적 개념을 이해·확장하는 방법이다.

(1) 유아가 이해한 수학적 개념을 음악 및 동작으로 표상하는 방법

유아가 이해한 수학적 개념을 음악 및 동작으로 표상하는 방법은 수학활동을 통해 이해한 수학적 개념과 과정기술을 음악 및 동작 활동으로 확장하여 표상해 보는 것이다. 예를 들어, 유아들이 도형에 대한 개념을 학습한 후 ○△□ 모양을 몸으로 표현해 보는 것이다. 유아들은 도형을 몸으로 표현하는 과정 속에서 동그라미를 만들려면 팔을 구부려야 하고, 세모와 네모를 만들기 위해서는 팔을 곧게 펴고 뾰족한 부분이 있다는 것을 몸으로 느낌으로써 더 명확하게 이해하게 된다. 따라서 이 방법은 유아가 이해한 수학적 개념을 더 명확하게 인식하도록 한다. 구체적인 교수 단계는 다음과 같다.

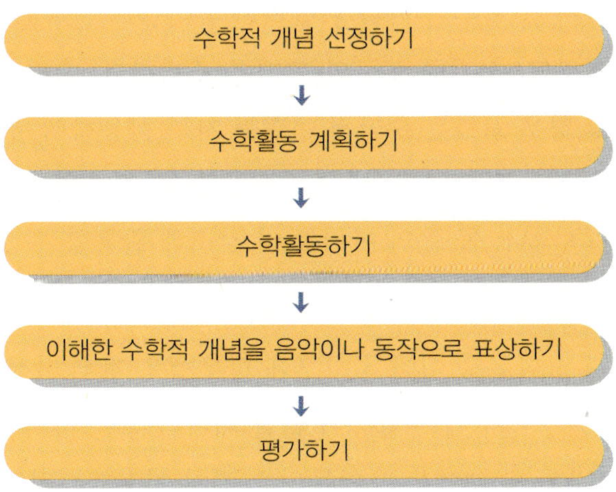

[그림 7-8] 유아가 이해한 수학적 개념을 음악 및 동작으로 표상하는 방법의 교수학습 단계

① 수학적 개념 선정하기

수학 개념(수와 연산, 공간과 도형, 측정, 분류와 서열, 패턴, 통계와 확률) 중 어떤 개념을 교육활동으로 구성할지 결정한다. 주간 교육계획안이나 월간 교육계획안의 수학 영역을 검토해 보고 그동안 어떤 개념을 다루었는지 고려하여 유아들이 다양한 수학 개념을 경험할 수 있도록 선정한다.

② 수학활동 계획하기

선정된 수학 개념을 유아에게 효과적으로 전달할 수 있는 방법을 결정한다. 유아교육기관에서 실시하고 있는 주제와 시기적 특성(계절, 날씨 등), 유아의 흥미와 발달수준을 고려하여 활동을 결정하고, 교육계획안을 작성한다.

③ 수학활동하기

준비된 교재·교구를 활용하여 유아들과 적극적으로 상호작용하면서 수학활동을 실시한다.

④ 이해한 수학적 개념을 음악이나 동작으로 표상하기

수학활동을 한 후 바로 이어서 음악이나 동작으로 표상하는 활동을 할 경우 수학활동을 하기 전에 적절한 음악 및 동작활동을 결정하고 준비해야 한다. 그러나 다음날 활동하게 될 경우 수학활동에 대한 유아들의 반응을 고려하여 음악 및 동작활동을 계획하고, 적절한 교구와 교재를 준비한다. 음악 및 동작을 통해 수학 개념을 표상할 경우 교사는 수학적 어휘를 자주 사용하여 유아들의 사고를 확장시키도록 한다. 예를 들어, 전래동요 「잘잘잘」을 유아들과 함께 부른 후에 숫자의 한글 이름, 즉 하나, 둘 등의 어휘를 더 강조해 활동할 수 있다.

⑤ 평가하기

수학과 음악 및 동작활동을 이어서 하루에 활동했을 경우 마무리하면서 평가하고, 며칠 동안 활동할 경우에는 활동이 끝날 때마다 혹은 마지막 활동을 한 후 평가할 수 있다. 평가를 할 때에는 유아들의 느낌이 어떠했는지, 어떤 점이 재미있었고, 힘들었는지, 새롭게 알게 된 것은 무엇인지 등에 대해 이야기를 나눈다.

(2) 음악 및 동작과 수학을 통합하여 수학적 개념을 이해·확장시키는 방법

음악 및 동작과 수학을 통합하여 수학적 개념을 이해·확장하는 방법은 수학에 대한 교육적 목표뿐만 아니라 동시에 음악 및 동작교육의 목표를 이룰 수 있도록 지도하는 것이다. 유아들이 수학적 개념과 과정기술을 습득하게 하면서 음악 및 동작과 관련된 개념을 이해하고 창의적 표현력과 심미감 등을 기르는 데에도 중점을 둔다. 예를 들어, '숫자노래'를 부르면서 유아들은 숫자의 이름을 자연스럽게 알게 되며, 리듬과 멜로디에 맞추어 즐겁게 노래 부를 수 있다. 구체적인 교수 단계는 다음과 같다.

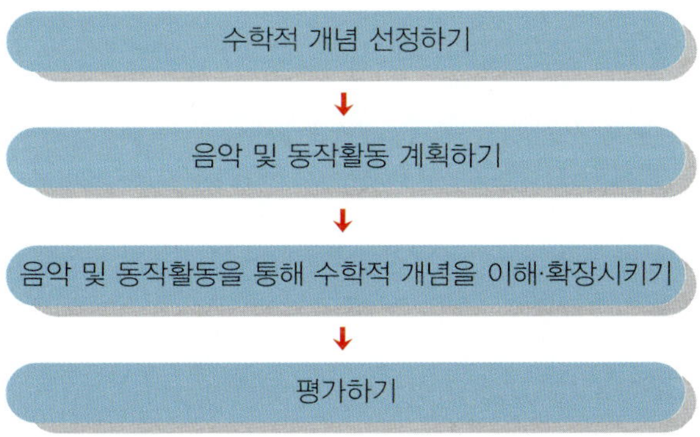

[그림 7-9] 음악·동작·수학을 통합하여 수학적 개념을 이해·확장시키는 방법의 교수학습 단계

① 수학적 개념 선정하기

수학 개념(수와 연산, 공간과 도형, 측정, 분류와 서열, 패턴, 통계와 확률) 중 어떤 개념을 교육활동으로 구성할지 결정한다. 주간 교육계획안이나 월간 교육계획안의 수학 영역을 검토해 보고 그동안 어떤 개념을 다루었는지 고려하여 유아들이 다양한 수학 개념을 경험할 수 있도록 선정한다.

② 음악 및 동작활동 계획하기

수학 개념을 선정한 후 그것을 자연스럽게 연결할 수 있는 음악 및 동작활동을 결정한다. 다음은 수학 개념과 음악 및 동작활동을 연결한 예시이다.

〈표 7-4〉 수학 개념과 관련된 음악 및 동작활동

수학 개념	음악 및 동작활동
수와 연산	• 숫자나 수 세기, 셈하기와 관련된 노래 부르기(예 '숫자노래', '숫자 송') • 몸으로 숫자 표현하기 • 팔 또는 다리로 숫자 그려 보기 • 부분과 전체 몸으로 표현하기
공간과 도형	• 몸으로 ○△□ 모양 만들기 • 선 따라 걷기 • 모양과 관련된 노래 부르기 • 지시대로(위치, 방향과 관련) 몸 움직이기
측정	• 노래 한 곡 부르며 시간 재기 • 입으로 소리 내어 시간 재기 • 손 뼘으로 길이 재기 • 발 뼘으로 길이 재기 • 두 팔로 너비 재기 • 몸이 무거운 동물 또는 가벼운 동물 흉내 내며 걷기
분류와 서열, 패턴	• 악기로 패턴 리듬 만들기 • 패턴 노래 만들기 • 패턴 동작 만들기 • 패턴 춤추기 • 지시대로 몸으로 서열 만들기(예 "키 순서대로 서 보세요" 등) • 지시대로 몸으로 분류 만들기(예 "같은 색깔 옷을 입은 친구끼리 모이자", "같은 이름의 성을 지닌 친구끼리 모이자" 등)
통계와 확률	• 그래프 되어 보기 • 노래에서 사용된 계이름 조사하기 • 좋아하는 노래 그래프

표를 참고로 음악 및 동작활동을 선정하고 그에 필요한 교재·교구를 제작하거나 준비한다. 특히 유아기까지는 발달수준의 격차가 크기 때문에 유아의 발달적 수준과 흥미, 진행하고 있는 주제를 고려한다.

③ 음악 및 동작활동을 통해 수학적 개념을 이해·확장시키기

겉으로 드러나 보이는 활동은 음악 및 동작 활동이기 때문에 수학적 측면에서의 교육목표를 달성하기 위해 교사는 의도적으로 수학적 어휘를 사용하여 수학적 개념과 과정기술을 증진시키기 위한 질문을 해야 한다. 수학 개념 중 '공간'활동을 할 때 공간과 관련된 수학적 어휘, 가령 '위', '아래', '왼쪽', '오른쪽', '앞', '뒤' 등을 사용하여 유아들이 움직여 보게 하고 유아들도 이러한 공간적 어휘를 사용하도록 질문하고 배려해야 한다.

④ 평가하기

동작활동 같은 경우 소그룹으로 활동할 때가 많기 때문에 평가할 때에도 활동한 집단에 따라 다양하게 평가할 수 있다. 소그룹별로 평가하고 대집단으로 다시 정리할 수도 있고, 한 번에 대집단으로 평가할 수 있다. 이때 유아들의 느낌이 어떠했는지, 어떤 점이 재미있었고, 힘들었는지, 새롭게 알게 된 것은 무엇인지 등에 대해 이야기를 나눈다.

7. 요리활동을 통한 접근

1) 요리활동을 통한 접근의 교육적 의의

의·식·주는 인간이 살아가는 데 필요한 최소한의 요소이다. 요리는 식생활과 관련된 것으로 인간의 삶과 밀접한 관련이 있으며, 유아들에게도 친숙하고 관심과 호기심의 대상이 되는 활동이다. 교사가 유아교육기관에서 다음날 요리활동을 하게 될 것이라는 안내를 하게 되면 유아들은 들뜬 모습으로 하원을 하고, 다음날 기대에 찬 모습으로 등원하곤 한다. 대부분의 유아들은 자신이 직접 참여하고 맛보는 요리활동을 즐겨한다.

유아는 학습을 위한 도구로서 몸 전체를 사용한다. 즉, 모든 감각을 활용하여 맛보고 만지고 듣고 보고 냄새 맡음으로써 사물이나 공간에 대한 정보를 받아들이고 행동으로 연결한다(윤희경 외, 2005). 이렇듯 유아의 사고 발달은 감각적 경험을 통해 이루어지는데, 요리활동은 이러한 감각적 경험을 총체적으로 제공한다.

교육부(2000)에서는 요리를 하는 과정에서 유아들은 음식 재료를 직접 자르고 섞고 두드리고 휘저어 보는 활동을 통하여 감각기관을 활발하게 사용할 수 있고, 물리적 지식을 발달시킬 수 있다고 하였다. 또한 유아들은 요리 재료를 오감을 통해 탐색하면서 색깔, 모양, 냄새, 크기, 촉감, 무게감, 단단한 정도 등 다양한 물질의 속성을 발견하게 된다(정연희, 2003). 뿐만 아니라 재료의 개수를 세고, 정확한 양을 알기 위해 재료의 무게와 부피를 측정하고, 요리 순서표에 따라 요리를 하는 동안 시간의 흐름을 이해하며, 완성된 요리를 똑같이 나누어 먹기 위해 부분과 전체의 개념을 인식하는 등의 다양한 수학적 개념을 터득하게 된다. 따라서 유아들은 요리활동에 즐겁게 참여하면서 수학적 개념과 기술을 증진시켜 나갈 수 있다.

요리활동은 유아들에게 사랑받는 활동으로 유아교육기관에서도 널리 실행되고 있으며, 요리하는 과정적 특성 때문에 요리와 수학적 통합에 대한 다양한 시도(김선미, 2006; 이인자, 2002; 조현정, 2005)가 이루어지고 있다. 요리를 통한 교육적 의의는 다음과 같다.

① 오감의 발달을 증진시켜 유아의 흥미를 자극하고 학습의 효과를 높인다

유아들은 선천적인 호기심을 지니고 있는데, 이것은 감각적 자극을 받았을 때 더욱 강해진다. 왜냐하면 감각을 활용하여 온몸으로 세상을 이해하는 유아들의 발달적 특징 때문이다. 따라서 오감을 발달시키는 것은 유아의 흥미를 자극할 뿐만 아니라 사고 수단을 발달시키는 것이며, 학습의 효과를 증진시킨다. 다시 말해 요리활동은 음식 재료들의 다양한 형태와 형형색색의 빛깔을 눈으로 보고, 직접 손으로 재료를 다듬고 조리하며 단단함, 부드러움, 거칠 등의 질감을 느끼고, 신선한 재료 고유의 향기와 열을 가하며 끓여지는 과정에서 또 완성된 요리의 진한 향기를 맡고, 도마에서 재료를 타닥타닥 자르는 소리, 끓이면서 나는 부글부글 소리, 튀기면서 나는 지글지글 소리, 완성된 요리를 맛보며 나는 아삭아삭 소리를 들으며, 음식 재료 고유의 맛과 조리 후의 풍성한 맛의 흥미진진한 세계로 유아들을 이끌면서 그들의 사고를 증진시켜 학습의 효과를 높일 수 있다.

② 유아에게 친숙한 재료를 활용하여 수학적 개념을 확장시킨다

유아를 위한 교수-학습방법의 원리 중 하나는 유아의 일상과 관련된 것을 중심으로 활동을 계획하라는 것이다. 친숙한 것을 활용하여 교육할 때 유아에게 생소하게 느껴질 수 있는 새로운 개념도 자연스럽게 받아들여져 교육적 성과를 높일 수 있기 때문이다.

요리와 음식은 인간에게 일상적인 것으로 유아들은 가정에서 빈번하게 부모가 요리하는 모습을 접할 수 있으며, 요리된 음식을 매일 먹는다. 때로는 음식의 재료를 구입하기 위해 부모와 함께 시장이나 마트에 가서 다양한 식재료와 식료품에 대한 정보를 얻기도 하고 그중 유아가 좋아하는 것이 있다면 더 많은 관심을 갖게 될 것이다.

이와 같이 주변에서 흔히 접할 수 있는 친숙한 음식 재료를 활용하여 요리를 통해 수학적 개념을 교육할 경우 유아들은 추상적이고 어렵게 느껴질 수 있는 개념들을 보다 쉽게 이해하게 된다.

③ 추상적인 수학적 개념을 직접적인 경험에 의해 구체적인 것으로 인식한다

수학이 어렵고 특별한 재능을 지닌 사람만이 잘할 수 있다고 느껴지는 이유는 그 개념과 원리가 추상적이기 때문일 것이다. 유아기에 추상적 개념을 이해하는 것은 그 발달적 특성상 더욱 어려운 일이다. 유아교육기관에서 교사가 구체물을 이용하여 유아가 직접 경험할 수 있는 활동을 계획하는 것도 이 때문이다.

요리를 통해 수학적 개념을 접하게 될 경우 유아들은 그것을 실질적인 것으로 더 잘 이해하게 된다. 예를 들어, '측정'은 연속적인 수 개념을 다루는 것으로 물건에 수를 일대일 대응시키며 수 세기하는 비연속적인 수 개념을 다룰 때 보다 유아들은 이해하는 데 어려움을 겪는다(홍혜경, 2005). 그러나 요리를 하며 재료의 정확한 양을 측정하기 위해 저울로 무게를 측정하고, 계량컵이나 계량스푼으로 부피를 측정하는 경험을 통해 유아들은 측정이 필요한 자연스러운 상황 속에서 측정 개념을 이해하게 되고, 측정도구의 사용법을 배우고, 그 필요성을 느낄 수 있다.

④ 요리활동 전 과정에 직접 참여하며 성취감과 자신감을 기르며 수학에 대한 긍정적인 태도를 형성한다

요리활동은 유아가 활동하게 될 요리 종류의 선택에서 재료의 구입과 준비, 재료 다듬기 및 요리하기, 맛을 보고 정리하는 전 과정에 참여하는 것이 가능하다. 물론 연령이 낮을수록 교사가 더 많은 준비를 하고 지도해야 하지만 다른 활동에 비해 유아가 참여할 수 있는 폭이 넓은 편이다.

유아들은 요리의 계획에서 마무리에 이르는 과정에 적극적으로 참여하면서 자신의 능력을 발견하게 된다. 먹고 싶은 요리의 종류를 결정하고 토의를 통해 자신이 맡은 재료를 준비한다. 음식의 재료를 손질하고 다듬는 것이 어렵게 느껴질 수도 있지만 최선을 다하여 요리를 완성한다. 완성된 작품을 보고 맛을 보며 유아들은 즐거움과 만족감 성취감을 느낄 수 있다. 이러한 기회가 자주 주어질 경우 유아에게 자신감과 교육활동에 대한 적극성을 길러 주며 이는 수학과 연결되어 수학에 대한 긍정적인 태도를 형성하는 데에도 도움이 된다.

⑤ 가정과의 연계가 용이하다

부모가 유아에게 가장 많이 전해들을 수 있는 유아교육기관의 활동은 요리활동이며, 이는 가정과의 효과적인 연계를 이룰 수 있다고 한다(Hildebrand, 1981). 요리활동은 유아교육기관보다 가정에서 더 빈번하게 이루어지고 있는 일상적인 활동이기 때문에 부모의 참여와 관심을 높여 유아교육기관과 가정의 연결을 용이하게 하는 매개이다.

유아교육기관에서 요리활동을 한 후 요리 방법을 가정통신문으로 보내 요리를 더 해 보고 싶은 유아는 가정에서 부모와 함께 요리활동을 할 수 있다. 이러한 과정에서 유아는 습득한 개념과 과정을 회상하거나 새로운 개념을 발견하게 되고, 부모의 입장에서는 유아교육기관에서 행해지는 교육에 대해 더 잘 이해하고 관심을 가질 수 있는 기회가 된다. 부모가 더 적극적으로 참여하여 재료의 구입이나 요리활동 지도에 참여할 수도 있다. 요리는 부모에게도 익숙할 활동이기 때문에 간단한 부모교육을 통해 유아들을 지도하는 데 도움을 줄 수 있다.

2) 요리활동을 통한 접근 과정

요리활동을 통한 접근을 실행할 때 유아의 발달적 특성을 가장 먼저 고려해야 한다. 유아들이 요리 도구를 사용하여 직접 참여하게 되는 경우가 많기 때문이다. 연령이 증가할수록 조리법은 단순한 것에서 복잡한 것으로 진행한다. 요리의 특성에 따라 열과 기계를 사용하지 않을 경우 간단하게 짧은 시간 안에 끝날 수도 있고, 열과 기계를 사용할 경우 좀 더 복잡한 과정을 거쳐 긴 시간이 필요할 수도 있다. 그 구체적인 방법은 다음과 같다.

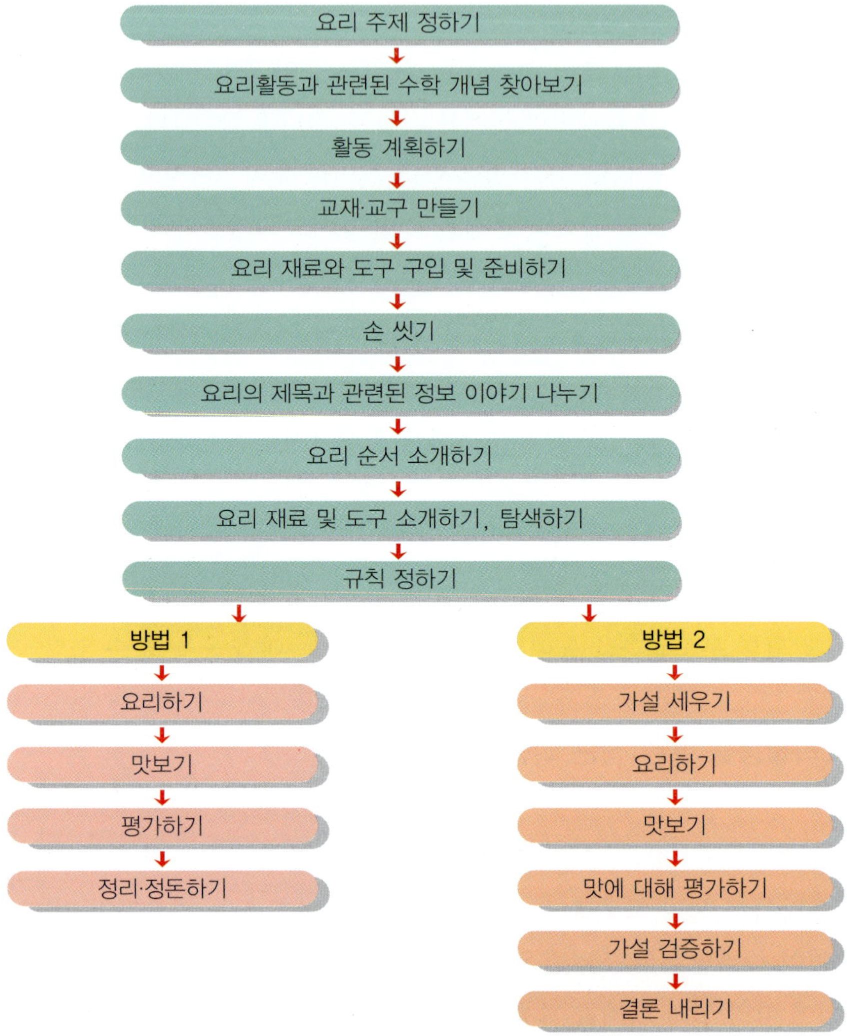

[그림 7-10] 요리를 통한 접근방법의 절차

① 요리 주제 정하기

어떤 요리를 할지 요리의 종류를 결정한다. 실시하고 있는 주제와 관련된 것, 명절이나 특별한 날을 전후해 그와 관련된 것, 계절을 고려한 것 등을 교사가 계획하거나 유아들과 의논할 수 있다. 또는 유아들이 만들고 싶은 요리를 조사하여 적절한 것을 선택할 수도 있다. 이때 특정 음식 재료에 알레르기가 있는 유아가 있는지 조사하여 요리 계획에 참고한다. 이 모든 과정은 유아의 수준을 고려하여 이루어져야 하는데, 다음은 요리활동과 관련된 연령별 특징과 교사가 고려해야 할 점을 제시한 것이다(교육부, 2000; 덕성여자대학교 부속유치원, 2001).

〈표 7-5〉 연령별 요리활동의 유의점

연 령	유 의 점
1~2세	• 음식의 이름을 알고, 재료를 탐색한다. • 음식의 재료를 씻기, 뜯기, 벗기기, 쪼개기, 움켜쥐기, 떠내기와 같은 단순한 요리활동을 제공한다.
3세	• 음식의 재료를 탐색하거나 혼합하고 채워 넣기, 바르기 등(코코아 타기, 샐러드 버무리기, 잼 바르기, 샌드위치 만들기)을 할 수 있다. • 모양 찍기 틀을 이용하여 다양한 구성의 놀이를 즐길 수 있다. • 요리과정을 낱장 그림으로 그린 요리 순서 카드를 제공한다.
4세	• 3~4단계 과정을 거쳐야 하는 요리활동에 필요한 요리 도구를 제공한다. • 조리과정을 잘 관찰할 수 있는 기구(투명한 뚜껑이 있는 프라이팬, 가열해도 되는 투명 유리 그릇)가 좋다. • 요리 순서 카드는 그림과 글자를 사용하여 제작한다.
5세	• 썰기, 볶기, 조리기 등의 조리가 가능해지므로 도마와 플라스틱 칼, 프라이팬 등을 준비하여 주고, 활용 방법이나 주의점에 대해 자세히 이야기한다. • 요리책이나 스크랩북을 활용하거나 요리 순서 카드를 유아들이 만들어서 사용하여 본다. • 작업활동을 통해 요리사 모자를 만들어 활용하며, 음식을 완성한 후 역할놀이를 할 수 있다.

② 요리활동과 관련된 수학 개념 찾아보기

요리를 하면서 유아들이 습득할 수 있는 다양한 수학적 개념을 모두 고려해 본다. 그리고 그중에서 유아의 연령과 발달적 특징, 흥미, 주제 등을 고려해 어떤 개념을 요리활동과 연결시킬지 결정한다. 그럼으로써 교사는 유아들이 수학적 개념과 과정을 익힐 수 있도록 더 적극적으로 지도할 수 있다. 수학 개념과 연결할 수 있는 요리 관련 활동은 다음과 같다.

〈표 7-6〉 수학 개념에 따른 요리 관련 활동

수학 개념	요리 관련 활동
수와 연산	• 재료의 수를 세어 요리하기 • 재료를 여러 등분으로 자르기 • 피자를 만들어 친구들과 같은 크기로 나누어 먹기
분류, 서열, 패턴	• 재료에 따라 알맞은 방법으로 손질하기 • 재료별로 그릇에 분류하기 • 꼬치를 패턴으로 만들기
공간과 도형	• 쿠키를 모양 틀로 찍어 만들기 • 다양한 모양으로 자르기 • 상차리기
측정	• 재료의 무게 재기 • 같은 길이로 자르기 • 재료의 양을 계량컵이나 스푼으로 재기 • 시간을 재서 끓이거나 굽기
확률과 통계	• 좋아하는 음식 그래프

요리활동을 하면서 하나의 수학 개념을 소개할 수도 있고, 2~3가지의 수학 개념을 다룰 수도 있다.

③ 활동 계획하기

요리활동의 시기는 명절 전·후, 어버이날 전날, 비 오는 날, 음식과 관련된 주제를 전개할 때, 유아들이 음식에 특별한 관심을 보일 때, 현장학습 시 수확한 곡식이나 열매 등이 있을 때가 효과적이다(김계자, 1984). 그룹의 크기를 결정하고 음식 재료와 도구 및 기계는 어떻게 준비할 것인지, 어떤 방식으로 상호작용할 것인지, 어떤 교구와 교재를 활용할 것인지 등을 계획한다. 그리고 교사는 유아와 함께 활동하기 전에 반드시 먼저 요리를 해 보아야 한다. 예상하지 못했던 일이 발생할 수도 있고, 음식 재료나 양념의 양을 조절하지 못해 요리활동이 실패

할 수도 있기 때문이다. 교사는 미리 요리활동을 함으로써 발생할 수 있는 다양한 가능성을 고려하고 있어야 적절하게 대처할 수 있다.

④ 교재·교구 만들기

요리활동을 하기 위해 필요한 교구와 교재를 제작한다. 요리와 관련된 이야기를 소개하기 위한 자료를 만들거나, 사진 및 그림 자료를 준비할 수 있다. 요리의 순서와 재료를 나타내는 그림표는 반드시 만들도록 한다. 이 그림표는 그림과 글자를 동시에 제시하여 유아의 이해를 돕도록 제작한다. 요리 순서표에 제시되는 글자는 간단하고 단순해서 유아들이 이해하기 쉽게 제시하는 것이 좋다.

[사진 7-1] 요리활동 순서 도구

⑤ 요리 재료와 도구 구입 및 준비하기

요리 재료와 도구는 교사가 준비하거나 유아와 함께 의논하여 준비할 수 있다. 요리의 재료는 신선한 제철 음식을 구입한다. 유아의 건강을 고려하여 풍부한 영양소를 포함하고 있는 음식을 선택하여 구입하는 것이 좋으며, 상하기 쉬운 음식은 철저하게 보관해야 한다. 요리 도구는 유아들의 안전을 고려하여 칼을 사용할 경우 날카롭지 않은 날이 무딘 칼이나 플라스틱 톱니 칼을 준비한다. 요리활동을 하기 전에 교사는 모든 재료와 도구를 요리하기에 편리하게 준비한다.

⑥ 손 씻기

요리활동을 하기 전에 반드시 모든 유아가 손을 씻도록 한다. 요리활동을 처음 할 경우 손을 씻어야 하는 이유와 관련하여 청결과 건강의 관계에 대해 이야기를 나누는 것이 바람직하다.

⑦ 요리의 제목과 관련된 정보 이야기 나누기

유아에게 요리의 제목을 소개한다. 요리하기 전날 유아들에게 활동에 대한 안내를 하여 유아의 흥미와 기대감을 높일 수 있다. 음식과 관련된 특별한 이야기나 유래가 있다면 유아들에게 소개한다. 가령 송편을 만들기로 했다면 추석과 관련된 이야기를 나눌 수 있다.

⑧ 요리 순서 소개하기

준비한 요리 순서 그림표를 제시하며 유아들에게 요리 순서를 소개한다. 교사가 소개하고 유아들과 함께 읽어 본다.

⑨ 요리 재료 및 도구 소개하기

요리하는 데 필요한 음식 재료와 도구의 이름과 사용법을 소개한다. 음식 재료를 소개하며 영양소와 관련된 정보를 전하면서 유아들이 음식과 건강의 관련성에 관심을 갖도록 하고, 이는 편식하지 않도록 하는 데 도움이 될 수 있다. 그리고 유아들에게 처음 소개하는 도구는 교사가 직접 시범을 보여 어떻게 사용하는지 유아가 쉽게 이해할 수 있도록 배려한다.

⑩ 요리 재료 및 도구 탐색하기

유아들이 음식 재료와 도구를 탐색할 수 있는 시간을 충분히 제공한다. 음식 재료의 색, 향, 질감 등을 탐색하고 도구의 형태와 사용법을 익힐 수 있게 한다.

⑪ 규칙 정하기

요리활동을 하며 지켜야 할 규칙에 대해 이야기를 나눈다. 요리활동은 특히 도구를 사용하고, 때로는 불이 필요하기 때문에 안전에 대해 철저하게 교육해야 한다. 도구는 교사가 소개한 방법으로만 사용하기, 불에 가까이 가지 않도록 조심하기 등이 있다.

⑫ 가설 세우기

음식의 재료가 열이나 기계에 의해 변화할 경우 유아들과 그 재료가 어떻게 변화할지 예측해 본다. 유아들이 세운 가설을 항목별로 표로 만들어 요리가 완성된 후 결과와 비교하여 유아의 이해를 도울 수 있다.

⑬ 요리하기

요리 순서 그림표를 보고 교사의 안내를 받으며 직접 요리한다.

⑭ 맛보기

요리가 완성된 후 상을 차리고 맛을 본다. 요리를 충분히 하여 완성된 음식을 유아교육기관에 계시는 원장님, 원감님, 다른 선생님, 친구들과 함께 나누며 나누어 먹는 기쁨과 사회생활에 관한 지식을 얻도록 할 수 있다.

⑮ 가설 검증하기

요리하기 전에 세웠던 가설에 대한 결과를 비교 검토한다. 가설 표를 제시하였다면 항목별로 결과에 대해 이야기를 나누거나 교사가 적어가면서 유아들과 함께 비교할 수 있다. 유아의 경우 쓰기가 가능하다면 개별이나 그룹별로 쓰면서 가설을 검증할 수 있다. 또한 실험의 과정을 그림으로 표현하는 것도 가능하다.

⑯ 결론 내리기

요리활동을 평가한다. 전반적인 내용과 느낌에 대해 이야기를 나누고 새롭게 알게 된 사실에 대해 알아본다. 그와 관련된 원리를 알아볼 수도 있다.

⑰ 정리·정돈하기

유아 자신이 사용한 도구는 스스로 씻고 정리하도록 하여 마무리 과정까지 유아들이 참여하도록 배려한다. 이러한 과정 속에서 유아들에게 환경오염 및 재활용에 관한 과학적 지식과 태도를 형성하게 한다. 정리·정돈을 먼저 하고 요리활동을 평가할 수도 있다.

토의과제

1. 일상생활 속에서 수학적 개념을 찾아본다.

2. 동화책 한 권을 선정하여 그 안에 포함되어 있는 수학적 개념을 찾아본다.

3. 노랫말 속에서 수학적 개념을 찾아본다.

8장 유아 수학교육

유아 수학교육을 위한 통합적 접근활동의 실제

1. 일상생활을 통한 접근의 실제

일상생활 활동 ① 블록을 정리해요

대상연령 3세

생활주제 우리 반과 친구

교육과정 관련요소

- 사회관계 – 나를 알고 존중하기 – 나의 일 스스로하기
- 자연탐구 – 수학적 탐구하기 – 기초적인 자료수집과 결과 나타내기

목 표

- 분류기준에 의해 사물을 분류한다.
- 모양의 종류와 이름을 알고 구별한다.
- 색깔의 종류와 이름을 알고 구별한다.

준 비 물 블록, 교구장

내 용

▶ 도입

교실에 있는 블록 영역에서 놀이하고 있는 유아에게 정리 시간임을 알린다.

T : 정리 시간이에요. 지금 만들고 있는 것 마무리하세요.

▶ 전개

1. 새로운 방법으로 블록 정리할 것을 알린다.

T : 오늘은 블록을 새로운 방법으로 정리해 볼 거예요.

C : 어떤 방법이요?

T : 선생님이 말한 블록을 찾아서 정리해 보는 거예요. 잘 듣고 찾아보세요.

2. 모양에 따라 블록을 정리하도록 한다. 처음에는 분류기준을 교사가 제시하고 점차 유아들이 분류기준을 제시하여 활동하도록 유도한다.

T : 첫 번째는 네모 모양이 있는 블록을 찾아 정리해 보세요.

C : 선생님 그런데 여기(삼각기둥 블록을 가리키며)에는 네모도 있고 세모도 있어요. 어떻게 해요?

T : 정말 여기에는 네모와 세모가 함께 있구나. 어떻게 할까?

C : 모르겠어요.

T : 그러면 다른 모양이 함께 있어도 네모가 들어 있으면 모두 찾아보자.

C : (네모 모양을 찾아 교구장에 정리한다)

T : 이번에는 세모 모양이 있는 블록을 찾아보세요.

C : (세모 모양을 찾아 교구장에 정리한다)

T : 이번에는 어떤 모양을 찾아볼까?

C : 동그라미를 찾아봐요.

T : 그래. 동그라미를 찾아보자.

C : (동그라미 모양을 찾아 교구장에 정리한다)

3. 색깔에 따라 블록을 정리하도록 한다.

T : 이번에는 색깔로 찾아볼 거예요. 어떤 색이 보이니?

C : 빨강, 파랑, 노랑, 초록…….

T : ○○가 말해 볼까? ○○야, 어떤 색깔을 찾아보고 싶니?

C : 빨간색을 찾고 싶어요.

T : 얘들아 들었지? ○○는 빨간색을 찾아보고 싶대요. 우리 찾아보자.

C : (빨간색 블록을 찾아 교구장에 정리한다)

C : 선생님, 노란색 찾아봐요.

T : 그래. 노란색을 찾아서 정리해요.

C : (노란색 블록을 찾아 교구장에 정리한다)

T : 이번에는 어떤 색을 찾고 싶니?

C : 파란색.

T : 파란색을 찾아봅시다.

C : 선생님, 이제 초록색만 남았어요.

T : 그렇구나. 초록색만 남았네.

C : 초록색은 찾을 필요 없어요. 그냥 다 정리하면 돼요.

T : 그렇구나. 초록색 정리하는 것은 쉽겠다.

▶ 마무리(평가)

1. 블록 정리가 다 되었는지 확인한다.

T : 정리가 다 끝난 것 같구나. 혹시 바닥에 있는 블록이 있는지 확인해 보세요.

C : 없어요. 다 정리했어요.

2. 블록을 정리한 분류기준에 대해 이야기를 나눈다.

T : 오늘은 블록을 새로운 방법으로 정리해 보았어. 어떻게 정리했니?

C : 동그라미, 세모, 네모 모양을 찾아보았어요.

C : 색깔끼리도 모아 보았어요.

T : 그래. 같은 모양과 같은 색깔을 찾아 정리해 보았지.

3. 블록 정리 활동한 것에 대해 평가한다.

T : 같은 모양끼리, 같은 색깔끼리 정리해 보니까 어떠했니?

C : 재미있었어요. 정리하는 게 더 쉬워진 것 같아요.

C : 맞아요. 더 빨리 한 것 같아요.

참 고

유아가 단일 기준으로 분류하는 것이 익숙할 경우, 두 가지 기준을 동시에 제시하여 분류활동을 할 수 있다. 동그라미 모양이면서 빨간색인 것, 세모와 네모가 있는 것 등으로 분류할 수 있다.

일상생활 활동 ② 오늘 하루 일과를 알아보아요

대상연령 3세

생활주제 우리 반과 친구

교육과정 관련요소

- 자연탐구 – 수학적 탐구하기 – 수와 연산의 기초 개념 알아보기
- 신체운동 – 건강하게 생활하기 – 건강한 일상생활하기

목 표

- 시간의 흐름을 이해한다.
- 시간의 흐름과 일상생활 간의 관계를 이해한다.
- 순서의 개념을 이해한다.
- 시간과 관련된 어휘(어제, 오늘, ~한 후, 먼저, 마지막)를 익힌다.

준 비 물 융판, 하루 일과 순서 그림 자료

내 용

▶ 도입

주의를 집중시키고, 오늘의 일과 순서에 대해 소개할 것임을 알린다.

- 오늘 ○○반 친구들이 어떤 놀이를 할지 소개할게요.

▶ 전개

1. 오늘의 활동에 대해 어제 미리 소개하였다면 그 활동에 대해 먼저 이야기한다.
   - 오늘 우리 어떤 놀이를 하기로 했니?
   - 그래. 어제 ○○를 한다고 했지.
2. 하루 일과 그림 자료를 융판에 붙이며 활동을 소개한다.
   - 오늘은 제일 먼저 ○○○를 할 거예요.
   - 두 번째는 어제 이야기했던 ○○○를 할 거예요.

• 세 번째로 맛있는 점심 식사를 해요.
• 네 번째로 점심 식사를 한 후에는 ○○○를 해요.
• 마지막으로 옷을 입고 집에 갈 거예요.

▶ 마무리

가장 먼저 어떤 활동을 한다고 했는지 상기시키고 그 활동으로 안내한다.

• 자, 그럼 가장 먼저 어떤 활동을 하기로 했지?
• ○○○를 하도록 해요.

참 고

유아가 서수의 개념을 알고 있을 경우 "다음은 몇 번째이지?"라는 질문으로 유아에게 수 어휘를 사용하도록 유도하며 이야기 나누기를 할 수 있다.

일상생활 활동 ③ 내 신발을 내 자리에

대상연령 2세

생활주제 어린이집에 왔어요

교육과정 관련요소

- 자연탐구－수학적 탐구하기－구분하기
- 기본생활－건강하게 생활하기－건강한 일상생활하기

목 표

- 일대일 대응을 이해한다.
- 같은 점과 차이점을 이해한다.

준 비 물 신발, 신발장

내 용

▶ 도입

유아들을 반갑게 맞이하며 인사한다.

▶ 전개

1. 유아의 이름을 부르며 신발장으로 안내한다.
   - ○○야, 신발을 들고 신발장 앞으로 가 보자.
2. 신발장에서 자신의 이름이 어디에 적혀 있는지 찾아본다.
   - ○○의 이름이 어디 있는지 찾아보자. 어디에 있을까?
3. 유아의 이름이 적혀 있는 칸에 신발의 앞쪽이 안으로 들어가도록 신발을 정리한다.
   - 다른 친구들이 신발 정리한 것을 살펴보자. 어떻게 되어 있니?
   - 신발의 앞이 안으로 들어가게 정리해 보세요.
4. 신발을 정리한 것에 대해 칭찬한다.
   - ○○는 신발 정리를 참 잘하는구나.

▶ 마무리

교실로 들어가도록 한다.

- 교실에 들어가서 친구들과 반갑게 인사하자.

참 고

활동을 확장하여 보육시설에 온 친구들은 몇 명인지, 아직 오지 않은 친구들은 몇 명인지 수 세기를 할 수 있다.

일상생활 활동 ④

모양 바느질하기

대상연령 5세

생활주제 건강한 몸과 마음

교육과정 관련요소

- 신체운동 – 신체인식하기 – 감각능력 기르고 활용하기
- 자연탐구 – 수학적 탐구하기 – 공간과 도형의 기초 개념 알아보기

목 표

- 도형의 특성을 인식한다.
- 감각능력을 활용하여 바느질한다.

준 비 물 털실, 바늘, 모양이 그려진 활동지, 색연필

내 용

▶ 도입

도형에는 어떤 것이 있는지 이야기를 나눈다.

- 도형에는 어떤 것들이 있니?

▶ 전개

1. 활동지를 소개한다.
   - 여기에는 어떤 도형이 있니?
2. 바느질하는 도구와 사용법에 대해 이야기를 나눈다.
   - 이 그림들을 바느질해 볼 거예요.
   - 바느질하기 위해서는 무엇이 필요할까?
   - 실을 바늘이 있는 구멍에 끼워요. 그리고 바늘을 그림에 있는 검정색 점에 끼우면 되는 거예요.
3. 교사가 시범을 보인다.

4. 유아에게 바느질하고 싶은 도형이 있는 활동지를 선택하게 한다.
   • 어떤 모양을 바느질하고 싶니?
5. 유아가 바느질을 하고, 도움이 필요한 경우 도와준다.
6. 바느질한 후 그림을 꾸미고 싶은 유아는 색칠하거나 그림을 그린다.
   • 다 된 친구들은 색칠도 하고 멋지게 꾸며 보자.
7. 친구들에게 발표한다.
   • 오늘 바느질한 모양을 친구들에게 소개하고 싶은 사람 있나요?
   • 무엇을 바느질한 것이니?
   • 여기에는 어떤 도형이 있니?

▶ 마무리

전체적인 활동에 대해 평가한다.

• 바느질을 해 보았는데 어떠했니?
• 어떤 점이 재미있었니?
• 어려운 점이 있었니?

참 고

유아들이 안전하게 바느질하고, 바늘을 잘 보관하도록 지도한다.

일상생활 활동 ⑤

놀이터에서 모양 찾기

대상연령 3세

생활주제 우리 반과 친구, 봄, 나와 가족, 건강하고 안전한 생활

교육과정 관련요소

- 신체운동－안전하게 생활하기－안전하게 놀이하기
  －신체활동에 참여하기－바깥에서 신체활동하기
- 자연탐구－수학적 탐구하기－공간과 도형의 기초 개념 알아보기

목 표

- 안전하게 바깥놀이를 한다.
- 놀이 기구에서 도형을 찾는다.
- 도형에 관심을 갖는다.

준 비 물 햇빛이 강할 경우 모자

내 용

▶ 도입

바깥놀이를 나가기 위해 지켜야 할 약속에 대해 이야기를 나눈다.

- 바깥놀이 나갈 거예요.
- 놀이터에서 지켜야 할 약속에는 어떤 것이 있나요?
  －모래 던지지 않기, 미끄럼틀 거꾸로 타지 않기, 그네 타는 친구 앞에 지나다니지 않기, 시소에서 갑자기 내리지 않기 등

▶ 전개

1. 놀이터에 어떤 놀이기구들이 있는지 이야기를 나눈다.
   - 놀이터에 어떤 놀이기구들이 있니?
     －미끄럼틀, 시소, 그네, 빵빵이 등
2. 어떤 모양이 있는지 이야기를 나눈다.

- 어떤 모양이 있니?
  - 동그라미, 세모, 네모
- 동그라미는 어떻게 생겼니?
- 네모는 어떻게 생겼니?
- 세모는 어떻게 생겼니?

3. 놀이 기구에 어떤 도형이 있는지 유아들이 직접 찾고, 친구들에게 소개한다.
   - 지금부터 너희들이 놀이터에 어떤 모양이 숨어 있는지 찾아볼 거예요. 그리고 찾은 모양을 친구들에게 소개해 보세요.
     - 빵빵이의 동그라미, 미끄럼틀의 네모와 세모 등
4. 활동이 끝난 후 자유롭게 놀이기구를 이용해 놀이한다.

▶ 마무리

- 놀이터에서 모양을 찾아보니까 어떠했니?
- 어떤 점이 즐거웠니?
- 어떤 모양이 많았니?

참 고

날씨를 고려하여 활동한다.

2. 미술활동을 통한 접근의 실제

미술활동 ① 반짝반짝 작은 별

대상연령 1세

생활주제 알고 싶어요, 궁금한 것이 많아요

교육과정 관련요소

- 신체운동 – 신체조절과 기본운동하기 – 소근육 조절하기
- 예술경험 – 예술적 표현하기 – 단순한 미술 경험하기
- 자연탐구 – 수학적 탐구하기 – 차이를 지각하기

목 표 점과 별을 일대일 대응하며 시각적 변별력을 기른다.

준 비 물 검은 도화지 1장, 흰색 크레파스, 별 스티커

내 용

▶ 도입

1. 검은 도화지를 영아와 함께 탐색한다.
2. 영아의 눈에 잘 띄는 곳에 스티커를 붙여 주어 영아가 흥미롭게 관찰하고 떼고 붙이는 활동에 참여하도록 유도한다.
3. 검은 도화지에 크레파스로 난화, 긁적거리기를 해 본다.
4. 검은 도화지에 스티커를 붙여 보도록 한다.

▶ 전개

1. 영아가 보고 있을 때 또는 영아와 함께 검은 도화지에 흰 크레파스로 점을 찍는다.
   - 검은 도화지가 있구나.
   - 여기에 하얀 점이 있구나.
   - 크레파스로 여기에 찍어 볼까?

- 크레파스로 점을 찍으니 하얗게 되었구나.
- ㅇㅇ가 크레파스로 점을 찍고 있구나.

2. 검은 도화지에 찍힌 흰 점들을 손가락으로 찾아본다.
   - 여기에 있구나.
   - ㅇㅇ가 손가락으로 별을 찾았구나.
   - ㅇㅇ가 별을 찾으려고 종이를 보고 있구나.
3. 교사가 스티커를 떼어 ㅇㅇ에게 주면 흰 점 위에 붙인다.
   - 이 스티커를 별 위에 붙여 보자.
   - ㅇㅇ가 흰 점을 찾으려고 종이를 열심히 보고 있구나.
   - ㅇㅇ가 스티커를 천천히 옮겨 붙이고 있구나.
   - ㅇㅇ가 스티커를 붙이니까 반짝반짝 별이 생겼구나.
   - ㅇㅇ가 흰 점을 찾아 그 위에 스티커를 붙이고 있구나.
4. 완성한 후 그림을 보고 감상한다.
   - 별이 많구나.
   - 별이 잘 보이는구나.
   - 이 별은 저 별보다 크구나.
   - ㅇㅇ가 흰 점 위에 스티커를 붙이니까 이런 모양이 되었구나.

▶ 마무리

1. 완성된 작품을 보고 흰 점과 스티커의 일대일 대응에 대한 이야기를 나눈다.
2. 작품활동과 관련된 교수활동자료를 제시하여 지속적 참여를 유도한다.

참 고

1. 일대일 대응을 통해 주의력은 물론 눈과 손의 협응력을 기른다.
2. 흰 크레파스나 손가락으로 위치를 알려주어 영아가 수행 가능하도록 지원자적 역할을 한다.
3. 영아의 일대일 대응 결과를 확인하기보다는 일대일 대응을 할 수 있도록 도움적 역할을 제공하여 적극적 참여를 위한 내적 동기를 자극하도록 한다.
4. 교사는 영아의 행동을 언어로 표현함으로써 영아가 자신의 행동과 사회적 언어를 연합시킬 수 있도록 한다.

미술활동 ② 데굴데굴 구르는 공

대상연령 2세

생활주제 놀잇감 탐색, 재미있는 색깔놀이·모양놀이

교육과정 관련요소

- 자연탐구 – 수학적 탐구하기 – 구분하기
- 자연탐구 – 과학적 탐구하기 – 물체와 물질 탐색하기

목 표

변별하기를 통해 동그란 모양을 찾고, 사물의 속성 중 구르는 성질을 이해한다.

준 비 물 공 여러 개, 신문지, 테이프, 다양한 모양의 사물

내 용

▶ 도입

1. 신문지를 구겨 동그란 모양으로 테이프를 감아 공을 만든다.
2. 실제 공과 신문지 공, 기타 둥근 모양을 굴리며 구르는 모습을 관찰한다.
3. 동그란 모양이 아닌 다른 모양을 굴려 보고 활동의 차이를 변별한다.

▶ 전개

1. 주변의 동그란 모양을 찾는다.
   - 동그란 모양은 어디에 있니?
   - 이건 동그란 모양이니?
2. 다양한 모양의 물체를 굴려 본다.
   - 신문지 공이 데굴데굴 굴러가는구나.
   - 큰 공이 멀리 굴러갔구나.
   - 이것을 굴려 볼까?
   - 이것은 안 굴러가는구나.
   - 이것은 왜 안 굴러가지?

- 어떤 것이 굴러갈까?

3. 여러 가지 모양 중 구르는 모양, 즉 둥근 모양을 따로 분류해 본다.
   - 굴러가는 것을 모아보자.
   - 데굴데굴 굴러가는 것은 어떤 것일까?
   - 공을 다시 굴려 볼까?

▶ 마무리

1. 많은 모양들 중에서 굴러가는 둥근 모양을 찾아 굴려 보며 구르는 모습을 관찰하고 감각적으로 지각한다.
2. 많은 모양들 중에서 구르는 모양의 사물을 굴려 봄으로써 구르거나 구르지 않는 모양을 변별한다.
3. 많은 모양들 중에서 구르지 않는 모양의 사물을 굴려 봄으로써 구르거나 구르지 않는 모양을 변별한다.

참 고

1. 구르는 모양의 사물만 준비하기보다는 다양한 모양을 준비하여 영아가 스스로 직접 경험을 통해 구르거나 구르지 않는 상황을 경험하도록 함으로써 변별 능력을 기르도록 한다.
2. 일상생활 속에서 구르거나 구르지 않는 사물을 변별하거나 유목화할 수 있도록 자율적 참여 기회를 제공한다.
3. 지속적으로 활동을 이어갈 수 있도록 충분한 수학활동 놀잇감과 함께 개방적 환경을 제공한다.

미술활동 ③ 화가 몬드리안

대상연령 2세

생활주제 재미있는 색깔놀이·모양놀이

교육과정 관련요소

- 자연탐구 – 수학적 탐구하기 – 공간과 도형에 관심 가지기
- 신체운동 – 신체조절과 기본운동하기 – 소근육 조절하기

목 표 부분을 통해 전체를 인식하고, 전체의 일부를 찾을 수 있다.

준 비 물 도화지, 테이프, 색종이, 풀

내 용

▶ 도입

1. 테이프를 도화지에 자유롭게 붙여 본다.
2. 색종이를 작게 잘라 본다.
3. 작은 크기의 색종이 조각을 모아 큰 크기로 만들어 본다.

▶ 전개

1. 도화지에 테이프를 길게 사용하여 선으로 면을 구성한다.
   - 테이프를 붙여 보자.
   - 어느 쪽으로 테이프를 붙일까?
   - 더 하고 싶은 부분은 어디니?
2. 색종이를 작은 네모 모양으로 자른다.
   - 색종이를 잘랐더니 작은 모양이 되었구나.
   - 자른 색종이를 모았더니 다시 큰 모양이 되었구나
   - ○○도 색종이를 크고 작게 만들어 보겠니?
3. 작은 모양들을 붙여 큰 모양을 구성한다.
   - 여기에 붙이니까 더 큰 네모가 되었어.

- 이 네모가 제일 크구나.
- 이 네모보다 여기 있는 네모가 더 크구나.
- 어떤 네모가 제일 크니?

▶ 마무리

1. 색종이를 접어 점점 작아지는 과정을 경험한다.
2. 접힌 색종이를 펴면서 점점 커지는 면적을 지각한다.

참 고

1. 영아가 볼 때 접거나 펴는 등 동일한 크기임을 알게 한다.
2. 큰 네모 안에 작은 네모가 여러 개 들어갈 수도 있다는 분수의 수학적 개념을 놀이로 접근하도록 한다.
3. 크고 작음을 스스로 표현할 수 있도록 탐색의 기회와 시간을 충분히 제공하도록 한다.

미술활동 ④ 생일파티

대상연령 4세

생활주제 나와 가족

교육과정 관련요소

- 사회관계 – 가족을 소중히 여기기 – 가족과 화목하게 지내기
- 예술경험 – 예술적 표현하기 – 미술활동으로 표현하기
- 자연탐구 – 수학적 탐구하기 – 수와 연산의 기초 개념 알아보기

목 표 시간의 흐름에 따라 지난 일을 기억하여 표현한다.

준 비 물 사진, 연필이나 색 필기도구

내 용

▶ 도입

1. 가족들의 행사를 기억하여 이야기를 나눈다.
2. 가족행사 사진을 보면서 시간적 흐름에 따라 설명해 본다.
3. 자신의 성장이나 동생의 탄생과 성장, 가족구성원의 변화에 대해 시간의 흐름을 중심으로 이야기를 나눈다.

▶ 전개

1. 가족행사 사진을 도화지에 붙인다.
   - 누구를 위한 파티였니?
   - ○○는 이때가 생각나니?
   - 시간이 지났는데 기억하고 있구나.
   - 이때 너는 몇 살이었니? 그런데 지금은 몇 살이니?
2. 사진의 주변을 기억하여 표현해 본다.
   - 이 사진은 무엇을 하는 장면이니?
   - 너는 이때 무엇을 하고 있었니?

- 이때는 어떤 상황이니?

3. 표현한 것을 설명한다.
   - 아, 이런 일이 있었구나.
   - 이런 음식들도 먹었구나.
   - 테이블엔 이런 것들이 있었구나.
   - 언제 또 가족행사에 참여할 예정이니?

▶ 마무리

1. 시간의 흐름에 대해 설명할 수 있는지에 대한 질문으로 시간 개념 학습을 돕는다.
2. 하루 일과에 대해 말할 수 있는지에 대한 질문을 통해 시간의 흐름에 대해 연습할 기회를 가진다.

참 고

시간의 흐름에 대해 설명하는지 아닌지에 대한 평가 중심의 확인보다는 유아가 시간의 흐름을 접할 수 있는 기회를 제공함으로써 기억에 대한 자극과 시간의 흐름에 대한 순서를 체계화할 수 있도록 돕는 교육적 전략을 제공함이 바람직하다.

미술활동 ⑤ 개미집

대상연령 5세

생활주제 나무와 숲

교육과정 관련요소

- 예술경험 – 예술적 표현하기 – 미술활동으로 표현하기
- 자연탐구 – 수학적 탐구하기 – 기초적인 측정하기
- 과학적 탐구하기 – 생명체와 자연환경 알아보기

목 표

길고 짧음을 알고 길게 만드는 조작적 기술을 익히며, 개미의 몸을 구성하는 세 마디의 수를 인식한다.

준 비 물 도화지, 개미굴을 표현할 색상지 또는 한지, 스탬프, 색 필기도구

내 용

▶ 도입

1. 종이를 길게 찢어본다.
2. 짧게 잘린 종이를 이어 길게 변화시켜 본다.
   길고 짧은 길이의 개미굴을 손가락으로 따라가 본다.

▶ 전개

1. 한지를 찢어 길게 연결한다.
   - 개미굴을 어떻게 만들려고 하니?
   - 길게 만들려면 어떻게 해야 할까?
   - 얼마나 길게 해야 할까?
2. 스탬프로 손가락 지문을 찍어 개미를 표현한다.
   이때 머리 부분은 집게손가락으로, 허리 부분은 새끼손가락으로, 꼬리 부분은 가운뎃손가락으로 지문을 찍는다.

• 여러 손가락으로 개미를 만드니 개미의 크기가 다르구나.
• 개미 허리 부분은 왜 작은 모양이 된 거니?

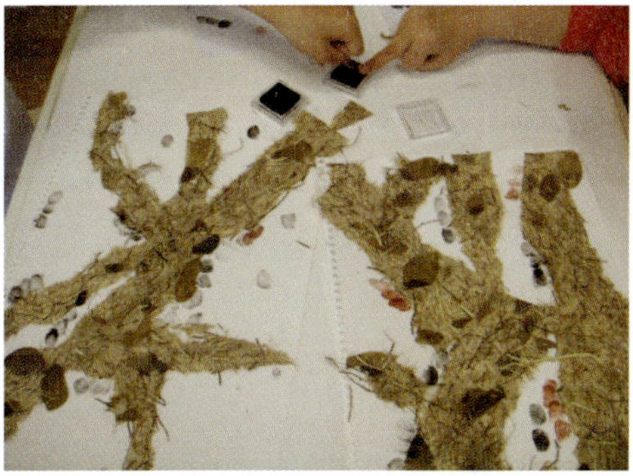

▶ 마무리

1. 개미굴의 길이를 비교해 보며 길고 짧음을 감각적으로 인식한다.
2. 개미의 크기를 비교해 보며 크고 작은 표현의 원인에 대해 이야기를 나눈다.

참 고

1. 교사는 수학학습 활동 중 길이 개념 습득을 위해 길게 연결하기 위한 방법을 제안하여 흥미를 동반한 참여의 기회를 높인다.
2. 손가락을 다양하게 사용하여 크기를 조절할 수 있도록 함으로써 크기 변별은 물론 패턴, 순서화 등의 학습이 자연스럽게 일어나도록 의도적 교수전략을 사용한다.

3. 문학활동을 통한 접근의 실제

문학활동 ① 동물을 순서대로 놓아 보아요

대상연령 2세

생활주제 동물, 놀잇감 탐색

교육과정 관련요소

- 자연탐구－수학적 탐구하기－차이에 관심 가지기
- 자연탐구－과학적 탐구하기－주변 동식물에 관심 가지기
- 의사소통－듣기－짧은 이야기 듣기

목 표

- 크기별로 배열한다.
- 동물의 특성에 관심을 갖는다.
- 즐겁게 동화를 감상한다.

준 비 물

『사과가 쿵』 동화책(다다 히로시 지음, 정근 역/보림), 동물 그림 자료

내 용

▶ 도입

사과에 대해 이야기를 나눈다.

- 사과를 먹어 본 적이 있니?
- 맛이 어떠했니?
- 사과를 먹을 때 어떤 소리가 났니?
- 지금부터 사과가 나오는 동화를 들어 볼 거예요. 잘 들어 보세요.

▶ 전개

1. 『사과가 쿵』 동화를 들려준다.

2. 동화를 들은 감상에 대해 이야기를 나눈다.
   - 동화를 들으니까 어떠했니?
   - 어떤 장면이 기억이 나니?
3. 동화에 나왔던 동물에 대해 이야기를 나눈다.
   - 『사과가 쿵』에는 어떤 동물들이 나왔니?
4. 동물의 특징에 대해 이야기 나눈다.
   - 그 동물은 어떻게 생겼니?
   - 동물들이 사과를 먹을 때 어떤 소리가 났니?
5. 동물 그림 자료를 소개한다.
   - 여기에 『사과가 쿵』에 나왔던 동물들이 있어. 누가 있는지 볼까?
     –기린, 코끼리, 곰, 악어, 너구리, 두더지, 다람쥐
   - 동물들이 모두 몇 마리인지 세어 보자.
6. 서열 활동을 소개한다.
   - 모두 7마리의 동물이 있지요? 이 동물들을 키 큰 순서대로 놓아 볼 거예요. 선생님이 이름을 부르면 한 명씩 나오세요.
7. 서열 활동을 영아 개별로 진행한다.
   - ○○ 나오세요. ○○야, 여기 동물들이 있지? ○○가 이 동물들을 키 큰 순서대로 붙여 보자.
   - 다 되었니?
   - ○○는 이 동물들 중에서 누가 가장 좋으니?
   - 그 동물은 몇 번째로 클까?
   - 이 동물들 중에 누가 가장 크니?
   - 두 번째로 큰 동물은 누구니?
   - 세 번째로 큰 동물은 누구니?
   - 네 번째로 큰 동물은 누구니?
   - 다섯 번째로 큰 동물은 누구니?

- 여섯 번째로 큰 동물은 누구니?
- 가장 작은 동물은 누구니?

▶ 마무리

개별활동이 끝난 후 대그룹으로 모여 평가한다.

- 동물들을 키 큰 순서대로 붙여 보았는데 어떠했니?
- 어떤 점이 재미있었니?
- 어떤 동물이 가장 컸지?
- 어떤 동물이 가작 작았지?

참 고

동물 그림의 하단 선을 맞춰 붙이도록 해야 영아들이 크기를 비교하여 붙이는 것이 편리하다. 그냥 융판에 붙이라고 하면 줄을 맞추기가 어려워 서열활동하는데 시간이 많이 소요되고 영아의 흥미를 떨어뜨릴 수도 있다.

문학활동 ② 사과 모양 퍼즐

대상연령 2세

생활주제 놀잇감 탐색, 재미있는 색깔놀이·모양놀이

교육과정 관련요소

- 신체운동 – 신체조절과 기본운동하기 – 소근육 조절하기
- 의사소통 – 듣기 – 짧은 이야기 듣기

목 표

- 즐겁게 동화를 감상한다.
- 퍼즐을 맞춘다.
- 부분과 전체를 고려한다.

준 비 물 『사과가 쿵』 동화책(다다 히로시 지음, 정근 역/보림), 부직포로 만든 사과 모양 퍼즐

내 용

▶ 도입

사과에 대해 이야기를 나눈다.

- 사과를 본 적이 있니?
- 사과는 어떻게 생겼니?
- 어떤 색깔이었니?

▶ 전개

1. 『사과가 쿵』 동화를 들려준다.
2. 동화를 들은 감상에 대해 이야기를 나눈다.
   - 동화를 들으니까 어떠했니?
   - 어떤 장면이 기억이 나니?
3. 사과 퍼즐 자료를 소개한다.

- 이것은 무엇이니?
- 그래, 『사과가 쿵』에 나왔던 사과지?그런데 사과가 어떻게 되어 있니?
- 몇 조각으로 나누어져 있는지 세어 볼까?
- 한 조각, 두 조각, 세 조각, 네 조각, 다섯 조각.
- 모두 몇 조각이니?
- 다섯 조각이구나.

4. 개별활동으로 사과 퍼즐을 맞춘다.
   - ○○ 나와 보세요.
   - ○○야, 여기 있는 퍼즐 맞춰 볼 수 있겠니?
   - ○○가 다 맞추었구나. 멋진 사과가 되었네.

▶ 마무리

대그룹으로 모여 활동을 평가한다.

- 사과 퍼즐을 맞춰 보았는데 어떠했니?
- 어떤 점이 재미있었니?
- 어려운 점이 있었니?
- 더 맞추고 싶은 친구는 자유선택활동 시간에 해 보도록 하자.

참 고

다섯 조각이지만 앞뒤 모두 빨간색이고, 조각의 모양이 비슷해 퍼즐을 완성하는 데 다소 시간이 걸릴 수도 있기 때문에 교사의 적절한 도움이 필요할 수 있다.

문학활동 ③ 동물의 수를 세어 보아요

대상연령 3세

생활주제 동물, 여름, 건강하고 안전한 생활

교육과정 관련요소

- 의사소통 – 듣기 – 동요, 동시, 동화 듣고 이해하기
- 신체운동·건강 – 건강하게 생활하기 – 몸과 주변을 깨끗이 하기
- 예술경험 – 예술적 표현하기 – 극놀이로 표현하기
- 자연탐구 – 수학적 탐구하기 – 수와 연산의 기초 개념 알아보기
- 자연탐구 – 과학적 탐구하기 – 생명체와 자연환경 알아보기

목 표

- 동화를 즐겁게 감상한다.
- 동화의 내용을 극놀이로 표현한다.
- 수 세기와 셈하기를 한다.

준 비 물

『아이 시원해』 동화책(허유미 글, 한유민 그림/웅진주니어), 동물 머리띠, 매트

내 용

▶ **도입**

날씨가 더울 때 어떻게 하는지에 대해 이야기를 나눈다.

- 요즘 날씨가 참 덥지?
- 날씨가 더울 때 시원하게 하려면 어떻게 해야 할까?
  – 선풍기·에어컨 켜기, 부채질하기, 시원한 음식 먹기, 나무 그늘 아래에서 쉬기, 수영하기, 시원한 물에 씻기 등
- 지금부터 볼 동화에 나오는 동물들은 날씨가 더울 때 어떻게 하는지 알아보자.

▶ 전개

1. 극놀이를 할 것이라고 이야기하고, 동화를 들려준다.
   - 지금부터 들어 볼 동화의 제목은 『아이 시원해』예요. 이 동화를 듣고 극놀이를 해볼 거니까 잘 들어 보세요.
2. 동화에 대한 감상을 이야기한다.
   - 동화를 들어 보니까 어떠했니?
   - 어떤 점이 재미있었니?
   - 어떤 장면이 기억에 나니?
3. 동화를 회상한다.
   - 동화에 어떤 동물들이 나왔니?
   - 동물들이 더워서 어떻게 했니?
4, 역할을 정한다.
   - ○○ 동물은 누가 해 보고 싶니?
5, 머리띠를 하고 친구들에게 자신의 역할을 한 명씩 소개한다.
   - 머리띠를 해 보자.
   - 친구들에게 "나는 ○○를 맡은 ○○입니다." 하고 소개해 보자.
6. 극 놀이를 한다.
   - 지금부터 ○○반 '아이 시원해' 극놀이를 시작하겠습니다.
7. 극놀이를 확장하여 셈하기 활동을 한다.
   - 그런데 여기 새가 물에서 시원하게 씻고 있는데, 얼룩말이 다시 더워져서 물속에 풍덩했어요. 물속에는 몇 명의 친구들이 있니?
   - 이번에는 코끼리와 원숭이가 물속에 풍덩했어요. 몇 명의 친구들이 물속에 있니?
   - 이제 시원해져서 코끼리가 물 밖으로 나왔어요. 물속에는 몇 명의 친구들이 있니?
   - 또 얼룩말, 원숭이, 새가 물 밖으로 나왔어요. 이제 물속에는 몇 명의 친구

들이 있니?

8. 극 놀이를 한 유아들은 한 줄로 서서 다 함께 인사하고 들어간다.
9. 나머지 그룹의 유아들이 나와 극놀이를 하고, 극놀이했던 유아들은 감상한다.

▶ 마무리

극놀이 활동한 것에 대해 평가한다.

- 『아이 시원해』 동화를 듣고, 극놀이를 해 보았는데 어떠했니?
- 어떤 점이 재미있었니?

참 고

셈하기 활동을 할 때 5의 범위 안에서 작은 수부터 시작해 수를 점차 늘려 간다.

문학활동 ④ 알록달록 동물원

대상연령 3세

생활주제 동물

교육과정 관련요소

- 자연탐구 – 수학적 탐구하기 – 공간과 도형의 기초 개념 알아보기
- 자연탐구 – 과학적 탐구하기 – 생명체와 자연환경 알아보기
- 예술경험 – 예술적 표현하기 – 미술활동으로 표현하기

목 표

- 도형의 특징에 관심을 갖는다.
- 도형으로 다양하게 꾸며 본다.
- 동물의 특징에 관심을 갖는다.

준 비 물

『알록달록 동물원』 그림책(로이스 엘러트 글·그림/시공주니어), 스케치북, 모양종이, 풀

내 용

▶ 도입

좋아하는 동물에 대해 이야기를 나눈다.

- 너희들은 어떤 동물을 좋아하니?

▶ 전개

1. 『알록달록 동물원』 그림책을 함께 보며 이야기 나눈다.
   - 이 책에는 너희들이 좋아하는 동물들이 모양으로 만들어졌대. 함께 보도록 하자.
   - 이것은 어떤 동물이니?
   - 어떤 모양이 보이니?

2. 모양으로 꾸미기 활동과 준비한 자료를 소개한다.
   - (자료를 제시하며) 이것은 무슨 모양이니?
   - 여러 가지 모양들이 있지. 그런데 이 모양을 이렇게 붙이면 다른 모양이 된단다(세모 두 개로 나비를 만든다). 이것은 무엇이지?
   - 그래, 나비야. 이 모양들로 아까 보았던 멋진 동물을 만들 수도 있어.
   - 스케치북에 이 모양들을 풀로 붙여서 멋진 작품을 만들어 볼 거예요.
3. 준비한 자료(모양 종이, 풀, 스케치북)를 나누어 준다.
4. 모양으로 꾸미기 활동을 한다.
5. 자신의 작품을 발표한다.
   - "내가 만든 멋진 작품을 소개하고 싶어요" 하는 친구 있니?
   - ○○의 작품에는 어떤 모양들이 있니?
   - ○○는 무엇을 만들었니?

▶ 마무리

전체 활동을 평가하며 마무리한다.
- 모양으로 꾸며 보니까 어떠했니?
- 어떤 점이 재미있었니?

참 고

유아의 수준을 고려하여 단순하게는 도형을 붙이고 싶은 대로 붙이도록 하고, 한 단계 높여 모양을 이용해 동물의 형태를 만들어 보도록 유도한다.

4. 음악 및 동작활동을 통한 접근의 실제

음악 및 동작활동 ① 몸으로 모양을 만들어요

대상연령 5세

생활주제 건강한 몸과 마음

교육과정 관련요소

- 신체운동 – 신체활동에 참여하기 – 자발적으로 신체활동에 참여하기
- 자연탐구 – 수학적 탐구하기 – 공간과 도형의 기초 개념 알아보기

목 표

- 나의 몸에 관심을 갖는다.
- 모양의 특징을 이해한다.
- 친구와 협력하여 문제를 해결한다.

준 비 물

모양 그림 자료

내 용

▶ 도입

모양에는 어떤 것이 있는지 이야기 나눈다.

T : 모양에는 어떤 것이 있니?

C : 동그라미, 세모, 네모.

T : 그래요. 모양에는 동그라미와 세모와 네모가 있어요.

▶ 전개

1. 활동을 소개한다.

T : 오늘은 몸으로 모양을 만들어 볼 거예요.

2. 우리 몸에서 모양을 찾아본다.

T : 먼저 우리 몸에는 어떤 모양이 숨어 있는지 찾아보자. 어떤 모양이 있니?

C : 눈에 동그라미가 있어요.

T : 그래, 우리 눈에는 동그라미가 있어요. 또 어떤 모양이 있을까?

C : 콧구멍이 동그래요.

C : 입을 '아' 벌리면 동그래요.

C : 얼굴이 동그래요.

T : 얼굴에 동그라미가 많이 있구나. 또 어떤 모양이 있을까?

C : 코가 좀 세모난 것 같아요.

T : 그래. 코가 세모 모양과 비슷하구나.

C : 몸은 네모예요.

T : 몸은 네모 모양과 비슷하구나.

3. 지시대로 혼자서 동그라미를 만들어 본다.

T : 그럼 이번에는 몸을 움직여서 모양을 만들어 보자. 동그라미를 만들어 보세요.

C : (팔과 다리 등을 이용해 동그라미를 만든다)

T : ○○는 팔로 동그라미를 만들었고, ○○는 손가락으로 만들었구나. 이번에는 가장 작은 동그라미를 만들어 보세요.

C : (손가락 또는 몸으로 가장 작은 동그라미를 만든다)

T : 친구들은 어떻게 만들었는지 보자. 그럼 이번에는 가장 큰 동그라미를 만들어 보세요.

C : (몸을 이용해 큰 동그라미를 만든다)

T : ○○는 팔을 쭉 펴서 동그라미를 만들었구나.

4. 지시대로 혼자서 세모를 만들어 본다.

T : 세모를 만들어 보자.

C : (팔과 다리를 이용해 세모를 만든다)

T : 친구들이 세모를 어떻게 만들었나 볼까?

C : ㅇㅇ는 팔로 만들었어요.

C : ㅇㅇ는 다리로 만들었어요.

T : 지금 만들어 보았던 방법 말고 다른 방법으로 세모를 만들어 보세요.

C : (팔로 세모를 만들었던 C는 다리로 만들어 본다)

5. 지시대로 혼자서 네모를 만들어 본다.

T : 지금까지 동그라미와 세모를 만들어 보았어. 이제 어떤 모양을 만들 차례이니?

C : 네모.

T : 손으로 네모를 만들어 보세요.

C : (손으로 네모를 만들어 본다)

T : 이번에는 다리로 네모를 만들어 보세요.

C : (다리로 네모를 만들어 본다)

6. 지시대로 친구들과 모양을 만들어 본다.

T : 이번에는 친구들과 모양을 만들어 볼 거에요. 두 명씩 짝지어 보세요. 동그라미(세모, 네모)를 만들자.

C : (두 명씩 짝지어 모양을 만든다)

T : ㅇㅇ와 ㅇㅇ는 팔을 연결하여 동그라미를 만들었구나.
ㅇㅇ와 ㅇㅇ는 다리로 만들었네. 이번에는 세 명씩 짝지어 보세요. 동그라미(세모, 네모)를 만들자.

C : (세 명씩 짝지어서 모양을 만든다)

T : 다 함께 동그라미를 만들자.

C : (다 함께 동그라미를 만든다)

▶ 마무리

1. 몸으로 모양을 만들어 본 소감에 대해 이야기 나눈다.

T : 몸으로 모양을 만들어 보니까 어떠니?

C : 재미있었어요.

C : 힘들기도 했어요.

T : 어떤 모양을 만드는 것이 재미있었니?

C : 동그라미요, 세모요, 네모요.

T : 어떤 모양을 만드는 것이 힘들었니?

C : 동그라미요, 세모요, 네모요.

T : 왜 그렇게 생각하니?

C : 동그라미처럼 몸을 구부리는 것이 어려웠어요.

C : 팔을 똑바로 구부려서 세모 만드는 것이 어려웠어요.

2. 또 어떤 모양을 만들어 보고 싶은지 이야기를 나눈다.

T : 동그라미, 세모, 네모 모양 말고 또 어떤 모양을 만들어 보고 싶니?

C : 하트 모양, 집 모양, 별 모양…….

T : 그래, 다음에는 여러 가지 모양을 만들어 보자.

참 고

- 유아의 신체 발달단계를 고려하여 활동수준을 조절해야 한다.
- 다른 친구들은 어떻게 모양을 만들었는지 관찰하게 하여 어떻게 다른지, 같은지 비교해 보도록 한다.

음악 및 동작활동 ② 숫자 노래

대상연령 4세

생활주제 우리나라와 다른 나라의 생활

교육과정 관련요소

- 자연탐구 – 수학적 탐구하기 – 수와 연산의 기초 개념 알아보기
- 예술경험 – 예술적 표현하기 – 음악으로 표현하기

목 표

- 수 이름을 안다.
- 수 순서를 안다.
- 즐겁게 노래 부른다.
- 노래의 내용을 적절하게 동작으로 표현한다.

준 비 물 숫자 노래 가사 및 그림 자료

내 용

▶ 도입

숫자에 대해 이야기를 나눈다.

- 숫자에는 어떤 것이 있니?
- 다 함께 10까지 세어 보자.

▶ 전개

1. (가사 자료를 제시하며) 노래 제목을 소개한다.
   - 오늘 배울 노래의 제목은 「숫자 노래」예요. 이 노래는 옛날부터 전해져 내려오는 노래예요. 이런 노래를 전래동요라고 해요.
2. 노래를 들려준다.
   - 노래를 들려줄 테니까 잘 들어 보세요.

3. 노랫말에 대해 이야기를 나눈다.
   - 어떤 노랫말이 있었니?
4. 선생님이 노랫말을 읽어 줄 테니 잘 들어 보세요.

노랫말

하나 하면 할머니가 지팡이를 짚는다고 잘잘잘
둘 하면 두부장수 두부를 판다고 잘잘잘
셋 하면 새색시가 거울을 본다고 잘잘잘
넷 하면 냇가에서 빨래를 한다고 잘잘잘
다섯 하면 다람쥐가 도토리를 줍는다고 잘잘잘
여섯 하면 여학생이 공부를 한다고 잘잘잘
일곱 하면 일꾼들이 나무를 벤다고 잘잘잘
여덟 하면 엿장수가 호박엿을 판다고 잘잘잘
아홉 하면 아버지가 신문을 본다고 잘잘잘
열 하면 열무장수 열무가 왔다고 잘잘잘

5. 유아들이 노랫말을 읽어 본다.
   - 선생님이 한 줄씩 읽어 볼 테니까 따라 읽어 보세요.
   - 다 함께 읽어 보자.
6. 한 음으로 노래를 불러 본다.
   - 한 음으로 노래를 불러 보자. 어떤 음으로 불러 볼까?
7. 전체 노래를 불러 본다.
8. 노랫말을 동작으로 표현해 본다.
   - 노랫말을 몸으로 표현해 보자.

▶ 마무리

전체적인 활동에 대해 평가한다.

- 오늘 배운 노래는 어땠니?
- 어떤 부분이 재미있었니?
- 몸으로 표현한 것은 어땠니?

참 고

유아의 발달수준을 고려하여 하나에서 다섯까지 소개하고, 나중에 여섯에서 열까지 나누어 소개할 수 있다.

음악 및 동작활동 ③ 리본 춤

대상연령 4세

생활주제 나와 가족, 건강한 몸과 마음

교육과정 관련요소

- 신체운동 – 신체활동에 참여하기 – 기구를 이용하여 신체활동하기
- 예술경험 – 예술적 표현하기 – 움직임과 춤으로 표현하기
- 자연탐구 – 수학적 탐구하기 – 공간과 도형의 기초 개념 알아보기

목 표

- 방향을 나타내는 어휘에 관심을 갖는다.
- 방향에 대한 감각을 기른다.
- 도구를 적절한 방법으로 사용한다.
- 나의 몸에 관심을 갖는다.

준 비 물 리본 막대, 다양한 음악 CD, CD 플레이어

내 용

▶ 도입

방향에는 어떤 것이 있는지 이야기를 나눈다.

- 방향(앞, 뒤, 옆, 위, 아래, 오른쪽, 왼쪽)에는 어떤 것이 있니?

▶ 전개

1. 리본 막대를 소개한다.
   - 여기 리본 막대가 있어. 이것을 흔들면(리본 막대를 흔들면서) 이렇게 된단다. 전에 리본 막대를 본 적이 있니?
   - 리본 막대는 춤을 출 때 사용해요.
2. 자유롭게 리본 막대를 움직여 본다.
   - 우리 리본 막대를 움직여 보자. 어떻게 움직이니?

3. 교사가 지시하는 대로 리본 막대를 움직여 본다.
   - 이번에는 선생님이 말하는 대로 움직여 봐요. 아래로 움직여 봐요.
   - 위로 움직여 보자.
   - 옆(오른쪽, 왼쪽)으로 움직여 보세요.
   - 앞으로 움직여 보세요.
   - 뒤쪽으로 움직여 보세요.
4. 음악에 맞추어 자유롭게 다양한 방향으로 리본을 흔들며 춤춰 본다.
   - 음악을 들려줄 테니까 여러 가지 방향으로 리본을 움직이며 춤춰 보아요.

▶ 마무리

전체적인 활동에 대해 평가한다.

- 리본 춤을 추니까 어떠했니?
- 어떤 점이 즐거웠니?

참 고

리본 막대를 사용함에 있어서 안전에 유의한다.

음악 및 동작활동 ④ 몸으로 패턴을 만들어요

대상연령 2세

생활주제 나, 동물

교육과정 관련요소

- 신체운동 – 신체활동에 참여하기 – 신체활동에 참여하기
- 자연탐구 – 수학적 탐구하기 – 단순한 규칙성에 관심 가지기

목 표

- 패턴의 반복성을 인식한다.
- 패턴을 몸으로 표현한다.

준 비 물 동물 모양 그림 자료

내 용

▶ 도입

좋아하는 동물에는 어떤 것이 있는지 이야기해 본다.

- 너희들이 좋아하는 동물에는 어떤 것이 있니?

▶ 전개

1. 동물 그림 자료를 소개한다.
   - 여기 어떤 동물이 있니?(큰 사자, 작은 사자, 큰 코끼리, 작은 코끼리)
2. 패턴 형태로 동물 그림 자료를 융판에 붙이며 이야기를 나눈다.
   - 동물들이 소풍을 간대요. 어떻게 가니 보자.
     (큰 사자, 작은 사자 패턴으로 융판에 붙인다)
   - (큰 사자를 가리키며) 누구지?
   - 엄마사자구나. 엄마사자 옆(작은 사자를 가리키며)에는 누가 있니?
   - 아기사자구나. 그다음에는 또 누가 있지?
   - 엄마사자와 아기사자들이 줄을 서서 가는구나. 엄마사자, 아기사자, 엄마

사자, 아기사자, 엄마사자, 아기사자, 엄마사자, 아기사자.

3. 소개된 패턴 뒤에 어떤 동물 그림 자료가 와야 하는지 이야기를 나눈다.
   - (패턴의 마지막 작은 사자를 가리키며) 이 아기사자 뒤에는 누가 줄을 서야 할까?
   - 엄마사자구나. 엄마사자 다음에는 누가 와야 할까?
4. 영아들이 앞으로 나와서 동물 패턴을 동작으로 표현한다.
   - 이번에는 너희들이 엄마사자와 아기사자가 되어 보자. 누가 나와 보겠니?
   - 영아들이 엄마사자는 큰 동작과 큰 소리로 어흥, 작은 사자는 작은 동작으로 어흥 소리를 내도록 유도한다.
5. 코끼리 그림 자료로 위와 같은 방식으로 활동한다.

6. 코끼리 그림 자료로 작은 코끼리, 작은 코끼리, 큰 코끼리 패턴을 만들어 위와 같은 순서로 활동한다.

▶ 마무리

전체적인 활동에 대해 평가한다.

- 패턴놀이를 해 보았는데 어떠했니?
- 어떤 점이 재미있었니?

참 고

영아들의 흥미를 고려하여 다양한 패턴을 구성하여 수업한다.

음악 및 동작활동 ⑤ 사진처럼 따라해 봐요

대상연령 2세

생활주제 나, 내가 만나는 사람들

교육과정 관련요소

- 신체운동 – 신체활동에 참여하기 – 신체활동에 참여하기
- 사회관계 – 더불어 생활하기 – 또래와 관계하기
- 자연탐구 – 수학적 탐구하기 – 공간과 도형에 관심 가지기

목 표

- 공간에 대한 어휘를 사용한다.
- 친구의 동작을 따라한다.

준 비 물 친구들의 사진

내 용

▶ 도입

어제 사진 찍었던 영아들에 대해 이야기를 나눈다.

- 어제 선생님이 사진 찍었던 친구들은 누가 있었니?
- 어떻게 사진을 찍었니?

▶ 전개

1. 어제 영아들이 특정 동작으로 포즈를 취한 사진을 소개한다.
   - 어제 선생님이 우리 반 친구들 중 몇 명의 사진을 찍었단다. 이 사진 속에는 누가 있니?
2. 영아들이 사진 속 친구들의 동작을 따라하며 공간에 대한 어휘를 사용하도록 유도한다.
   - ○○가 어떻게 하고 있니?

• 팔을 어떻게 하고 있니?
• 손은 어떻게 하고 있니?
• 다리는 어떻게 하고 있니?
• 앞으로 쭉 뻗었구나.
• 손은 아래로(위로, 옆으로) 향하고 있구나 등.

3. 다른 동작으로 포즈를 취하고 싶은 영아는 나와서 해 보도록 하고, 다른 영아들은 그 동작을 따라해 본다.

• 다른 모습으로 사진 찍고 싶은 친구 있니?
• ㅇㅇ처럼 따라해 볼까?
• ㅇㅇ가 어떻게 하고 있니? 팔은 어떻게 하고 있니? 손은 어디를 향하고 있니? 다리는 어떻게 했니?
• 또 다른 모습으로 사진 찍고 싶은 친구 있니?
• 다 같이 따라해 보자.

▶ 마무리

전체적인 활동에 대해 평가한다.

• 사진 속 친구들의 모습을 따라해 보았는데 어떠했니?
• 어떤 점이 재미있었니?
• 어려운 점은 없었니?

참 고

활동 후 사진 자료를 벽면에 게시하여 영아들이 자유롭게 관찰하고 몸으로 따라하도록 유도한다.

5. 요리활동을 통한 접근의 실제

요리활동 ① 케이크 만들기

대상연령 5세

생활주제 건강한 몸과 마음

교육과정 관련요소

- 자연탐구 – 수학적 탐구 – 공간과 도형의 기초 개념 알아보기
- 자연탐구 – 과학적 탐구 – 물체와 물질 알아보기
  – 간단한 도구와 기계 활용하기

목　표

- 다양한 모양의 특징에 관심을 갖는다.
- 즐겁게 요리활동을 한다.

준 비 물

생크림, 카스테라 빵, 다양한 모양의 젤리, 접시, 앞치마, 포크, 버터나이프, 요리 순서표

내　용

▶ 도입

케이크를 먹어 본 경험에 대해 이야기를 나눈다.

- 어떤 케이크를 먹어 보았니?
- 어떤 모양이었니?
- 어떤 장식이 있었니?

▶ 전개

1. 손을 씻는다.
   - 케이크를 만들기 전에 손을 씻고 오자.
2. 케이크 만드는 재료와 순서를 소개한다.
   - 케이크를 만들기 위해 무엇이 필요할까?
   - (요리 재료를 제시하며) 빵, 생크림, 젤리와 과자로 만들어 볼 거예요.
   - (요리 순서표를 제시하며) 첫 번째로 빵에 크림을 바를 거에요. 두 번째로 크림 위에 젤리와 과자로 다양한 모양을 만들어 꾸며요. 너희들은 젤리와 과자로 어떤 모양을 만들고 싶니?
   - 그래, 너희들이 말한 대로 다양한 모양을 만들어 보자. 세 번째로 맛있게 먹어요.
3. 케이크 만드는 도구를 소개한다.
   - (접시와 버터나이프를 제시하며) 케이크를 만들기 위해 접시하고 버터나이프를 나눠 줄 거예요. 이 버터나이프로 빵에 생크림을 바르면 돼요.
4. 케이크를 만들면서 주의할 점에 대해 이야기 나눈다.
   - 케이크를 만들면서 지켜야 할 약속에는 무엇이 있을까?
     - 요리가 완성되기 전에는 먹지 않아요. 손으로 재료를 만지지 않아요. 버터나이프로 장난치지 않아요 등
5. 접시와 카스테라 빵, 버터나이프를 나눠 준다.
6. 생크림을 나눠 준다.
7. 카스테라 빵에 생크림을 바르도록 한다.
8. 다양한 모양의 젤리와 과자로 꾸민다.

9. 자신이 만든 케이크를 친구들에게 소개한다.
   - 내가 만든 케이크를 친구들에게 소개하고 싶은 사람이 있니?
   - ○○는 세모 모양 젤리로 나비를 만들었구나.
   - ○○는 동그라미 모양 젤리로 꽃을 만들었구나.
10. 맛있게 먹는다.

▶ 마무리

전체 활동에 대해 평가한다.

- 케이크를 만들어 보았는데 어떠했니?
- 어떤 점이 재미있었니?
- 어려운 점이 있었니?

참 고

생크림을 빵에 바르는 것이 어려운 유아에게 도움을 주도록 하고, 유아들이 다양한 모양으로 꾸밀 수 있도록 격려한다.

요리활동 ② 패턴 과일꼬치 만들기

대상연령 5세

생활주제 건강한 몸과 마음

교육과정 관련요소

- 자연탐구 – 수학적 탐구하기 – 규칙성 이해하기
- 자연탐구 – 과학적 탐구하기 – 생명체와 자연환경 알아보기
  – 간단한 도구와 기계 활용하기

목 표

- 패턴의 규칙을 이해한다.
- 과일의 특징을 이해한다.
- 즐겁게 요리활동을 한다.

준 비 물

꼬치용 막대, 바나나, 키위, 파인애플, 딸기, 요거트, 앞치마, 접시

내 용

▶ 도입

1. 좋아하는 과일에 대해 이야기를 나눈다.
   - 너희들은 어떤 과일을 좋아하니?
2. 과일을 먹어 본 방식에 대해 이야기를 나눈다.
   - 그 과일들을 어떻게 먹어 보았니?
     – 잘라서, 통째로, 화채로, 주스로 등

▶ 전개

1. 손을 씻는다.
   - 요리를 하기 전에 손을 씻고 오자.
2. 요리 이름을 소개한다.
   - 오늘 만들 요리 이름은 '과일꼬치'예요. 과일꼬치를 먹어 본 친구가 있니?
   - 과일꼬치를 만들면 여러 가지 과일을 맛있게 먹을 수 있어요.
3. 요리 재료를 소개한다.
   - (요리 재료를 제시하며) 바나나, 키위, 파인애플, 딸기로 과일꼬치를 만들 거예요. 이 과일들을 만들기 쉽게 선생님이 잘라 왔어요. 이것으로 만들어 봐요. 그리고 요거트가 필요해요. 요거트에 과일꼬치를 찍어 먹을 거예요.
4. 요리 순서와 패턴 만들기에 대해 이야기 나눈다.
   - 첫 번째로 여러 가지 과일을 꼬치에 차례대로 끼워요. 두 번째로 과일꼬치를 요거트에 찍어 먹으면 돼요.
   - 그런데 과일꼬치를 만들 때 한 가지 과일로만 만드는 것보다 여러 가지 과일을 차례대로 꽂아서 먹으면 더 맛있대. 과일꼬치를 세 개씩 만들어 볼 건데, 내가 정한 똑같은 순서로 만들어 보자.
5. 요리 도구와 꼬치 끼우는 방법에 대해 소개한다.
   - 과일꼬치를 만들기 위해 이 막대를 과일에 꽂아야 해요. 과일을 접시에 이렇게 두고 막대를 가운데에 꽂아 들어 올리면 돼요.
6. 요리를 하면서 지켜야 할 약속에 대해 이야기 나눈다.
   - 과일꼬치를 만들면서 어떤 약속을 지켜야 할까?
     –막대로 장난치지 않기, 막대 끼울 때 조심하기 등
7. 요리 재료와 도구를 나눠 준다.
8. 과일꼬치 끼우기 요리를 한다.

9. 완성된 꼬치를 친구들에게 발표한다.
   - 내가 만든 꼬치를 친구들에게 소개해 보자.
   - ○○는 키위, 딸기, 바나나, 파인애플 순서로 만들었구나.
   - ○○는 딸기, 키위, 바나나, 파일애플 순서로 만들었구나.
   - ○○는 바나나, 딸기, 파인애플, 키위 순서로 만들었구나.
10. 요거트를 나눠 주고, 요거트에 찍어 맛있게 먹는다.

▶ 마무리

전체 활동에 대해 평가한다.

- 과일꼬치를 만들어 보았는데 어떠했니?
- 어떤 점이 재미있었니?
- 어려운 점이 있었니?

참 고

과일에 막대를 꽂는 것이 어려운 유아에게 도움을 주고, 다양한 패턴을 만들 수 있도록 유도한다.

요리활동 ③

도넛 만들기

대상연령 4세

생활주제 건강한 몸과 마음, 우리 주변의 것들

교육과정 관련요소

- 자연탐구 – 수학적 탐구하기 – 공간과 도형의 기초 개념 알아보기
- 자연탐구 – 과학적 탐구하기 – 물체와 물질 알아보기
  – 간단한 도구와 기계 활용하기

목 표

- 도형의 특징에 관심을 갖는다.
- 물질의 변화에 관심을 갖는다.
- 즐겁게 요리활동을 한다.

준 비 물

도넛믹스가루 50g, 계량컵, 물 100ml, 식용유, 달걀 1개, 볼, 주걱, 팬, 밀대, 모양 틀, 앞치마, 저울

내 용

▶ 도입

도넛을 먹어 본 경험에 대해 이야기 나눈다.

- 도넛을 먹어 본 적이 있니?
- 맛이 어떠했니?
- 모양은 어떠했니?
- 도넛을 만들어 볼 거예요.

▶ 전개

1. 손을 씻는다.
   - 요리를 하기 전에 손을 씻고 오자.
2. 요리 재료를 소개한다.
   - (재료를 제시하며) 도넛믹스가루, 달걀, 물, 기름이 필요해요.
3. 요리 순서를 소개한다.
   - 볼에 도넛믹스가루하고 물, 달걀을 넣어요, 두 번째로 반죽을 해요, 세 번째로 밀대로 밀어요, 네 번째로 모양 틀로 찍어요. 다섯 번째로 기름에 튀겨요.
4. 요리 도구를 소개한다.
   - 이것은 볼이고, 이것은 반죽을 하는 주걱이에요. 그리고 이것은 밀대라고 하는데, 반죽한 것을 평평하게 펴 주는 도구예요. 계량컵은 물의 양을 재는 데 사용할 거에요. 저울은 도넛가루의 무게를 재는 데 사용할 거예요. 여기에 있는 여러 가지 모양 틀로 찍어서 다양한 모양의 도넛을 만들어 보세요.
5. 요리를 하면서 지켜야 할 약속에 대해 이야기 나눈다.
   - 요리를 하면서 어떤 약속을 지켜야 할까?
     – 밀대로 장난치지 않기, 기름에 튀길 때 조심하기 등
6. 소그룹으로 모여 요리한다.
   - 볼에다 도넛믹스가루 500g을 넣어야 해요. 저울에 재 보자.
   - 물 100ml도 계량컵으로 담아 넣어보자.
   - 이제 주걱으로 반죽을 해요.
   - 도넛을 만들려면 숙성이라는 것을 해야 해. 10분 동안 여기에 놓아두자.
   - 밀대로 밀어 보자.
   - 여기 모양 틀이 있지? 반죽한 것 위에 찍어 보세요.
   - 교사가 180도의 기름에 튀긴다.

7. 어떤 모양들이 있는지 이야기를 나눈다.
   - 완성되었어. 어떤 모양이 있니?
     –동그라미, 고리 모양, 세모, 별, 하트 등
8. 완성된 도넛이 처음의 반죽과 어떻게 달라졌는지 이야기 나눈다.
   - 처음에 반죽했던 것이랑 도넛이랑 무엇이 다르니?
   - 색깔이 어떠하니?
   - 크기는 어떠하니?
9. 맛있게 먹는다.

▶ 마무리

전체 활동에 대해 평가한다.

- 도넛을 만들어 보았는데 어떠했니?
- 어떤 점이 재미있었니?
- 어려운 점이 있었니?
- 새로 알게 된 것은 무엇이 있니?

참 고

계량컵에 담아 넣고 반죽하는 데 교사의 도움이 필요하며, 기름에 튀겨야 하기 때문에 안전하게 요리할 수 있도록 조심한다.

요리활동 ④ 쿠키 만들기

대상연령 4세

생활주제 건강한 몸과 마음, 우리 주변의 것들

교육과정 관련요소

- 자연탐구 – 수학적 탐구하기 – 공간과 도형의 기초 개념 알아보기
- 자연탐구 – 과학적 탐구하기 – 물체와 물질 알아보기
  – 간단한 도구와 기계 활용하기

목 표

- 도형의 특징에 관심을 갖는다.
- 물질의 변화에 관심을 갖는다.
- 즐겁게 요리활동을 한다.

준 비 물

쿠키믹스 250g, 달걀 1개, 식용유 40ml, 볼, 유산지

내 용

▶ 도입

쿠키를 먹어 본 경험에 대해 이야기 나눈다.

- 쿠키를 먹어 본 적이 있니?
- 맛이 어떠했니?
- 모양은 어떠했니?
- 오늘 너희들이 직접 쿠키를 만들어 볼 거야.

▶ 전개

1. 손을 씻는다.
   • 요리를 하기 전에 손을 씻고 오자.
2. 요리 재료를 소개한다.
   • (재료를 제시하며) 쿠키믹스가루, 달걀, 물, 기름이 필요해요.
3. 요리 순서를 소개한다.
   • 볼에 쿠키믹스가루하고 물, 달걀을 넣어요, 두 번째로 반죽을 해요, 세 번째로 모양을 만들어요, 네 번째로 오븐에 구워요.
4. 요리 도구를 소개한다.
   • 이것은 볼이고, 이것은 반죽을 하는 주걱이에요. 이것은 유산지라고 하는데, 쿠키를 구울 때 타지 않게 하려고 반죽 밑에 깔 거예요. 계량컵은 물의 양을 재는 데 사용할 거예요. 저울은 쿠키가루의 무게를 재는 데 사용할 거예요. 다양한 모양의 쿠키를 만들어 봐요.
5. 요리를 하면서 지켜야 할 약속에 대해 이야기 나눈다.
   • 쿠키를 만들면서 어떤 약속을 지켜야 할까?
     – 재료들을 섞을 때 장난치지 않아요, 순서대로 요리해요 등
6. 소그룹으로 모여 요리한다.
   • 볼에다 쿠키믹스가루 250g을 넣어야 해요. 저울에 재 보자.
   • 식용유 40ml도 계량컵으로 담아 넣어 보자.
   • 이제 주걱으로 반죽을 해요.
   • 반죽한 것을 나눠 줄 테니 여러 가지 모양으로 만들어 보렴.
   • 오븐 팬 위에 유산지를 깔자.
   • 너희들이 만든 반죽을 올려놓자.
   • 오븐을 180도로 예열하고, 10~15분 구운 후 꺼낼 거예요.

7. 어떤 모양들이 있는지 이야기를 나눈다.
   - 완성되었어. 어떤 모양이 있니?

     –동그라미, 네모, 세모, 별, 하트, 동물 모양, 꽃, 나무 등
8. 완성된 쿠키가 처음의 반죽과 어떻게 달라졌는지 이야기 나눈다.
   - 처음에 반죽했던 것이랑 쿠키랑 무엇이 다르니?
   - 색깔이 어떠하니?
   - 크기는 어떠하니?
9. 맛있게 먹는다.

▶ 마무리

전체 활동에 대해 평가한다.

- 쿠키를 만들어 보았는데 어떠했니?
- 어떤 점이 재미있었니?
- 어려운 점이 있었니?
- 새로 알게 된 것은 무엇이 있니?

참 고

재료의 양을 재고 반죽할 때 교사의 도움이 필요하다.

토의과제

1. 앞에 제시된 활동계획안을 한 개 선택하여 수정해 본다.

2. 앞에 제시된 활동계획안 중 선택하여 실행한 후 평가해 본다.

참고문헌

강문희(2002). 미술·수학 통합활동이 유아의 수학적 개념에 미치는 영향. 과학교육논총, 27, 85-107.

고은아(1995). 미술과 타 교과 간의 연계학습에 관한 연구. 서울대학교대학원 석사학위논문.

교육과학기술부(2009). 유치원 교육과정 해설.

교육과학기술부(2011). 유치원 평가.

교육과학기술부(2013). 연령별 만 3~5세 누리과정 해설서.

교육부(1998, 2000). 유치원 교육과정 해설.

교육부(2000). 유치원 교육 활동지도 자료.

권영례(1993, 1996). 아동중심 유아수학활동. 서울: 양서원.

권영례(1995). 유아수학교육. 서울: 한국방송통신대학교.

권영례(1998). 새유아교육총서: 유아수학교육. 서울: 창지사.

권영례(2003, 2011). 유아수학교육. 경기도: 양서원.

권영례(2006). 교과교육론. 경기도: 양서원.

김경미(2011). 유아·교사 그리고 교수가 행복한 유아수학교육. 서울: 창지사.

김경본(2006). 예비교사와 현직교사의 유아 수학교육 내용지식에 대한 연구. 건국대학교 대학원 석사학위논문.

김계자(1984). 통합 교육 과정으로서의 요리 활동의 교육적 가치에 관한 연구. 중앙대학교 대학원 석사학위논문.

김덕건(1986). 프뢰벨의 은물과 작업에 나타난 수와 도형에 관한 일연구. 중앙대학교 대 학원 석사학위 청구논문.

김명숙(2011). 수학과 미술의 통합활동이 유아의 공간과 기하능력 및 수학적 태도에 미치는 영향. 전남대학교 교육대학원 석사학위논문.

김선미(2006). 요리를 중심으로 한 수학적 탐구 활동이 유아의 수학개념 및 태도에 미치는 영향. 중앙대학교 교육대학원 석사학위논문.

김세희(2001). 유아 문학교육. 경기도: 양서원.

김숙자·김현정(2005). 유아 수놀이 교육. 경기도: 문음사.

김순희(2006). 수학동화를 활용한 탐구적 유아 수학활동이 유아의 문제해결력에 미치는 영향. 덕성여자대학교 교육대학원 석사학위논문.

김언주·강영하·최건수(1989). 인지발달과 교육. 서울: 양서원.
김연옥(2004). 수 관련 이야기책에 기초한 문제해결활동 경험이 유아의 수 개념 발달에 미치는 영향. 한국교원대학교 석사학위논문.
김영선(2002). 유아수학교육의 이론과 실제. 경기도: 교육과학사.
김영채(1998). 사고력: 이론, 개발과 수업. 서울: 교육과학사.
김원형·남승규·이재창(2003). 인간과 심리학. 경기도: 학지사.
김은심(2004). 유아 동작교육의 이론과 실제. 서울: 창지사.
김정규·이광자·정갑순·조정숙·방인옥·김은희(2004). 창의적인 유아미술활동. 서울: 동문사.
김창복(1998). 동반자적 부모참여 프로그램에 의한 활동중심 학습이 유치원과 초등학교 1학년 아동의 수학적 능력이 미치는 효과. 중앙대학교 대학원 박사학위논문.
김창복·황정숙·김경철(2005). 유아수학교육. 경기도: 양서원.
김철주(1998). 구성주의 교육과정 및 교수전략에 관한 연구. 강남대학교 출판부 논문집, 32, 325-340.
김춘경(2005). 아동상담. 경기도: 학지사.
김현자·한성심(2007). 보육교사를 위한 교수·학습방법의 이론과 실제. 서울: 태영출판사.
나귀옥·김경희(2004). 유아수학교육의 이론과 실제. 경기도: 학지사.
남덕우·박준희·백현기·서명원·성래원·정우현·함종규·황종규(1998). 최근 교육학대사전. 서울: 교육과학사.
노명숙(1998). 유치원 수학교육의 실태. 연세대학교 교육대학원 석사학위 논문.
덕성여자대학교 부속유치원(2001). 유아 영양과 요리 활동. 서울: 창지사.
문미화·오미영(2003). 지식과 상식을 넓혀주는 숫자여행. 아이디어북.
문연심(2009). 통합적 접근에 기초한 영유아 수학교육. 경기도: 양서원.
문연심·이화영(2005, 2006). 통합적 접근에 기초한 영유아 수·과학교육. 경기도: 양서원.
민경희(2005). 전래동요를 통한 수학적 탐구 활동이 유아의 수학개념 및 태도에 미치는 영향, 중앙대학교 교육대학원 석사학위논문.
민용성(2005). 통합교육과정의 구성 방식에 관한 일고. 학습자중심교과교육연구, 10, 61-80.
박경난(2007). 동작을 통한 수학교육 활동이 유아의 수학개념과 수학적 태도에 미치는 영향. 유아교육학논집, 11(2), 95-112.
박근주(2013). 유아의 자기결정력에 영향을 미치는 요인: 유아의 자아존중감, 놀이성, 자기조절력을 중심으로. 한국보육지원학회 춘계학술대회 포스터.
박홍자(2002). 유아 수·과학교육. 서울: 동문사.
방인옥·박찬옥·이기현·김은희(1999). 유아교육과정. 경기도: 정민사.

백소영(2005). 일상생활 자료를 활용한 수학적 탐구 활동이 유아의 수학개념 및 태도에 미치는 영향. 중앙대학교 대학원 석사학위논문.

보건복지가족부(2010). 2010 보육시설평가인증지침서.

보건복지부(2012). 어린이집 평가인증 안내.

보건복지부(2013). 연령별 만 3~5세 누리과정 해설서.

삼성어린이개발센터(1997). 어린이와 환경. 삼성복지재단 제5회 국제학술대회.

서동미(2007). 유치원 생활을 통한 유아의 수학적 경험 변화와 교육적 의미. 유아교육학논집, 11(3), 71-101.

서동미·염지숙(2006). 유치원 삶 속에서 유아들이 겪는 수학경험에 대한 질적 연구. 열린유아교육연구, 11(2), 237-266.

서동미·윤은미·문주형(2005). 유아의 수 세기 능력과 수세기에 대한 인식. 중앙유아교육논집, 2(11), 237-266.

서울대학교 교육연구소(1998). 교육학 대백과사전.

서울대학교 연구소(1994). 교육용어사전. 서울: 하우.

송명자(1995). 발달심리학. 경기도: 학지사.

신민섭(2007). 그림을 통한 아동의 진단과 이해. 경기도: 학지사.

신은수·김명순·신동주·이종희·최석란(2004). 놀이와 유아. 서울: 이화여자대학교 출판부.

신인숙·이순주(2003). 수학 관련 동화를 통한 수학활동이 유아의 수학적 문재해결력에 미치는 효과. 미래유아교육학회지, 10(4), 89-112.

신희경·김언주·민현숙·정찬우(2009). 학습자의 동기유발을 위한 교육심리학. 서울: 신정.

심성경·이희자·이선경·김경희·이효숙·박주희(2000). 유아음악교육 이론과 실제. 경기도: 양서원.

안경숙·김소향(2009). 영유아 수과학교육. 경기도: 양서원.

안유정(1998). 동시를 통한 표현활동. 유아교육교원자율연수교재.

안재신(1997). 유아음악교육. 서울: 교육과학사.

여성가족부(2005). 표준보육과정 연구.

오영희(2002). 유아를 위한 통합적 요리 활동 교육의 이론과 실제. 창의사고.

오종숙(2003). 유아미술교육의 이론과 실제. 경기도: 양서원.

유경숙(2004). 수학적 개념을 통합한 찰흙놀이가 유아의 공간능력에 미치는 영향. 중앙대학교 대학원 석사학위논문.

유구종·조희정(2009). 영유아교육개론. 경기도: 공동체.

육아정책연구소(2012). 3~5세 연령별 누리과정 운영을 위한 교사연수 자료집.

윤애희·김온기·이혜경(2002). 사고과정을 중심으로 한 유아 수·과학교육. 서울: 창지사.

윤정은(2006). 수학과 음악교육 통합 활동이 유아의 수학접근 태도와 문제해결능력에 미치는 영향. 한국교원대학교 대학원 석사학위논문.

윤희경·임미혜·김애옥·이분려·장미아·고영희(2005). 현장중심 교수-학습 방법. 서울: 창지사.

이경섭(1991). 유아교육 과정 유형별 연구. 서울: 교육과학사.

이경우(1991). 유아를 위한 새수학교육. 서울: 창지사.

이경우(1997). 수학교육을 위한 문학적 접근. 서울: 다음세대.

이경우·홍혜경·신은수·진명희(1997). 유아 수학교육의 이론과 실제. 서울: 창지사.

이기숙(2001, 2002). 유아교육과정. 서울: 교문사.

이기숙·장영희·정미라·엄정애(2009). 개정 유아교육개론. 경기도: 양서원.

이수경(1995). 국민학교 저학년 교육을 위한 미술적 접근 프로그램 개발연구. 서울여자대학교 대학원 박사학위논문.

이숙재(2006). 유아를 위한 놀이의 이론과 실제. 서울: 창지사.

이숙재·이봉선(2008). 개정 영유아의 발달과 교육. 서울: 창지사.

이영·유애열(1985). 유아를 위한 음악활동의 이론과 실제. 서울: 융성출판.

이영만(2001). 통합교육과정. 경기도: 학지사.

이영자·이기숙·이정욱(2005). 유아 교수·학습 방법. 서울: 창지사.

이용률·성현경·정동권·박영배·정은실·박교식·강문봉·백석윤·유현주(1997). 초등수학교육론. 서울: 경문사.

이은형(2006). 생활경험 중심의 수학적 문제해결 활동이 유아의 수학적 문제해결력 및 태도에 미치는 영향. 중앙대학교 대학원 석사학위논문.

이인원·김숙자(2006). 음악과 수학 통합 활동이 유아의 음악 능력과 수학개념 형성에 미치는 영향. 열린유아교육연구, 11(2), 305-329.

이인자(2002). 요리를 중심으로 한 통합 활동이 유아의 수학개념 발달에 미치는 영향. 한국교원대학교 교육대학원 석사학위논문.

이정욱(2003). 미술교육과 수학교육의 통합적 접근이 유아의 기하도형 이해에 미치는 영향. 덕성여대논문집 제32집, 101-120.

이정욱·유연화(2006, 2012). 유아수학교육. 경기도: 정민사.

이희승(1982, 1998). 우리말 사전. 경기도: 민중서림.

이희승(1994). 국어대사전. 경기도: 민중서림.

이희승(1998). 엣센스 국어사전. 서울: 민중서관.

임원신·민성혜·김영애(2006). 보육과정에 기초한 영유아 수·과학지도. 경기도: 양서원.

장영숙·이미옥(2006). 동화를 활용한 수학활동이 유아의수학적 문제해결 능력에 미치는 영향. 미래유아교육학회지, 13(2), 67-88.
장혜순·정은정·윤신숙(2005). 물리적 지식활동(PKA)를 통한 유아과학교육. 경기도: 양서원.
전인옥·이숙희(2003). 유아음악교육. 서울: 한국방송통신대학교 출판부.
전희영(2001). 유아의 측정능력에 관한 연구. 덕성여자대학교 대학원 석사학위논문.
정연강·조정순(2003). 유아영양과 건강. 경기도: 양서원.
정연희(2003). 요리 활동을 통한 유아과학교육. 경기도: 정민사.
정연희(2009). 유아수학교육. 서울: 창지사.
정옥분(2006). 영유아 발달의 이해. 경기도: 학지사.
조복희(1999). 아동발달. 서울: 교육과학사.
조부월(2010). 예비유아교사의 수학교육 내용지식 분석과 내용지식에 따른 수학교수효능감의 차이 확인 연구. 유아교육연구, 제30권 제5호, 241-261.
조현정(2005). 요리 활동이 유아의 수학개념 및 수학에 대한 태도에 미치는 영향. 성신여자대학교 교육대학원 석사학위논문.
조형숙(2002). 유아수학교육의 새로운 방향. 한국유아교육협회 교사연수자료집.
조형숙·황의명·김현주(2005). 유아를 위한 수학교육 활동자료. 서울: 교육인적지원부.
조효임·장기범·이경언·윤재상·이용재(1999). 오르프 음악교육. 서울: 학문사.
중앙보육정보센터(2006). 평가인증조력프로그램. 영역3. 보육과정.
채순희·이기현(2002). 프로젝트 접근법이 유아의 과학적 문제 해결력에 미치는 영향. 아동학회지, 23(6), 103-119.
채현주(2006). 수학과 통합된 미술활동이 유아의 패턴 이해 능력에 미치는 영향. 덕성여자대학교 대학원 석사학위논문.
최기영(2000). 유치원 판게임 활동에 나타난 아동의 참여 특정. 유아교육연구, 20(2), 5-26.
최영란(1983). 유치원 수학교육 프로그램의 현황과 분석. 이화여자대학교 대학원 석사학위논문.
최정경(2002). 미술과 수학의 통합교육 프로그램이 유아의 수개념 발달 및 수학 활동 참여도에 미치는 영향. 경희대학교 교육대학원 석사학위논문.
한국유아교육학회(2005). 유아교육학의 이해-한국 유아교육학회 학문적 정체성과 과제-. 경기도: 양서원.
한대희(2001). 수학교육 사상사 개관. 교육과학연구, 31(3). 231-244.
한유미(2002). 미술을 통한 수학교육이 유아의 수학적 지식과 태도에 미치는 영향. 유아교육연구, 22(2), 271-287.
한유미(2003, 2005, 2009, 2010). 유아수학교육. 서울: 창지사.

한종화(2011). 수학에 대한 예비 및 현직 유아교사의 태도. 유아교육연구, 31(2), 5-27.

홍성혜 역(1996). 숫자랑 놀자. 서울: 마루벌.

홍용희 역(1995). 어린이들의 학습에 비계 설정. 서울: 창지사.

홍용희(1999). 비고츠키와 유아교육. 사단법인 한국어린이육영회 연수원.

홍용희·이한영·최혜로·원영신(2001). 유아를 위한 동작교육의 이론과 실제. 서울: 다음세대.

홍혜경(2004). 유아-초등 저학년의 연계적 수학교육과정을 위한 기초연구. 유아교육연구, 24(2), 289-310.

홍혜경(2005, 2009). 유아 수학능력 발달과 교육. 경기도: 양서원.

홍혜경·이정욱·정정희(2004). 유아 수학능력 및 수학교육의 연구동향. 유아교육연구, 24(7). 227-261.

황의명·조형숙(2001). 유아과학교육. 경기도: 정민사.

황의명·조형숙·서동미(2009, 2012). 유아수학교육. 경기도: 정민사.

Aubrey, C.(1997). Children's early learning of number in school and out. In I. Thompson(Ed.), *Teaching and Learning Early Number*(pp. 20-29). Buckingham, MK: Open University Press.

Baroody, A. J.(1987). *Children's mathematical thinking*. NY: Teacher College, Columbia University.

Baroody, A. J.(2000). Does mathematics instruction for three to five year olds really make sense?, *Young Children, 55*(4), 61-76.

Bickley-Green, C. A.(1995). Math and curriculum integration: A post-modern foundation studies in education, 37(1), 6-18.

Borden, M. L.(1993). The preschool teacher's use of children's books to introduce and enhance the teaching of mathematical concepts. Unpublished doctoral

Borrello, E.(1986). Art+Curriculum+The basis of the education. Doctoral dissertation. MA: University of Massachusetts.

Bredekamp, S. & Rosegrant, T.(1995). Transforming curriculum organization. In S. Bredekamp & T. Rosegrant (eds.), *Reaching potentials: Transforming early childhood curriculum and assessment*, volume 2. Washington, DC: NAEYC.

Brewer, J. A.(1992). Early childhood education preschool through primary grades. Allyn and Bacon a Division of Simon & Sobuster, Inc, 248-286.

Brownell, W. A. & Chazal, C. B.(1935). The effect of Premature drill in thied grade arithematic. *Journal of Eucational Research, 29*, 17-28.

Brownell, W. A. & Chazal, C. B.(1935). The effect of premature drill in thied grade arithematic. *Journal of Eucational Research, 29*, 17-28.

Burton, G. M.(1982). Patterning: Powerful Play in School Science and Mathematics, 82(1). 39-43.

Charlesworth, R.(2000). *Experiences in math for young children* (4th Ed.). Stamford, CT : Delmar Thomson Learning.

Clements(2001). Mathematics in the preschool. *Teaching Children Mathematics, 7*(5). 270-275.

Clements, D. H. & Sarama, J.(2000). Young children's ideas about geometric shapes. *Teaching Children Mathematics, 6*(8), 482-488.

Clements, D. H.(2004). *Major themes and recommendations*. In D. H. Clements & J.

Conard, K. S. & Tracy, D. M.(1992). *Lowering preservice teachers' mathematics anxiety through an experience-based mathematics methods course*. Report-Reserch / technical. (ED 355 099)

Copeland, R. W.(1984). *How children learn mathematics: Teaching implications of Piaget's research (4th ed)*. NY: Macmillan.

Copeland, R. W.(1988). *Mathematics and the elementary teacher (2nd ed.)*. Philadelphia: W. B. Sanders Co.

Diamond, M. & Hobson, J.(1998). *Magic trees of the mind: How to your child's intelligence, creativity, and healthy emotions from birth through adolescence*. New York: Dutton.

Eves, H.(1992). *An introduction to the history of mathematics*. (이우영·신항균 역, 2005). 수학자. 서울: 경문사.

Fauth, B.(1990). Linking the visual arts with drama, movement, and dance for the young child. In W. J Stinson (Ed.), *Moving and learning for the young child*, 159-187.

Forgaty(1991). *The mindful school: how to integrate the curricula*. Arlington heights: IRI/Skylight.

Geary, D.(1994). *Children's mathematical development: research and practical applications*. Washington, D. C.: American Psychological Association.

Gelman, H. P., Greenes, C., & Balfanz, R.(2003). Big math for little/cids. NY: Dale Seymour Pulications.

Gelman, R.(1980). What young children know about number. *Education Psychologist, 15*, 54-

86.

Ginsbirg, H. P., Pappas, S., & Seo, K. (2001). Everyday mathematical knowledge: asking young children what to developmentally approprate. In S. L. Golbeck (Ed.), *Psychological perspectives on Early childhood Education*. Mahwah, NJ: Lawrence Erlbaum.

Ginsburg, H. P., Klein, A., & Starkey, P. (1998). The Development of children's mathematical Thinking: Connecting research with practice. In I. E. Siegel & K. A. Renninger(Eds.), *Handbook of child psychology(5th ed.) Vol. 4: Child psychology in practice*. NY: John Wiley & Sons, Inc.

Gelman, R. & Gallistel, C. R. (1989). *The child's understanding of number*. Cambridge. MA: Harvard Univ. Press.

Ginsburg, H. P., Pappas, N., & Seo, K. (2000). Young children doing mathematics: observations of everyday actiiviities. In Copley, J. V. (Ed.), *Mathematics in the early years*, 88-99. NCTM Reston. VA: Author.

Griesel, H. (1971). *Die neue mathematik fur lehrer und studenten, Band 1*. Herman Schroedel Verlag KG.

Harlan, J. D. & Rivkin, M. S. (2000). 창의성을 길러주기 위한 유아과학교육의 이론과 실제. (전명남·이혜주·정정희 역, 2002). 서울: 창지사.

Hiele, V. & Pierre, M. (1999). Developing geometric thinking through activities that begin with play. *Teaching Children Mathematics, 5*(6), 310-316.

Hildebrand, V. (1981). *Introduction to early childhood education*. Michigan State University. N. T. : Macmillan Publishing Co.

Hohmann, M., Barnet, B., & Weikart, D. P. (1979). *Young children in action*. Ypsilanti, MI : High/Scope Press.

Holt, B. G. (1993). *Science with young children*. Washington; NAEYC.

Huntly, M. A. (1998). Design and implementation of a framework for defining integrated mathematics and science education. *School Science and Mathematics. 98*, 320-327.

Jennings, C. M., Jennings, J. E., Richy, J., & Dixon-Krauss, L. (1992). Increasing interest and achievement in mathematics through children's literature. *Early Childhood Research Quarterly, 7*(2), 263-276.

Kamii, C. & DeVries, R. (1979). *Group games in early education: Implication of Piaget theory*. Washington, D. C.: NAEYC.

Kamii, C. (1982). *Numbers in preschool and kindergarten: Education implication of Piget's theory*.

Washington, DC: National Association for the Education of Young Children.

Kamii, C. (1988). *Number in preschool and kindergarten: Educational implications of Piaget's theory*. National Association for the Education of Young Children, Washington, D.C. (김판희·김영선 역, 1997). 유아수교육론. 서울: 양서원.

Kamii, C. & DeClark, G. (1985). *Young children reinvent arithematic*. New York: Teachers College Press.

Kellough, R. D. (1996). *Integrating mathematics and science for kindergarten and primary children*. Englewood Cliffs, NJ: Printice - Hall, Inc.

Kim, S. L. (2000). Teaching, mathematics through musical activities. In Copley, J. V. (Ed.), *Mathematics in the early years*(pp. 169-174). NCTM Reston. VA: Author.

Koch, J. (1999). *Science stories*. Teachers and children as science learners. NY: Houghton Mifflin Company.

Margolin, E. (1976). *Young children: The curriculum and learning process*. NY: Macmillan Pub. Co., Inc.

Montessori, M. (1964). *The Montessori method*. Translated by Anne E. George. New York: Schocken Books, Inc. (Original work published, 1912).

Murphy, S. J. (1999). Learning math through stories. *School Library Jorrnal, 45*(3), 122-124.

NAEYC(2003). *Early childhood curriculum, assessment and program evaluation*. Washington DC: NAEYC.

NCTM(1989). *Curriculum and evaluation standards for school mathematics*. Reston, VA: The National Council of Teachers of Mathematics, Inc.

NCTM(1991). *Propessional standards for teaching mathematics*. Reston, VA: NCTM.

NCTM(1998). *Principles and standards for school mathematics*. Discussion Draft. Reston, VA:NCTM.

NCTM(2000). *Principles and standards for school mathematics*. Reston, VA: The National Council of Teachers of Mathematics, Inc.

Nisbet, S. (1991). Mathematics and music. *The Australian Mathematics Teacher, 47*(4), 4-8.

Park, K. N. & Lee, E. H. (2006). Picture analysis on mathematical attitude of 5-year-old children. *PECERA 2006 seventh conference*, p254, PACERA.

Payne, J. W. (1990). New directions in mathematics educationn. In J. N. Payne(Ed.), *Mathematics for the young child*. Reston, Virginia: The National Council of Teachers of Mathematics Inc.

Piaget, J. (1971). *Biology and knowledge*. Chicago: University of Chicago Press.

Piaget, J. & Inhelder, B. (1956). *The child's construction of space*. New York : Norton.

Pica, R. (2000). 동작과 학습 시리즈. 영아(18개월에서 36개월). (김은심 역, 2004). 경기도: 정민사.

Pica, R. (2005). 유아를 위한 동작교육. (김은심 역, 2006). 경기도: 정민사.

Purcell, T. M. (1994). *Teaching children dance: Becoming a master teacher*. Champaign: human Kinetics.

Read, K. & Patterson, J. (1980). *The Nursery school and kindergarten-human relationship and learning*. NY: Holt, Rinehart and Winston.

Renick, L. B. (1989). Developing mathematical knowledge. *American Psychologist, 44*, 162-169.

Reys, R. E., Sydam, M., & Lnquist, M. M. (1995). *Helping children learn mathematics(4th ed.)*. Boston: Allyn & Bacon.

Smith, S. P. (1997). *Early childhood mathematics*. Needham Heights, MA: Allyn and Bacon.

Sperry Smith, S. (1997). *Early childhood mathematics*. MA: Allyn & Bacon.

Taylor, H. (1980). Primary school mathematics. In Easley(Eds.), *Pedagogical dialogs in primary mathematics*. Urbana, Ill:University of Illinois.

Thompson, I. (1998). *Teaching learning early number*. PA: Open University Press.

Thorndike, E. L. & Gates, Arthur, I. (1929). *Elemetary principles of education*. New York: The Macmillan Company.

Tishier, D. H. (1992). *How to use children's literature to teach mathematics*. Reston, VA: NCTM.

Troutman, A. P. & Lichtenberg, B. K. (1972). *Mathematics: A good beginning: strategies for teaching children* (2nd ed.). Monterey, CA: Brooks/Cole Publishing Company.

Van Hiele(1999). Developing geometric thinking through activities that begin with play. *Teaching Children Mathematics, 5*(6), 310-316.

Vaughn, K. (2000). Music and Mathematics: Modest support for the ft-claimed relationship. *Jorunal of Aesthetic Education, 34*, 149-166.

저자 소개

김현자

숙명여자대학교 대학원 문학박사

두원공과대학교 유아교육과 교수

조미영

성신여자대학교 대학원 유아교육 박사

한중대학교 유아교육학과 교수

서명원

숙명여자대학교 대학원 문학박사

신구대학교, 칼빈대학교 외래강사

한양대학교 사회교육원 외래강사

박근주

경희대학교 아동가족학과 아동학전공 이학박사

경희대학교 교육대학원 및 아동학과 외래강사

정인 어린이 코칭&멘토링 센터 아이숲 원장

박경난

중앙대학교 대학원 유아교육전공 박사수료

강남대학교 보육교사교육원 외래강사

제2판
유아 수학교육

초 판 1쇄 발행 2014년 2월 27일
제2판 2쇄 발행 2017년 1월 6일

지은이 | 김현자·조미영·서명원·박근주·박경난
펴낸이 | 김기섭
편집인 | 이윤미
펴낸곳 | 창지사 www.changjisa.com
153-802 서울시 금천구 가산디지털 1로 83
파트너스타워1차 9층
전화 (02) 719-2211~3
팩스 (02) 701-9386
등 록 | 1977년 4월 28일·제1-421호

ISBN 978-89-426-0874-4 (93370)

값 17,000원

「이 도서의 국립중앙도서관 출판예정도서목록(CIP)은 서지정보유통지원시스템 홈페이지(http://seoji.nl.go.kr)와 국가자료공동목록시스템(http://www.nl.go.kr/kolisnet)에서 이용하실 수 있습니다.(CIP제어번호: CIP2016004430)